suhrkamp taschenbuch 3018

»Eines Tages, und ich weiß, wie romantisch und altmodisch das klingt, aber in meinem Leben hat es sich so abgespielt, habe ich den Rucksack gepackt, Abschied von Mutter und den Zug nach Breda genommen und habe mich eine Stunde später – Sie wissen, wie klein die Niederlande sind – an der belgischen Grenze an den Straßenrand gestellt und den Daumen hochgestreckt; und damit habe ich eigentlich nie mehr aufgehört.«

In seinem Reisebuch *Die Dame mit dem Einhorn* unternimmt der Schriftsteller und Augenmensch Cees Nooteboom eine »Europareise«. Er nimmt den Leser mit in sein Amsterdam und in die europäischen Metropolen wie Paris, Berlin, Wien, Brüssel oder Mailand und Florenz. Er bereist Landschaften in vielen europäischen Ländern, darunter die Bretagne, Franken und die Lombardei. Und was er dabei hört und sieht, gerät ihm zu bekannt eleganter Prosa, zu eigenwilliger Philosophie.

Seine Eindrücke verbindet er mit seinem fast enzyklopädisch zu nennenden Wissen und läßt Dichter zu Wort kommen, die mit ihm neue Bilder und Gefühle auch für einen altbekannten Ort oder Kunstgegenstand entstehen lassen.

Cees Nooteboom wurd 1933 in Den Haag geboren. Seine ins Deutsche übersetzten Bücher erscheinen im Suhrkamp Verlag und sind ab Seite 311 dieses Bandes verzeichnet.

Cees Nooteboom

Die Dame mit dem Einhorn

Europäische Reisen

Aus dem Niederländischen von
Helga van Beuningen

Suhrkamp

Umschlagabbildung:
Die Dame mit dem Einhorn – Das Sehvermögen;
Ausschnitt aus einer Tapisserie des 15. Jahrhunderts,
Musée de l'Hôtel de Cluny, Paris

Die Abbildungen wurden für die Taschenbuchausgabe
revidiert und ergänzt.

suhrkamp taschenbuch 3018
Erste Auflage 2000

Druck: Ebner Ulm
Printed in Germany
Umschlag nach Entwürfen von
Willy Fleckhaus und Rolf Staudt

1 2 3 4 5 6 – 05 04 03 02 01 00

Europäische Reisen

Inhalt

DIE FORM DES ZEICHENS, DIE FORM DER STADT

Zunächst: das Land. Die Nordsee brandet gegen einen Dünengürtel, der ihr widersteht, und rollt – grüngrau, braungrau – bis zu der Stelle, wo sie einen Durchlaß findet. Dort schlägt sie zwischen der Inselkette einen Bogen um das Land und wird zum Wattenmeer, schließlich zur Zuidersee. Nun trägt sie mit ihrem mächtigen Arm, dem IJ, das Land von der Rückseite her ab. Zwischen See und See erstreckt sich ein Ödland aus Halbinseln und Groden, dem Regiment des Wassers ausgesetzt, durch kümmerliche Deiche aus Seetang geschützt, zwischen denen man das dort wachsende Schilf und Unkraut niederbrennt, damit der Boden bebaut werden kann. Ein Gebiet mit wenigen Bauern und Fischern, ein Volk von Wassermenschen zwischen Flüssen, Schlickböden und Wasserläufen, das, durch den Anstieg des Meeresspiegels, das Absinken des Moors, durch Stürme und Wasserfluten ständig bedroht, an den Ufern der Flüsse auf hohen Wurten lebt.

So entsteht nicht nur Land, sondern auch ein bestimmter Menschenschlag, ein Volk, das sein Land weder gefunden noch erhalten, sondern selbst geschaffen hat. Mit quergelegten Torfsoden kämpfen die Bauern gegen den gierigen Sog der See, den ewigen Angriff. Überall in diesem niederen Land werfen die Bewohner Dämme gegen das von Osten herandrängende Wasser auf, bauen Häuser aus Lehm und Schilf und Holz und lassen das nun gebändigte Wasser durch die ersten

Schleusen ins Meer abfließen, das immer wieder anrükken wird. Wollen sie überleben, dürfen sie nicht untätig zusehen, sie organisieren sich in Weilern und wehren sich gemeinsam gegen den fließenden, strömenden Feind. Das Land ist sumpfig und verwundbar unter einem hohen, stets wechselnden Himmel, die einzigen Berge sind die Dünen im Westen – niederländische Berge. Sie haben ein Meer vor sich und eines hinter sich, die Nordsee und die Zuidersee.

Ein Fluß schreibt sich seinen Weg durch das Land *Amestelle*. Es sind die Grafen von Holland und die Bischöfe von Utrecht, die sich dieses nasse unsichere Moorgebiet in einem abgelegenen Winkel des Niederlothringischen Reichs gegenseitig streitig machen. *Stelle*: sicherer, geschützter Ort. *Ame*: Wasser. Das Land gibt seinen Namen an den vagabundierenden Fluß ab. Dieser mäandert um die höhergelegenen Gebiete herum, tanzt und schwingt durch das Land, das nach geraden Linien verlangt, spielt sich auf als barocke, schleppende Girlande. Wo er in die Zuidersee fließt, heißt das Wasser IJ, und am IJ denkt sich der Fluß eine Stadt aus, eine Stadt am Wasser.

Das Spiel kann beginnen. Der Fluß setzt sein Zeichen wie ein Siegel in den Küstenstrich und schreibt seine Form hinein wie ein perfekter Kalligraph. Wenn man es einmal gesehen hat, kann man sich dem Bild nicht mehr entziehen: Der Grundriß von Amsterdam ist im Laufe der Jahrhunderte ein immer komplizierteres Zeichen geworden, ein chinesisches Schriftzeichen, das sich beständig erweitert, aber stets das gleiche bedeutet hat. Das Land ist das Papier, das Wasser die Tusche. Wie ein östlicher Meister hat der Fluß den ersten Strich gesetzt, mühelos, treffsicher, ein Zeichen äußerster Einfachheit. Nun ist es an den Menschen, weiterzuschreiben. Der Kalligraph, der sie alle zusammen sind, hat viel Zeit, gut achthundert Jahre, und das Zeichen, das so entsteht, ist ein geordnetes Labyrinth aus Grachten, konzentrisch, einander schneidend, ein Netz von Wasserstraßen und Verteidigungsanlagen, ein in sich geschlossener Kosmos, ein magischer Halbkreis, der der Welt seinen Stempel aufdrücken wird. Seine Achse bleibt der Fluß und das Wasser, in das er mündet und das die Stadt mit der Welt verbindet. Zwischen und an diesem Wasser gibt die Stadt sich die Form selbst, die sie heute hat. Jeder neue Strich in der Zeichnung ist Geschichte, ökonomische, politische, katasteramtliche Geschichte. Jede Bewegung des Pinsels in der Hand des Kalligraphen ist diktiert von Machtkonstellationen, Kriegen, wirtschaftlichen Veränderungen, Entdeckungen, Gewinnstreben, Verteidigung, Konsolidierung. Das Gebilde aus konzentrischen Grachten am Meer entwickelt sich zu einer der mächtigsten Hochburgen Europas, die Schiffe, die die Stadt verlassen und erst nach Jahren wiederkehren, fahren bis ans Ende der bekannten Welt und tragen den Namen und den Ruf der Stadt bis in die Tropen und das barbarische Eis der nördlichsten Meere und schreiben so mit am wachsenden Zeichen.

Denn woraus besteht eine Stadt? Aus allem, was in ihr gesagt, geträumt, zerstört, geschehen ist. Aus dem Gebauten, dem Verschwundenen, dem Geträumten, das nie verwirklicht wurde. Aus dem Lebenden und dem

Toten. Aus den Holzhäusern, die abgerissen wurden oder verbrannten, den Palästen, die hier hätten stehen können, der Brücke über das IJ, die zwar gezeichnet, aber nie gebaut wurde. Aus den Häusern, die hier noch heute stehen, in denen Generationen ihre Erinnerungen zurückgelassen haben. Aber sie ist viel mehr als dies. Eine Stadt, das sind alle Worte, die dort je gesprochen wurden, ein unaufhörliches, nie endendes Murmeln, Flüstern, Singen und Schreien, das durch die Jahrhunderte hier ertönte und wieder verwehte. Mag es auch noch so entschwunden sein, es hat doch einmal dazugehört, auch das, was sich nie mehr rekonstruieren läßt, ist ein Teil davon, einfach deshalb, weil es einst hier, an diesem Fleck, in einer Winternacht oder an einem Sommermorgen gerufen oder ausgesprochen wurde. Die Wanderpredigt, das Urteil des Tribunals, der Schrei des Gegeißelten, das Bieten auf einer Versteigerung, die Verordnung, der Anschlag, die Kundgebung, das Pamphlet, die Bekanntgabe eines Todesfalls, das Ausrufen der Zeit, die Worte von Nonnen, Huren, Königen, Regenten, Malern, Schöffen, Henkern, Schiffern, Landsknechten, Schleusenwärtern und Baumeistern, dieses fortwährende Gespräch an den Grachten im lebenden Körper der Stadt, das alles macht sie aus. Wer will, kann es hören. Es lebt fort in Archiven, Gedichten, in Straßennamen und Sprichwörtern, im Wortschatz und Tonfall der Sprache, genauso wie die Gesichter auf den Gemälden von Hals und Rembrandt in den Gesichtern fortleben, die wir heute sehen, und wie unsere Worte und Gesichter zwischen all diesen Worten und Gesichtern verschwinden werden, erinnert und nicht erinnert, verweht, vergessen und doch noch gegenwärtig, eingeschlossen in diesem Wort, das die Stadt benennt: Amsterdam. Ein Matrose stirbt im 17. Jahrhundert auf Ambon an Skorbut und sieht noch einmal die nun für immer unerreichbare Stadt vor sich, aus der er kommt. Was er in diesem Augenblick sah, lebt fort in der Weise, wie ich den Schreierstoren betrachte, den Turm, an dem die Seeleute Abschied von ihren Frauen nahmen.

Die Stadt ist ein Buch, der Spaziergänger sein Leser. Er kann auf jeder beliebigen Seite beginnen, vor- und zurückgehen in Raum und Zeit. Das Buch hat vielleicht einen Beginn, aber noch lange kein Ende. Seine Wörter – das sind Giebelsteine, Baugruben, Namen, Jahreszahlen, Bilder. Ein Haus heißt *De Pelikaan* und will etwas von fernen Reisen erzählen. Ein anderes heißt *Spitsbergen* und denkt sich eine Überwinterung aus. Eine Straße heißt *Bokkinghangen* (»Bücklingsräucherei«), und auch wenn nichts mehr zu riechen ist, erkennt man den Duft von Räucherfisch. Ein Giebelstein zeigt ein Goldenes Tor, aber die Tür darunter ist modern, so daß sich der Spaziergänger das goldene Tor, das hier einmal existiert haben muß, im Geist wieder zu errichten hat. Diese Stadt ist nicht stumm, sie reicht einem Wörter: *Melkmeisjesbruggetje* (»Milchmädchenbrücke«), *Varkenssluis* (»Schweineschleuse«), *Kalverstraat* (»Kälberstraße«), und die Vorstellungskraft läßt den Spaziergänger sehen, was die Geschichte ihm erzählt hat: daß in dieser Straße Kälber verkauft wurden, ein Stück weiter Ochsen und im letzten Teil Schafe. *Gebed zonder End* (»Gebet ohne Ende«), eine schmale Gasse, der Seitenhieb eines Amsterdamers, weil es zu viele Frauenklöster in der Innenstadt gab. Dort hörte das Beten also nie auf, und diesem Straßennamen schwingen noch die gregorianischen Klänge mit und die hohen, klaren Frauenstimmen. *Vijgendam* (»Feigendamm«), weil die Ladung Feigen, die die Warenprüfer gerade beanstandet hatten, beim Zuschütten der Gracht Verwendung fand.

Der Spaziergänger bleibt an einer Baugrube stehen und sieht zu, wie Archäologen die Erde sieben, durchkämmen, mit behutsamen Fingern nach der Vergangenheit graben, auf der Suche nach Zeichen der Vorfahren. Er staunt, daß sie so tief unten lebten. Wird die Erde denn immer dicker? Er fragt sich, ob er die Sprache dieser anderen, früheren Amsterdamer verstanden hätte. Später sieht er die Funde in einem Museum, Schuhe, die als Schuhe erkennbar sind, er könnte hineinschlüpfen und sie tragen. Schuhe, Schalen, Hämmer, Geld. Doch die Vergangenheit – sie ist nicht nur dort unten, sondern auch oben, an den Giebeln mit ihren Darstellungen von Walfischzähnen, Indianern, Sinnbildern, Handelswaren, Sklaven, Schiffen. Jeder, so scheint es, hatte in jenen Tagen etwas mit Schiffen zu tun, jeder gehörte zum Wasser, demselben Wasser, das noch immer dunkel und geheimnisvoll in den Grachten steht und das außerhalb der Stadt um so vieles wilder und grauer war, das Wasser des Weltmeers, auf dem die Schiffe bis dicht vor die Tore der Stadt gesegelt kamen, »ein Wald aus tausend Masten«.

Auf der alten Karte von Cornelis Antoniszoon aus dem Jahr 1544 kann der Spaziergänger die Stadt mitsamt ihren Schiffen sehen. Erst wenige Grachten durchziehen die Fläche zwischen den Stadtmauern. Noch ist die große Zeit des Goldenen Jahrhunderts nicht gekommen, und doch ist das IJ bereits voll von Schiffen. An der Stelle, an der später der Hauptbahnhof liegen wird, können die kleineren Schiffe in die Stadt einlaufen, die größeren bleiben auf Reede, und es sind Dutzende. Die beiden großen Kirchen stehen sicher eingebettet zwischen den Häusern, jede auf ihrer Seite des Wassers, wie heute noch. Das breite Wasser des Damrak ging bis dorthin, wo heute der Königliche Palast steht, und teilt die Stadt in zwei Teile, die »alte Seite« und die »neue Seite«. Der Spaziergänger erkennt Gebäude, die Zeichnung der Straßen. Die Stadt hat sich für ihn bewahrt, er spaziert dort jeden Tag; wo im 17. Jahrhundert sein Haus hinkommen wird, steht jetzt noch eine rote Mühle, dort ist das grüne Land, das die Stadt umschließt, die jedesmal wieder über das Wasser der nächstfolgenden Gracht springen wird, so daß sie von Karte zu Karte größer ist. Größer, weil Ruhm und Wohlstand mit den neuen Schiffen der Handelskompanien zunahmen. Zuerst kam die Gracht der *Heren*, die die Macht der Kaufleute festigten, und erst danach die der *Keizers* und der *Prinsen*. Und die anderen, schräger verlaufenden Grachten mit den Namen von Bäumen und Blumen, *Lelie, Eglantier, Roos* und *Laurier*, Lilie, Weinrose, Rose und Lorbeer, zwischen denen das Volk in einem Viertel lebte, das – als Verballhornung des französischen Worts *jardin*, Garten – *de Jordaan* heißt, Schiffszimmerleute, Schauerleute, Matrosen, die Männer mit den lauten Stimmen, die den Duft der großen Welt in die schmalen Straßen trugen.

Grau ist es heute, neblig. Als der Spaziergänger die Augen schließt, hört er den Wind in der Takelage all dieser Koggen, Karavellen, Fregatten, Galeonen, Brigantinen, Briggs, er riecht die Gewürze, hört die fremden Sprachen der vielen, die in seiner Stadt Zuflucht gesucht haben, portugiesische und spanische Juden, Hugenotten, flämische Calvinisten, aber auch Einzelgänger wie Descartes, der zwischen den rollenden Tonnen auf den Kais so gut meditieren konnte, oder ein Besucher wie Diderot, der sich über »*cette liberté compagne de l'indépendence qui ne s'incline que devant les lois*« wunderte, diese Freiheit, die zur Unabhängigkeit gehört und sich einzig und allein dem Gesetz beugt. Dieser Streifzug hat nie ein Ende, und der Spaziergänger liest die Bilder, die sich ihm darbieten, mit dem Auge seiner Vorstellungskraft: Avercamps Schlittschuhläufer auf den Grachten, die mittelalterlichen Prozessionen rund um das Mirakel von Amsterdam, die neuen Paläste der Sklavenhändler, und dieselben Sklavenhändler, die in den strengen, während des Bildersturms jeglichen Schmucks beraubten Kirchen, wie wir sie von den Gemälden Saenredams kennen, dröhnend ihre Psalmen singen. Aber auch jene anderen, auf Dachböden versteckten Betstätten der verfolgten Katholiken, das erhängte Mädchen, das Rembrandt gezeichnet hat, der Dichter Bredero, der im Eis einbricht und an den Folgen stirbt, der Tod Hendrikjes und die Versteigerung von Rembrandts Antiquitäten, der Aufstand der Wiedertäufer und ihre Hinrichtung, die Prachtliebe und die kalte Geldgier, die Last des Reichtums, die Jubelschreie an die Adresse eigener und fremder Könige, der Marschschritt spanischer, französischer, deutscher Besatzer, und so gelangt er in seine eigene Zeit, die Verfolgung der Juden, als die Stadt für immer verstümmelt wurde, die Stellen, an denen die Widerstandskämpfer gefoltert oder erschossen wurden, der Einmarsch der Kanadier bei der Befreiung – verdichtete, stetig vermehrte Geschichte, die von der Stadt aufgesogen und bewahrt wurde, die fortlebt in Denkmälern und kleinen, fast unsichtbaren Gedenksteinen sowie in der Erinnerung der Lebenden, die Worte der Niederlage und Schmach ebenso wie der Triumph alter und neuer Siege, eine Moralität, ein Gedenken.

Es wird Abend in der Stadt. Die Lichter in den Räumen der Grachtenhäuser machen alles kleiner, ein Wohnzimmer. Hier herrscht die leichte Melancholie von Hafenstädten, weil immer Heimweh in der Luft liegt. Der Spaziergänger, der ich bin, geht am Palast am Dam vorbei, der früher einmal, als er gebaut wurde, alles so hoch überragte. Auf mehr als dreizehntausend Pfählen steht er in dem noch immer genauso sumpfigen Boden, dem von *Amestelle* ganz zu Anfang. 1948 erlebte ich hier als Junge, wie »die alte Königin« nach fünfzigjähriger Regierungszeit auf den Thron verzichtete. Wo heute die breiten Straßen sind und eine späte Straßenbahn fährt, lagen noch im vorigen Jahrhundert Schiffe, bis hinein ins Herz der Stadt. Ich weiß, wo damals die Börse stand und die spätere und die noch spätere, wo die Waage war und der Fischmarkt, wo die zum Tode Verurteilten gerädert wurden und das Getreide verkauft. Jetzt gehe ich die Grachten entlang, wo die Dichter gingen, die in meiner Geheimsprache schrieben und die kein Ausländer lesen kann, Hooft, Vondel, Bredero, Hoornik, Slauerhoff. Ich gehe an den Patrizierpalästen vorbei, die heute Bürohäuser sind, an den Handelshäusern des zerronnenen Imperiums, sehe an irgendeiner Fassade das geniale Zeichen der *Vereenigde Oost-Indische Compagnie*, und in den dunklen, schmalen Straßen des Jordaan-Viertels gehe ich an den Häusern der Namenlosen von damals vorbei, ohne die es dieses untergegangene Weltreich nie gegeben hätte. Nichts ist unverändert geblieben, alles ist unverändert. Es ist meine Stadt, ein Zeichen für Eingeweihte. Sie wird sich dem Fremden nie ganz erschließen, der die Sprache und die Geschichte nicht kennt, weil es gerade die Sprache und die Namen sind, die die geheimen Stimmungen, geheimen Orte, geheimen Erinnerungen bewahren. Offene Stadt, verschlossene Stadt. Eine für uns, eine für die anderen. Eine Stadt am Wasser, eine Stadt der Menschen, von Menschen und Wasser erdacht und geschrieben. Eine Stadt vieler Zeiten und eine Stadt in der Zeit. Eine Stadt, die es zweimal gibt, sichtbar und unsichtbar, aus Stein und Holz und Wasser und Glas und außerdem aus noch etwas, das sich mit Worten nicht benennen läßt.

Juni 1991

GIOVANNI BATTISTA TIEPOLO, EINE RAUMFAHRT IN DEUTSCHLAND

Ursachen, Folgen. Es ist November, ich bin gerade von einer mehrmonatigen Reise zurückgekehrt. In der unbehaglichen Leere, die stets darauf folgt, gehe ich ziellos in Amsterdam umher, meine Seele, wie üblich in solchen Fällen, in einigen Schritten Abstand hinter mir.

Am Rijksmuseum sehe ich über dem rechten Eingang ein Schild, Radierungen von Tiepolo, und ich beschließe, daß das vielleicht die richtige Art und Weise ist, einen naßkalten Wintertag zu verbringen. Tiepolo, was um Himmels willen weiß ich von Tiepolo? denke ich, als ich hineingehe, und vor mir taucht eine undeutliche Vision von großen Gemälden in hellen Farben auf. Viel mehr will sich nicht einstellen, und die Ausstellung ist in dieser Hinsicht auch keine Hilfe: Die Informationen sind spärlich, die Radierungen nicht datiert, und es gibt keinen Katalog. Was im ersten Saal hängt, kann man nicht gerade weltbewegend nennen, gleichwohl haben die Radierungen etwas sehr Reizvolles. Das liegt, denke ich, nicht nur an den Bildgegenständen selbst, sondern vor allem an meiner Stimmung und an den Titeln. Die vagen, nicht allzu realen, in keiner Weise *aktuellen* Darstellungen passen genau zu meiner zeitweiligen Abwesenheit: Diesem *Magier, an der Spitze einer Prozession, vor einem rauchenden Altar* könnte ich mich sofort anschließen – meine radierte Person würde sicherlich keinem auffallen.

Im ersten Saal sind zwei Zyklen zu sehen: *Vari Capricci* (verschiedene Kaprizen) und *Scherzi di Fantasia* (phantastische Skizzen). *Der Tod hält Audienz ab*, heißt eine der Kaprizen, und dieses Bild gefällt mir am besten. Hier sitzt der Tod mit seinen Siebensachen auf dem Boden. Er hat sehr magere Beine, um die gegerbte Haut schlottert, sonst jedoch ist er bestens gekleidet und, wie es den Anschein hat, eifrig am Reden. Der Wind bewegt eine vertrocknete, schilfartige Pflanze, eine gierige Menschenmenge beugt sich vor in der Hoffnung, etwas über Später zu erfahren, wahrt jedoch vorsichtshalber einen gehörigen Abstand. Auch Bruder Hund traut der Sache nicht ganz – da steht er, mager und zerzaust, aber doch auf der Seite des Lebens, und starrt auf die abgenagten Gesichtszüge des Redenden in einer Haltung zwischen Bellen und Wegrennen.

Die Bewegung in dem Bild läuft auf den Tod zu, und der Radierer erzielt diesen Effekt mit feinen, mitunter etwas verwischten Strichen und auffälligen Stellen hellen, gewöhnlichen Papiers, wo nichts zu sehen ist. Letzteres, merke ich, ist von Bedeutung: Tiepolo hat den Mut zu beträchtlich viel Leere.

Ich schlendere durch diesen Saal, registriere mit Wohlgefallen die Titel (*Sitzender Magier, Schädel untersuchend; Männerkopf auf einem Scheiterhaufen; Zwei Magier und ein Hirte; Die Entdeckung des Grabes von Pulcinello; Sechs Menschen betrachten eine Schlange*) und erfreue mich an der Leichtigkeit dieser Bilder. Es geht in ihnen immer um einen *Moment*, als hätte der Radierer, unsichtbar, in dieser unwirklichen Welt der

Satyrn, Magier, Schlangen, Eulen und Himmelskundler mit einer Polaroidfeder umherstreifen dürfen, um die dort Anwesenden eine ganze endlose Sekunde lang bei ihren wortlosen Verrichtungen zu ertappen.

Ich wußte nicht, daß es auch weibliche Satyrn gibt, doch Tiepolo hat eine rührende Unisexfamilie gestaltet: Vater, Kind und Mutter, drei behaarte Bocksbeinpaare mit gespaltenen Hufen, in trautem Beisammensein. Vor allem die Mutter ist hübsch. Ihr sanft gerundeter entblößter Oberkörper geht rätselhafterweise (Mythen *sind* rätselhaft) in einen grobschlächtigen »bockigen« Unterleib über, doch was sie mit ihren Bocksbeinen macht, hat schon etwas sehr Geiles. Sie sitzt da, wie Frauen damals nicht saßen, die Beine, die irgendwie doch Frauenbeine geblieben sind, ungeniert gespreizt, den rechten Fuß mit dem gespaltenen Huf hochgezogen. Hinter der Familie, auf einer hohen, geraden Stange, wacht eine Eule. Weisheit bei den Griechen, Tod, Nacht, Kälte und Passivität in den ägyptischen Hieroglyphen, das alles in sich sammelnd, sitzt sie da als *Beobachterin*, ein Vogel mit einer Maske, eine Erinnerung an etwas anderes als Eulen. Sie taucht in mehreren Radierungen auf, diese totenstille Zeugin, und unterstreicht mit ihrer schweigenden Pose die Eigentümlichkeit dieser Bilder. Tiepolo verbrachte den letzten Teil seines Lebens in Madrid, der junge Goya muß sie gesehen haben.

Erst im nächsten Saal hängt eine Radierung, die mich leicht aus der Fassung bringt. Was geht hier vor sich? Irgendwo in dem Bild hat sich eine Explosion ereignet, Wesen von unterschiedlichster Art fliegen durch den leeren Luftraum. Was aber *stellt es dar*? Schließlich bin ich konditioniert, etwa in der Mitte solcher rechteckigen, gerahmten Räume etwas zu sehen, was ich deuten kann, aber ausgerechnet in der Mitte befindet sich nichts, ein leerer Fleck, wo vor noch gar nicht so langer Zeit ein *big bang* stattgefunden haben muß. Darauf deutet die Rasanz hin, mit der Engel und ihre kleinen fetten Varianten, die man *putti* nennt, in den Raum geschleudert worden sind.

Andererseits aber sind nicht alle dieser Kraft unterworfen, denn an einer anderen Stelle in derselben Leere rast ein Viererzug Zentauren heran, mit Herkules in einem halb hinter Wolken verborgenen Triumphwagen. Dessen Räder stehen rechtwinklig zur Richtung der Pferdemenschen. Nehmen sie gerade eine scharfe Kurve oder sind sie in ihrer Wahnsinnsgeschwindigkeit schon herausgeflogen? Und was geht da nun eigentlich vor sich? Handelt es sich um einen besonderen Fall von mythologischer Raumfahrt, eine späte Spielart des Manierismus?

Ich habe mich mal lächerlich gemacht, weil ich in einem Kloster in Navarra die Geburt der Gotik entdeckt zu haben glaubte: In den parallel verlaufenden romanischen Bögen des Kirchenportals steckte der erste Ansatz eines Knicks. Seit dieser Zeit bin ich etwas demütiger geworden, fast immer steht ein echter Kunsthistoriker hinter einem, und letzten Endes bin ich nur einer, der gerne schaut. Aber das ist es gerade – nicht behindert durch ein Zuviel an Wissen, sieht man die merkwürdigsten Dinge.

Und doch hat es seinen Reiz, wenn man etwas erst

falsch sieht, und sei es nur aus dem Grund, weil man es hinterher um so besser sieht. So auch hier. Als ich näher trete, erkenne ich, daß es eine Radierung ist, die Sohn Giandomenico später nach einem Fresko seines Vaters Giovanni Battista Tiepolo im Palazzo Canossa in Verona geschaffen hat. Was ich mir hier anschaue, ist also ein Deckengemälde, das man jetzt an die Wand gehängt hat. Aber damit stehe ich auch nicht mehr auf meinen Füßen, denn ein Deckengemälde betrachtet man nicht mit vorgestrecktem, sondern mit in den Nacken gelegtem Kopf. So sieht man natürlich alles verkehrt. Diese Radierung gehört an die Decke, und ich müßte, wie bei einer Séance, horizontal darunter schweben, selbst ein schwebender Raumkörper. Erst dann gehöre ich wirklich dazu.

Der Rest der Ausstellung geht jetzt etwas an mir vorbei. Da ist noch eine glänzende Folge von Köpfen (*Raccolte di Teste*) des Sohnes Giandomenico, doch nun hat mich die Begierde gepackt, ich will mehr von diesen Fresken wissen. Am besten wäre es natürlich, sofort nach Verona zu reisen. Statt dessen suche ich einen befreundeten Kunsthändler auf, der ein dickes Buch mit wunderbaren Kreidezeichnungen von Tiepolo hat, doch das ist es nicht, was ich suche. »Die schönsten Fresken von ihm befinden sich in Würzburg«, sagt er. Ich habe keine Ahnung, wo das liegt, und überhaupt: Was machte Tiepolo in Würzburg? Fünfzig Meter weiter, im *Erasmus Antiquariaat*, finde ich die Antwort, ein üppig ausgestattetes Buch von 1956: *Tiepolo, die Fresken der Würzburger Residenz.*

Giovanni Battista Tiepolo (1692-1770),
Zwei Faune mit Amphore

Es dauert noch zwei Monate, bis ich dorthin reisen kann. Inzwischen weiß ich, daß die Würzburger Residenz (Grundsteinlegung 1720) der Höhepunkt dessen war, was die europäische Baukunst zu bieten hatte. Französische Schloßarchitektur, Wiener Kaiserbarock sowie die sakrale und profane Architektur Norditaliens – alles floß in diesem Bauwerk zu einer vollkommenen, majestätischen Einheit des Stils zusammen.

Die Fürstbischöfe von Würzburg waren mächtige Männer. Das Bistum war 741 von Bonifatius gegründet worden, und bald schon waren die Bischöfe einflußreiche Fürsten im Heiligen Römischen Reich. 1168 wird der Bischof von Würzburg Herzog von Franken, es folgt eine Zeit hoher Blüte, doch gleichzeitig wollen die Auseinandersetzungen zwischen der Bürgerschaft und ihrem in ein und derselben Person vereinten geistlichen und weltlichen Herrscher kein Ende nehmen. Bis zu Beginn des 18. Jahrhunderts wohnt dieser hoch über der Stadt in der Festung Marienberg und behält von dort den Fluß (Main) und die Stadt in seinem gepanzerten Auge.

Doch Johann Philipp Franz von Schönborn ist in der absolutistischen Tradition großgeworden und hat höhere Ambitionen. Mit 600000 Gulden, die er in so etwas wie einem Rechtsstreit an sich gebracht hat, kann er sie auch finanzieren. Er erteilt Balthasar Neumann den Auftrag, einen alles andere in den Schatten stellenden Palast zu entwerfen. Dieser steht heute noch. Die Baugeschichte wird belebt durch die üblichen Intrigen zwischen rivalisierenden Baumeistern und Dekorationskünstlern, doch während Bischöfe kommen und gehen, behält Neumann einen kühlen Kopf, und 24 Jahre später (der zu Baubeginn 32 Jahre junge Neumann ist mittlerweile 56 Jahre alt) steht der Rohbau.

Es folgt ein trauriges Intermezzo mit einem extrem knauserigen Bischof, doch als der das Zeitliche gesegnet hat, betritt eine überragende – und prunksüchtige – Gestalt die Bühne: Carl Philipp von Greiffenklau. Er läßt Neumann schalten und walten, verpflichtet Tiepolo und will, daß sein Name auch dereinst, vor einer fernen Nachwelt, noch glänzen soll. Das ist ihm gelungen, ich habe soeben seinen Namen getippt.

Während ich durch Deutschland fahre, erlebe ich den Übergang von der Radierung zum Fresko. Beim Siebengebirge malt die spätnachmittägliche Sonne einen Streif Untergangsrot auf ein verschneites Feld, auf das bizarre schwarze Weinstöcke radiert sind. Die Sonne ist nicht als Ball wahrzunehmen; zu stark, ein Loch, aus dem Feuer zähflüssig wie Sirup über die schraffierten Hügel strömt. Danach wird es rasch düster, und ich desgleichen. Bläulich, violettfarben, schwärzlich, so senkt sich ein großer Lichtmangel auf die Erde herab. Und immer die Vorstellung, Deutschland existiere nicht wirklich, weil man auf der Autobahn nicht durch Dörfer und Städte kommt – auf beiden Seiten befindet sich ein großes schwarzes Loch –, und während ich die Straße in den Scheinwerfern meines Autos einfange, drängt sich mir der Gedanke auf, in die falsche Richtung zu fahren, gegen den Strom, als flösse dieser Betonfluß von Natur aus in das Land, aus dem ich komme.

In Würzburg ist es dunkel, kalt und still. Ich beziehe Quartier im Hotel Bratwurstherzle in der Theaterstraße, bekomme einen Schlüssel mit und mache mich auf den Weg. Die Residenz ist nicht weit. Ich gehe durch verlassene Gassen, begegne einem einsamen Farbigen, stehe für einen Moment auf dem weiträumigen Platz Auge in Auge mit der herausfordernd strengen Pracht des Gebäudes und frage mich, wie sich der Venezianer Tiepolo an diesem nördlichen Verbannungsort gefühlt haben mag. Irgendwo in dieser düsteren, abweisenden Masse müssen sich die leuchtenden Fresken befinden. Doch die sind erst morgen dran.

Opfer des feuchtkalten Winterwindes, der aus dem fränkischen Hügelland weht, gehe ich ins Restaurant Rebstock, esse einen *jungen Kaninchenrücken, rosa gebraten, mit Zitronenmelisse, frischem Gemüse, Hausmacher Eiernudeln* und trinke einen *79er Würzburger Abtsleite Riesling mit Prädikat Kabinett Bürgerspital zum Heiligen Geist A. D. 1319, feinrassig, fruchtig, nachhaltig* und gehe dann wieder hinaus, wo es in der Zwischenzeit nicht belebter geworden ist. Warum fühle ich mich in Deutschland immer so fremd? Nicht unwohl, aber fremd. Vielleicht durch den Widerspruch zwischen Kälte und Exotik: Ich bin es nicht gewöhnt, irgendwo derartig zu frieren, wo mir alles so fremd vorkommt. Das geht mir vor allem in Provinzstädten so. Alles erinnert an eine regionale und eben nicht nationale Vergangenheit: Ich befinde mich in einem Herzogtum, einem Bistum, das mit einer Vergangenheit behaftet ist, die sich mit meiner Vorstellung von Deutschland nicht reimt.

Eigentlich ist es angenehm hier. Mein Weg führt mich zur berühmten Mainbrücke. Da stehen Barockfiguren mit Dolchen, Schwertern und Zeptern in der Hand. Mitren, Kronen, weitschwingende Mäntel aus Stein. Märtyrer, Bischöfe und Könige, als Wächter und Flußgötter stehen sie da auf der schmalen mittelalterlichen Brücke über dem lärmenden Wasser. Ich drehe mich um und gehe zu meinem Bratwurstbett.

Giovanni Battista Tiepolo wurde 1696 in Venedig geboren. Die Glanzzeit der Wasserstadt war vorbei, allerdings schien es, als habe sich die gesamte schöpferische Kraft dieser aussterbenden Welt noch *ein*mal in *einem* Mann geballt. Niemand war der Konfrontation mit den riesigen leeren Deckenflächen von Villen und Palästen gewachsen wie er. Sein Ruhm war bis hoch in den Norden gedrungen. Der König von Schweden wollte ihn für seinen Palast in Stockholm gewinnen, doch Tiepolo lehnte ab. Das Angebot aus Würzburg nahm er an.

Der Umfang dieses Auftrags muß eine gewaltige Herausforderung dargestellt haben. Am 12. Dezember 1750 trifft Tiepolo mit seinen beiden Söhnen in Würzburg ein. Sein Salär, von Bankiers vertraglich festgelegt, soll 10000 *rhein. Gulden baren Geldes und alle Utensilien an Farben, geschlagenem Gold, freie Kost und Wohnung* betragen. Er wird drei Jahre bleiben. In Würzburg lernt er Neumann kennen, mit dem er zusammenarbeiten muß. Beide sind in etwa dem gleichen Alter. Was der Maler dachte, als er das noch völlig leere himmlische Fußballfeld erblickte, das er bemalen sollte (und das schließlich das größte Fresko der Welt wurde), ist nicht bekannt. Seine Briefe nach Hause sind verlorengegangen.

Im Gegensatz zu den *secco*-Techniken bedeutet die *al fresco*-Malerei, daß die mit Leim, Eiweiß oder Zuckerlösung vermischte Farbe auf die nasse, feingeriebene Mörtelschicht aufgetragen wird, die sich aus Kalk und Sand zusammensetzt. Durch den Trocknungsprozeß des Kalks wird die Farbschicht unlösbar an die Oberfläche gebunden. Retuschieren ist dadurch nicht mehr möglich. Die Angststory, die Schriftsteller manchmal von dem »weißen Blatt Papier« vor ihnen erzählen wollen, nimmt sich im Vergleich dazu wie ein Mädchenseufzer im Frühlingswind aus.

Dies alles im Kopf, werde ich langsam wach in meinem Hotel Bratwurst. Um Stimmigkeit ins Leben zu bringen, beginne ich den Tag wieder an der Mainbrücke. Strudelndes Wasser, bleiche Sonne. Die Festung Marienberg liegt quadratisch auf dem Hügel, an den Erdflanken Weinstöcke. Autos fahren zwischen den Mitren des heiligen Kilian und des heiligen Fridericus genau auf den Dom zu. Eine merkwürdig spröde Fassade mit hohen quadratischen Türmen.

Im Vergleich dazu ist das Barock der Residenz reine Wollust. Der Überschwang steckt nicht im Gebäude selbst, das eher klassisch ist, sondern in der überbordenden Ornamentik über den Fenstern, den Posaunenengeln neben dem Bistumswappen, den hohen theatralischen Gestalten auf der Balustrade vor dem Dachrand. Macht und Glanz der Macht. Die Botschaft an die Zeitgenossen muß klar gewesen sein. Hier wurde nicht nur die persönliche Macht verherrlicht, hier nahm man auch Abstand von der kalvinistischen Schlichtheit der nördlichen Reformation.

Wenn man eintritt, ist man eher enttäuscht. Da drinnen ist es kühl und düster, die Decke des großen Vestibüls hängt tief, man wird automatisch auf die einzige Fluchtmöglichkeit verwiesen: das Treppenhaus. Das aber überwältigt einen sofort. Hoch über sich erblickt man eine Orgie gemalter Figuren, und das ist erst ein kleiner Teil des riesigen Himmelszeltes, das sich hier über einem spannt. In seiner Eile, möglichst viel davon zu sehen, geht man schnell die Treppe hinauf, bis einem bewußt wird, daß man ja doch nicht alles zugleich aufnehmen kann, und auf dem ersten Absatz stehenbleibt.

Himmelszelt, in meiner Sprache *uitspansel* – das ist noch das treffendste Wort. Die niederländische Sprache hatte sich noch vor der Wissenschaft eine Vorstellung vom sich ausdehnenden All gemacht. An diesem Absatz teilt sich die Treppe. Entlang verschiedenen Figuren, die den Tag und die Stunden des Tages darstellen (die allegorische Ausschmückung der unsichtbaren Zeit hat zum Glück nie ein Ende), geht man langsam auf den Kosmos zu, denn so muß man es wohl nennen. Seit Kopernikus hat sich das Bild von der Welt drastisch verändert, und hier nimmt es sichtbare Gestalt an.

Die Erde, dargestellt durch die vier Kontinente (Australien zählte noch nicht mit, und außerdem paßte die Vorstellung von vier Erdteilen nun einmal besser zu den klassischen Vierereinheiten wie den Jahreszeiten und Windrichtungen), ist nicht länger Mittelpunkt, sondern nur noch ein Beobachtungsposten. Die »irdischen« Gestalten – Europäer, Afrikaner, Indianer, Asiaten – sind noch mehr oder weniger materiell am Deckenrand verankert, erst über ihren Köpfen ist die Gewalt des *big bang* ausgebrochen, denn wie bei jener Radierung im Rijksmuseum hat auch hier eine ungeheure Explosion stattgefunden.

Eine unglaubliche *Rasanz* steckt in all diesen ins Rund geschleuderten Figuren, doch es herrscht auch Ordnung in diesem All. Sogar die Kirche weiß seit geraumer Zeit, daß die Sonne der Mittelpunkt des Systems ist, hoch oben, ätherisch, schießt Apoll als Sonnengott in den Raum, umringt von den sieben Planeten in Gestalt der Götter, deren Namen sie tragen. Sieben, denn Uranus und Neptun sollten erst 1781 bzw. 1846 entdeckt werden. Eine Illusion wurde hier erzeugt, denn wenn man unter dem Erdteil Asien steht und mit möglichst weit zurückgelegtem Kopf emporschaut, dann weiß man nicht, wo die Architektur aufhört und die Malerei beginnt. Stuckgiganten sitzen in den vier Ecken des Saals und lassen ihre riesigen Füße im Raum baumeln. Meiner Ansicht nach sind diese Füße ebenfalls gemalt, aber sie erweisen sich als echt.

Das ist so wahnsinnig gut gemacht, daß mich die Verzweiflung packt. Denn was ist das nun eigentlich? Eine nicht allzu gewölbte Fläche von 19 mal 32,5 Metern, doch aus der kompakten Figurenmasse, die die nahen Erdteile bevölkert, wölbt sich dann plötzlich diese idiotische *Vorstellung* von Raum. Wolken in Grau- und Weißtönen sowie der Farbe getrockneten Blutes beherbergen all diese wild umherfliegenden allegorischen Gestalten, doch auch die Kontinente selbst sind von dieser Bewegung erfaßt: Vögel fliegen auf, der Kopfschmuck der Indianer wird von einem kosmischen Wind nach hinten gedrückt, ein Fisch steigt senkrecht empor, ausgefranste Fahnen wehen, der fette Qualm einer Fackel folgt Amerikas Finger, ein Affe hält Vogel Strauß an dessen aufgebauschtem Kinderrock fest, und all das geschieht gleichzeitig in eiskalter Winterstille auf einer deutschen Palastdecke.

Ich renne wie ein aufgescheuchtes Huhn auf dem reich dekorierten Umgang hin und her, versuche, in meinem Führer zu lesen, versuche, Fragmente zu erkennen, versuche, die Gesamtkomposition zu sehen, versuche, der schneidenden deutschen Stimme eines Fremdenführers *nicht* zuzuhören, aber es ist zuviel, dies hier sind Dutzende von *Nachtwachen*, man bräuchte eine Woche dafür. Mit allerlei Tricks – Zwerge und Hunde, Repoussoirs, die er benutzt, um die Figuren dahinter höher erscheinen zu lassen –, mit überhängenden Mänteln und Beinen und perspektivischen Darstellungen hat Tiepolo eine verblüffende Illusion von Höhe und Raum gemalt, und trotzdem gibt es innerhalb dieses großangelegten Konzepts noch Dutzende von Begebenheiten, die man als eigenständige Gemälde betrachten könnte.

Als stünde ich selbst auf einer Wolke und schwebte mit, so fühle ich mich zwischen der ausgelassenen visuellen Gewalt dieser Bilder schwindlig werden, und dennoch, gleichzeitig ist alles licht, manchmal fast durchscheinend. Der Blick kann sich in die wunderliche, provozierende Leere flüchten, die der Maler gelassen hat.

Ich nehme es mir selbst übel, daß ich so friere, aber als ich schließlich gehen will, stehe ich plötzlich, in einer Ecke Europas, Auge in Auge mit dem Maler. Neben der

Perückenzier seines Sohnes sieht er aus wie ein Renaissancemensch. Als ich genauer hinschaue, erkenne ich, daß »Auge in Auge« nicht stimmt, meine Augen ruhen zwar in den seinen, aber er sieht mich nicht an, er schaut auf sein Werk. Sein Mund ist ein wenig bekümmert, die Augen jedoch blicken klar und analysierend. Was dachte er?

Die große Bewegung der Renaissance war an ihrem Ende angelangt. Die Zeit, da ein Künstler auch Wissenschaftler war, gab es nicht mehr. Die Vorstellungskraft hatte sich einen anderen Weg als den über die komplexen Abstraktionen der neuen Wissenschaft gesucht, einen Weg, der unter anderem zu der wollüstigen Ornamentiersucht des Barock geführt hatte. Doch die mythologischen Anspielungen, die er für die absoluten Herrscher malte, die in absehbarer Zeit keine Herrscher mehr sein sollten, hatten keine Resonanz mehr in einem lebendigen Glauben. Das Volk, das diese Paläste bezahlen mußte, konnte solche Darstellungen schon lange nicht mehr »erfassen«. Durchschaute Tiepolo, der *nobody's fool* gewesen sein mußte, die essentielle Leere dessen, was nach ihm kommen sollte? Wahrscheinlich nicht, sonst hätte er nicht so malen können. Von Zweifeln geplagt, lasse ich mich durch die fortschreitende Stunde (und die Kälte) in den »Weißen Saal« schieben, der quer zum Treppenhaus liegt.

Hier ist alles weiß und grau. Wer die romanische Kunst liebt, wie ich, kann nie ein echter Bewunderer des Rokoko werden, und hier ist der Wahnsinn auf die Spitze getrieben. Der gesamte Saal ist eine einzige nervöse, zittrige Verzierung, die Wände bewegen sich auf einen zu. Der Schöpfer dieses Saals, Antonio Bossi, hat später den Verstand verloren, vielleicht durch den buchstäblich überdrehten Ausschmückungsdrang. Der Kontrast zu der soliden deutschen Außenwelt war wohl auch dazu angetan, einem die Sinne zu verwirren. Ich flüchte aus dieser stilisierten Schlangengrube und komme wieder zu Tiepolo, im Kaisersaal. Fresken, Lünetten, Gold, Trompe-l'oeils, Spiegel.

Doch nun ist es zuviel. Ich stehe in dieser ungebührlichen Pracht, blicke auf das künstlich angelegte Labyrinth der Gärten draußen, nehme jedoch nichts mehr auf. Dann versuche ich, meine Wenigkeit in den Deckenspiegeln hoch über mir zu entdecken, doch trotz aller Versuche bin ich nirgends zu sehen. Das freilich ist kein Mysterium, sondern Technik.

März 1981

PIETER BRUEGEL

Sechs Männer sind es, in einer sommerlichen Landschaft, und alle sechs sind blind. Die Natur weiß das nicht, wollüstig und ungerührt liegt sie da. Ein sich dahinschlängelnder Bach, wogendes Schilf, duftige Bäume. Dann passiert es. Der erste Mann stolpert und fällt rücklings zu Boden. Der nächste, der sich an ihm festgehalten hat, stürzt über ihn. Nun kann nicht ausbleiben, daß auch der dritte, der vierte und die beiden letzten fallen. Aus dieser Aufeinanderfolge von Momenten hat der Maler einen herausgegriffen, den, als der erste Mann bereits liegt und die anderen noch mit dem einfältigen Blick von Blinden in die Luft starren. Ihre stieren Augen sind gut zu erkennen, so gut, daß Antoine Torrilhon, ein junger französischer Mediziner, rund vierhundert Jahre später folgende Diagnose stellen kann: Einer der Männer hat ein Leukom, auf seiner Hornhaut liegt ein weißer Film. Ein anderer leidet an einer Atrophie des Augapfels, wie sie sich als Folge eines beschädigten Sehnervs nach zu langer Nichtbehandlung von grünem Star einstellt.

Blindheit muß das Schreckgespenst jedes Malers sein, daß Bruegel Blinde malte, ist also nicht verwunderlich. Man kann seine Ängste auch dadurch beschwören, daß man ihnen ins Auge blickt. Verwunderlich war nur, daß dieser Maler des 16. Jahrhunderts die Augen *diagnostisch* betrachtete, denn in seiner Zeit war die Augenheilkunde nichts weiter als sanfter Zauber. Wenn jemand an Augenbeschwerden litt, mußte man ihm »mit einem von zerkauten Gewürznelken oder Fenchel süßen Atem« behutsam ins Auge blasen. Diesen Blinden wird das nicht mehr geholfen haben. Sie bevölkerten das Land wie die Krüppel und Buckligen, die der Maler mit derselben Unerbittlichkeit beobachtete und wiedergab, so genau, daß Antoine Torrilhon davon überzeugt ist, Bruegel müsse Medizin studiert haben. Ob das so gewesen sein kann oder nicht, vermag ich nicht zu beurteilen, auf jeden Fall führt uns allein schon dieser Gedanke weit von der früheren Auffassung weg, Bruegel sei eine Art burlesker Jahrmarktbesucher gewesen, einer, der selbst beteiligt war an den wilden Freßgelagen und Tanzfesten und orgiastischen Bauernbacchanalen seiner Zeit. Gesehen hat er das alles sicher, doch es ist gerade der diagnostische Blick, der die Distanz verrät, mit der er geschaut haben muß, eine Kühle der Beobachtung, die zu dem intellektuellen Milieu paßte, in dem er mit Freunden wie Dominicus Lampsonius und dem Geographen und Humanisten Abraham Ortelius verkehrte, die ihn ihrerseits wieder besser beurteilen konnten als spätere Generationen. Denn während die Gemälde oder Musikstücke dieselben bleiben, verändert sich das Sehen und Hören. Mendelssohn mußte Bach lange nach dessen Tod neu entdecken, aber was er entdeckte, war ein anderer Bach als der Bach, der in der Thomaskirche zu Leipzig Orgel gespielt hatte, genauso wie auch Mendelssohns Bach demjenigen Harnoncourts Platz machen mußte. Voltaire empfand Notre-Dame als scheußliches Bauwerk, Sir Joshua Reynolds, der Bruegel bewunderte, schrieb gleichwohl, dieser habe keinerlei Ahnung von den »*mechanics*« der Malkunst gehabt.

Das war zweihundert Jahre nach dem Tode des Malers, und wiederum zweihundert Jahre später hat sich die Auffassung von Bruegels Kunst abermals grundlegend geändert. Wer mit den Augen des Surrealismus ein Gemälde wie »Dulle Griet« betrachtet, wird darin Bilder erkennen, die eher zur Zerrissenheit seines eigenen Jahrhunderts gehören als zu seiner vagen Vorstellung von einem nostalgisch verklärten Flandern des 16. Jahrhunderts. Doch wie kann man etwas erkennen, was es zu Lebzeiten des Malers noch gar nicht gab? Man könnte auch sagen, daß im Laufe der Jahrhunderte immer wieder ein neuer Maler geboren wird, ein verführerischer Gedanke und ein wehmütiger dazu, denn so wird sich auch »unser« Picasso nach und nach seinen Bildern entfremden, die Gemälde, die wir so gut gekannt haben und die zum Bilderarsenal unseres Lebens gehörten, werden etwas anderes bedeuten, und wir werden nicht wissen, was, genausowenig wie Bruegels Zeitgenossen ahnen konnten, daß ihre abgebildete Welt sich mühelos in eine Zukunft, ein halbes Jahrtausend später, würde einfügen lassen, eine Zeit, in der Ikarus fliegen gelernt hatte.

Im Falle Bruegels wurden die Mißdeutungen der unmittelbar nach ihm folgenden Generationen natürlich auch noch dadurch begünstigt, daß seine Bilder zum großen Teil unsichtbar geworden waren, und zwar im wörtlichen Sinn: Sie waren nicht mehr da, sie waren auf Reisen gegangen, fort. Mit Ausnahme des einen oder anderen seiner Zeitgenossen hat keine Generation so viel von Bruegels Werk gesehen wie wir, dafür hat die technische Reproduzierbarkeit des Kunstwerks schon

Pieter Bruegel (1528-1569),
Die Parabel von den Blinden

gesorgt. Als Botschafter des *echten* Gemäldes, das irgendwo in Wien oder Brüssel oder Neapel als Fetisch ausgestellt ist, reisen die Reproduktionen rund um die Welt bis in unsere Bücherschränke. Reynolds hatte es schwerer. Er mußte sich mit den Bildern begnügen, die er noch in den Niederlanden und in Flandern fand, und das war nicht mehr viel. Bereits 1609 schreibt Jan Bruegel der Ältere, des Malers Sohn, der selbst in seiner Zeit so berühmt werden sollte wie sein Vater, einen Brief an Federigo Kardinal Borromeo, in dem er darüber klagt, er könne kein einziges Bild seines Vaters mehr finden, da Rudolph II. sie alle der Habsburger Schatzkammer in Wien einverleibt habe.

Ich erinnere mich an das erste Mal, als ich das »Gleichnis von den Blinden« (»Lasset sie! Sie sind blind und Führer von Blinden. Wenn aber der Blinde den Blinden führt, fallen beide in die Grube.« Matthäus 15) in Neapel sah. Es war heiß, die Aufseher waren aufdringlich und wollten ein Trinkgeld als Gegenleistung für ihre wertlosen Erläuterungen. Die grauenhafte Leere in diesen Augen traf mich, das gezielte Weiß, das nirgendwo hinstarrt, augenlose Kugeln, die leuchten, von denen man aber weiß, daß es zerstörte Instrumente sind, die im Gegenteil den Zugang zur Welt blockieren. Die einfältigen, in alle Richtungen gewandten Gesichter befanden sich in ewiger Finsternis. Nicht für sie: diese sanfte flämische Landschaft, die Schwertlilien am Bach, die weich gerundeten Hügel in der Ferne, die kleine Kirche neben dem Hügel am Ende der Wiesen. Grün war das alles, nördlich, und mit einemmal bekam ich Heimweh nach diesen Landschaften, die ich so gut kannte, in denen die Sommer nicht sengten wie in Italien, wo ich jetzt weilte, sondern schwer und feucht über der Landschaft lagen. Als ich später mit einem belgischen Freund darüber sprach, mußte der lachen. Ich hatte diese Landschaft in meiner Unschuld irgendwo in die Nähe von Brügge plaziert, aber er wußte es besser.

»Bruegels Landschaften lagen im Pajottenland«, sagte er, »im Südwesten Brabants zwischen Zenne und Dender, unweit von Brüssel. Wenn du Augen hast, wirst du die Hügel und Felder aus den berühmten Bildern erkennen, auch heute noch. Und diese kleine Kirche in dem Bild mit den Blinden, die steht immer noch, in Sint-Anna-Pede. Du mußt sie nur suchen.«

Anfang dieses Jahres war es soweit. Ein wütender, mittelalterlicher Winter hielt Europa in seinem Griff, Schneeböen fegten über die Grand' Place, auf den Straßen lag matschiger Brei, es dauerte lang, bis ich die immer düstereren Vorstädte mit ihren merkwürdigen Häusern und Kopfsteinpflasterstraßen aus dem vorigen Jahrhundert hinter mir gelassen hatte, aber plötzlich geschah es, ich war auf eine Landstraße geraten, aus dem schmutzigen Matsch war wieder Schnee geworden, die Bäume standen darin wie geätzt, wenn ich mich ganz still verhielt und mich von den Zeichen meiner eigenen vulgären Zeit absonderte, wenn ich die Telegraphendrähte übersah und die Autos, die sich in der Ferne bewegten, nicht beachtete, dann war das, was ich sah, dieses Tableau unendlicher winterlicher Ruhe, eine Darstellung des Winters an sich, aller flämischen Winter, die es je gegeben hat, und damit auch jenes einen, besonderen Winters der Volkszählung zu Bethlehem und jenes des späteren, grauenvollen Kindermords, aber auch dieses unendlich stillen Wintertags mit den Jägern im Schnee und ihren ewigen Hunden, dunkle Figuren mit Lanzen, Jagdtaschen und Dolchen, gesenkten Köpfen, in denen sich Gedanken abspielen, die wir nicht kennen. Sie werden den Hügel hinabgehen, ohne aufzublicken, genauso wie sie nicht zu dem Feuer schauen, das vor dem Wirtshaus brennt, sie werden ihre tiefen Fußstapfen im weichen Schnee hinterlassen wie eine Spur, die zu den zugefrorenen Teichen dort in der Tiefe führt, die Vögel werden über diese Landschaft fliegen, genauso wie sie es heute tun, ich sehe sie, schwarz und bedrohlich, sie haben sich genausowenig verändert wie der Schnee. Später wird sein Sohn Pieter ebensolche Landschaften malen, und auch sie werden schön sein und das Bild des Winters heraufbeschwören, aber nie werden sie so geheimnisvoll sein wie das von der Volkszählung zu Bethlehem, auf dem der anonyme Mann in Braun die anonyme schwangere Frau auf dem Esel zur Herberge führt. Die Frau wird die Mutter Christi werden, wir wissen es, und der Maler weiß es, aber er will uns zeigen, daß niemand sonst es weiß, daß diese beiden zwischen all den anderen ebenso namenlos sind. Bethlehem liegt in Flandern, Gott wird als Flame zwischen Treppengiebeln und eingefallenen Heuschuppen geboren werden, Christus, der nie Schnee gesehen hat, wird in einer weißen, nördlichen Welt erscheinen, und keiner wird es wissen, die alte Frau wird den Schnee wegfegen, das Kind auf dem Eis mit seinem Kreisel spielen, die

Krähe wird hoch über der Landschaft schweben und schreien, eine Gruppe von Männern mit schwerer Last auf den Schultern wird über das gefrorene Wasser gehen, und die Sonne wird blutrot über all dem untergehen, wie sie es jeden Tag tut.

So hat der Maler der Landschaft, vor der ich jetzt stehe, es gewollt, denke ich, daß es die Landschaft der Bauern ist, bei der es keine Rolle mehr spielt, welches Jahrhundert man schreibt, in der gesät und geerntet wird, in der die Geschlechter namenloser Bauern wie die Jahreszeiten aufeinanderfolgen, aber gleichzeitig auch die historische Landschaft jenes einen Tages der Volkszählung, an dem die Frau, die die Mutter Gottes werden wird, in einem wahnsinnigen Zeitparadox, von niemandem erkannt, auf ihrem Esel vorbeireitet, fast schon ein Teil der Menge, die in der Dorfkirche in der Ferne getauft und begraben wird, in der man den Sohn, den sie erst noch gebären muß, anbetet. Jeder Kunstkenner wird mir jetzt erklären, daß Bruegel, wie so viele Renaissancemaler, einfach die tägliche Kulisse seiner eigenen Umgebung nahm und so Bethlehem das Aussehen eines beliebigen flämischen Dorfes gab, doch das macht für mich das Paradoxon und damit das Geheimnisvolle nicht geringer, die Landschaft, die ich in Wirklichkeit vor mir sehe, vermischt sich mit den Landschaften der Gemälde, es sind dieselben Hügel, es ist derselbe Schnee, und den Rest will ich nicht sehen. Ich fahre über kleine Landstraßen, vorbei an lichten, gezeichneten Wäldern. In Sint-Anna-Pede erkenne ich die kleine Kirche aus dem Bild mit den Jägern, sie liegt still und allein auf einer leichten Anhöhe, ich wate dorthin durch den

Schnee, drinnen ist es schauerlich kalt, die Verstorbenen dieses Jahres haben Namen aus meiner Sprache, Peeters, Raspoet, Schoovaarts, van Eeckhout, sobald man Brüssel verlassen hat, umgibt einen die brabantische Spielart des Niederländischen wieder, die Sprache, die in dieser Gegend immer gesprochen wurde und die man auch heute noch in Brüssel hören kann, allen Bemühungen zum Trotz, sie von dort zu vertreiben. In der Mitte der kleinen Kirche liegt ein adliger Gillis begraben, seinen weiteren Namen kann ich wegen der gemeißelten Geheimschrift nicht richtig lesen, drei Jagdhörner sind in seinem Wappen, vielleicht wäre er überrascht, daß die Dorfkneipe nach Bruegel benannt wurde, aber das Bier, das man dort trinkt, hätte er wiedererkannt, denn dies ist die Gegend des *geuze*, des *kriek* und des *kriekenlambiek*. »Geuze ist schon einmal getrunkenes Bier«, sagte Baudelaire, der Belgien überhaupt nicht mochte, aber wer die Bauern auf Bruegels Bildern hat tanzen sehen, weiß, daß diese Freude und fast wütende Hingabe mit dem mittelalterlichen kupferfarbenen oder kirschroten Bier zusammenhängen muß, das in dieser Gegend bereits seit Jahrhunderten auf die gleiche Weise aus Gerste und Weizen gebraut wird. Beides wird feingemahlen und im Braukessel mit warmem Wasser vermengt, das danach gefiltert wird, woraufhin die Maische in einen anderen Kessel gepumpt wird, wo sie gekocht und mit drei Jahre altem Hopfen vermengt und in einen Behälter zum Abkühlen umgefüllt wird. Aber nun beginnt das Geheimnis erst. Die Luft zwischen Zenne und Dender enthält mysteriöse Mikroorganismen, die diesen Bieren ihren Geschmack verleihen, leicht säuerlich und zugleich voll. Einige kleine, nach alter Handwerkskunst brauende Brauereien bewahren dieses Bier noch in großen verkorkten Flaschen: Es muß das gleiche Bier sein, das auf der »Bauernhochzeit« aus den großen Steinkrügen fließt wie ein goldener Strom, ein Fluß, der direkt aus dem Mittelalter auf uns zuströmt.

Als ich durch diese Landschaften fahre, die trotz aller Anschläge des letzten Jahrhunderts noch immer etwas vom Zauber jener Gemälde bewahrt haben, von erstarrten Wintern und ausgelassenen, überreichen Sommern, wird die Frage unausweichlich. Wer war der Maler? In den vergangenen Tagen habe ich in Wirklichkeit und in Büchern, in Antwerpen und in Brüssel so viele Radierungen und Gemälde gesehen, von den alptraumhaften Szenen in »Dulle Griet« bis zu der ungerührten Natur im unbemerkten Drama des Ikarus, von der unendlich fein mit der Feder gezeichneten Landschaft, in der die Hauptfigur, der heilige Hieronymus, als fast zufällig Anwesender dargestellt ist, bis zu den surrealen Bienenzüchtern mit ihren gesichtslosen Gesichtern, eine Präfiguration der augen- und mundlosen Kegel eines de Chirico. In der Preußischen Staatsbibliothek in Berlin habe ich die früheste Ausgabe des *Schilder-Boeck* von Carel van Mander einsehen dürfen, in dem im Niederländisch des 17. Jahrhunderts in mühsamen gotischen Lettern das wenige steht, was über das Leben des Pieter Bruegel aufgezeichnet worden ist und worauf jeder mit Zweifeln, die bereits beim Geburtsort des Malers beginnen, immer wieder zurückgegriffen hat. Mehr gibt es

Pieter Bruegel, *Die Heimkehr*

kaum, es gibt nur die Bilder, die Zeichnungen und die nach (häufig verlorengegangenen) Zeichnungen entstandenen Radierungen. Wir wissen mehr über seine Zeit als über ihn, es ist, als sei es ihm gelungen, sich unsichtbar zu machen. Er lebte in einer Zeit der Zerrissenheit und der Revolte, in einem der reichsten Länder der damaligen Welt. 1384 folgte auf den verstorbenen Grafen von Flandern dessen Tochter Margarethe van Male, die 1369 Philipp den Kühnen, Herzog von Burgund, geheiratet hatte. Dadurch wurden im Laufe der Zeit die meisten Fürstentümer, die das heutige Belgien bilden, den Burgundischen Provinzen zugeschlagen, die man später die Südlichen Niederlande nannte. Philipps Enkel Philipp der Gute zwang 1433, nachdem er bereits Herzog von Brabant und Limburg geworden war, Jakobäa von Bayern, ihre Grafschaften Holland, Seeland und Hennegau abzutreten. Der schöne Name für diese Gebiete lautete »Länder von Drüben«, und sein Sohn, Karl der Kühne, versuchte vergebens, diese niederländischen Provinzen mit den »Ländern von Hüben«, dem eigentlichen Burgund und der Franche-Comté, zu verbinden. Nordniederländer mit ihrem kalvinistischen Einschlag sprechen noch nach all den Jahrhunderten von den »Burgundern« südlich der großen Flüsse (Rhein und Maas) und meinen damit, nicht ohne einen gewissen Neid, den überbordenden, opulenten Lebensstil, den sie sich selbst nicht gestatten. In dieses Bild passen nicht nur Pracht und Prunk der Träger des Goldenen Vlieses, sondern auch das Ungezügelte der bruegelschen Bauernhochzeiten. Die Heirat der Tochter Karls, Maria von Burgund, mit Maximilian von Österreich brachte das burgundische Erbe ins Haus Habsburg. Bruegels Jahrhundert sollte das turbulenteste und grausamste für die Niederlande werden. Es ist die Zeit des aufkommenden Protestantismus, die Zeit Karls V. und Philipps II., des Herzogs von Alba und seines Blutrats, der Enthauptung Egmonts und Hoornes auf dem Brüsseler Marktplatz, der Bittschrift des Adels und des bewaffneten Aufstands unter Führung Wilhelms von Oranien, des Stammvaters des Hauses, das die Niederlande noch heute regiert, aber auch die Zeit der Flucht vieler flämischer Protestanten nach Norden, die so tiefgreifende Folgen für die nordniederländische Kultur haben sollte, kurzum: all dessen, was niederländische und flämische Kinder schon in der Volksschule über den Achtzigjährigen Krieg lernen müssen und nie mehr vergessen können. Die niederländische Nationalhymne ist eine Hymne des Widerstands, entstanden in jenen Tagen, und Stichworte wie Geusen (Protestanten) oder Märtyrer von Gorcum (Katholiken) berühren noch heute die nationale Psyche.

Wo Bruegel in jenen Tagen politisch stand, ist nicht klar, er hat das gut verborgen. Sein Leben weist viele Lücken auf. Irgendwann zwischen 1525 und 1530 muß er *irgendwo* geboren sein, und dieses Irgendwo kann sowohl in der Nähe von Brüssel als auch in der Gegend von Breda gelegen haben, Zweifel also über Raum *und* Zeit. 1551 finden wir seinen Namen als »Meister« der Malergilde Antwerpens, in jenen Tagen eine Weltstadt, in der die Hanse, die Gualterotti aus Florenz, die Fugger und Welser aus Augsburg Handelskontore unterhielten, in der täglich fünftausend Menschen die Börse besuchten und alle Sprachen und Trachten der bekannten Welt gehört und gesehen wurden. Nicht lange nach seiner Aufnahme in die Malergilde unternimmt Bruegel die in jener Zeit obligate Italienreise, nur tut er dies nicht auf die obligate Weise, er geht auch nach Neapel, Messina und Kalabrien und macht seltsame Umwege in den Bergen des Nordens, die später in verschiedenerlei Gestalt in seiner Kunst wiederkehren werden, in den Landschaften seiner Phantasie »hat das Gestein überall den Vorrang«, wie ein späterer Kommentator schreibt. Trotz dieser Reise wird er kaum beeinflußt von der romanisierenden oder italianisierenden Mode seiner Zeit; Stil, Thema und Technik entstammen der flämischen und brabantischen Tradition, was er malt, sind die Geschichten und Romane des Lebens ringsum, man kann sich unendlich viel vorstellen bei diesen namenlosen Leben in den Gemälden, kein Wunder, daß Dichter wie Auden und Williams das Gesehene nochmals in Worten beschrieben, jedes Bild in diesen Gemälden ist ein Fragment aus irgendeiner Geschichte. Warum tanzen die Bauern um diesen Galgen, während die beiden Elstern bei all dem Geschrei und Getrampel nicht wegfliegen? Warum sieht der pflügende Bauer nicht das Bein des Mannes, der hoch oben vom Himmel ins Wasser herabgestürzt ist und jetzt ertrinkt? Wie heißt die federzarte Stadt am selben Wasser, auf die die Schiffe mit ihren kalligraphischen Segeln zufahren?

Man kann die Bilder nicht betrachten, ohne eine unendliche Neugierde zu verspüren, man möchte zwischen den Menschen um den predigenden Johannes der

Täufer stehen, um zu hören, was sie sagen, man möchte hinter den Bauleuten durch das düstere Labyrinth des Turms zu Babel streifen, man möchte das Heu riechen zwischen den Männern und Frauen im Gras an dem Tag, an dem das Korn geerntet wurde, Hunderte von Leben werden einem entgegengehalten, doch man kann nicht hinein, so groß und voll ist diese Welt, daß man einfach nicht glauben mag, daß sie nur aus einer ein Millimeter dicken Farbschicht besteht. Das Damals ihrer Leben ist zum Jetzt geworden, doch gleichzeitig undurchdringlich, der Maler hat in diesem *Jetzt* der längst vergangenen Zeit den letzten Pinselstrich angebracht, er ist einen Schritt zurückgetreten und hat betrachtet, was ich jetzt sehe, seine Frau und seine Freunde haben es sich mit ihren verschwundenen Augen angeschaut, und einen rätselhaften Augenblick lang sehe ich dasselbe wie all diese Toten, dasselbe und nie mehr dasselbe, und selbst wenn ich das Leben des Malers besser kennte, wüßte ich nicht mehr von ihm: Das Geflüster der späteren Geschichten löst nichts. Er lebte in Antwerpen mit einer Frau zusammen, die immerzu log, er verliebte sich in Mayken, die Tochter seines Lehrmeisters (falls es sein Lehrmeister war) Pieter Coecke van Aelst; seine Schwiegermutter, die Blumen malte, »bedang aus«, daß er nach Brüssel zog, weit weg von der Frau mit den Lügen, er heiratete Mayken 1563, bekam zwei Söhne, die beide Maler werden sollten und ihren Vater nicht kennen und nicht erreichen sollten, so gut sie auch waren, und sechs Jahre nach seiner Hochzeit war er tot. Für Hieronymus Cock fertigte er zahllose glänzende Zeichnungen an, die als Radierungen Verbreitung fanden, wichtige Leute kauften seine Gemälde, auf dem Sterbebett nahm er seiner Frau das Versprechen ab, eine Reihe seiner Zeichnungen zu verbrennen, da sie, wie van Mander sagt, »zum Teil allzu scharf oder bissig« seien und er das entweder bereute oder fürchtete, »seine Frau könnte deswegen Schwierigkeiten bekommen oder zur Verantwortung gezogen werden«. Was er der Welt hinterließ, waren Söhne, die Maler werden und selbst wieder Söhne bekommen sollten, die Maler werden sollten, sowie eine Reihe von Bildern, die für immer zur Ikonographie der Menschheit gehören sollten, Bilder, hinter denen er unerkennbar und unfaßbar verschwinden sollte, dem geheimnisvollen Gesetz gehorchend, daß sich der Künstler nach seinem Tod in das Kunstwerk verwandelt und in diejenigen, die es betrachten. Das einzige Porträt, das ich von ihm kenne, hat keine Ähnlichkeit mit dem lebenden Mann in meiner Vorstellung, er sieht darauf aus wie ein Richter, wie ein kanonischer Schriftgelehrter, keinesfalls wie das Bild eines Mannes, der Ikarus so scheinbar achtlos ins Meer werfen konnte, der die Kinder von Bethlehem mit Dolchen und langen Lanzen im Schnee erstechen lassen konnte, der die Felsen der Alpen »verschlingen sollte, um sie später auf seinen Zeichnungen wieder auszuspeien«, der mal zynisch und misanthropisch, mal leidenschaftlich und voller Liebe dem menschlichen Treiben zuschauen konnte, der zwischen fünfhundert Menschen eine kleine Figur malt, die ihr Kreuz zum fernen Horizont schleppen muß, der die komplizierte Maschinerie ersinnen oder kopieren konnte, mit der ein ersonnener Turm in einem brabantischen Babylon erbaut werden sollte, und der gleichzeitig in einem Bild wie »Dulle Griet« aus dem Wahnsinnsarsenal Hieronymus Boschs schöpfte, dem saugenden Treibsand des Alptraums, in dem man für immer verschwinden könnte, weil er nirgends ein Ende hat. Ich betrachte es im Museum Mayer van den Bergh in Antwerpen, und der Kontrast könnte nicht größer sein zwischen der atemberaubenden Stille des großen Patrizierhauses und dem Toben und Schreien, das in dem Bild herrschen muß. Die alte Frau mit dem Helm, der an den Don Quijotes (eine umgedrehte Rasierschale) erinnert, steht vor dem geöffneten Schlund der Hölle in einem erstarrten, angehaltenen Pandämonium, einer grauenvollen Geschäftigkeit, deren Produkt nichts anderes sein kann als Angst. Da wird getötet und gefoltert, getanzt und durch die Luft geflogen, beinlose Monster, aufgebrochene Eierschalen voll Unheil, fliegende Ungeheuer, tanzende Affen, Soldaten mit geschlossenen Visieren, Gegenstände, die ihr Maß verloren haben, Männer in Kochtöpfen, armlose Weichtiermenschen mit einem Schöpflöffel im erhobenem After, Tonnen mit Augen und Ohren, Ballons, Mauern, Krüge, Schiffe, aufgerissene Münder, Armbrüste, alles steht, tobt und tanzt in einer Ordnung ohne Ordnung, eine sinnlose Wahnwelt, die sich selbst nicht genug ist, Wesen ohne Anfang und Ende, bei denen man nicht weiß, wo ihr Schwerpunkt ist, wo ihre Motorik beginnen könnte, ein Kosmos von Fragen ohne Antwort, wie zum Beispiel »was passiert, wenn es zu schneien beginnt«, oder »was wiegen sie« oder »warum töten sie«, »wo schlafen sie abends, wer befehligt die Soldaten, und sind die Gefangenen nicht am sichersten?« Und dann, während ich für einen Augenblick allein vor diesem Bild stehe, geschieht das Seltsame, das Holz dicht vor mir knackt leise, aber deutlich, es sagt etwas, ein hölzerner Laut, der zu der Wut und der Stille paßt. Ich weiß, daß es nichts bedeutet, daß das Holz arbeitet, wie man sagt, daß es sich durch die Wärme ausdehnt, aber es ist, als wollte es sagen, daß es einst geschlagen und abtransportiert wurde und daß ein Mann kam, der es bemalt hat und dadurch verändert, und daß es jetzt da für alle Zeit hängen und Rätsel in Bildern aufgeben muß, die niemand verstehen kann und die man doch versteht.

Mai 1991

DER PHILOSOPH OHNE AUGEN

Warum haben diese Wintertage in München eine so merkwürdige Wirkung auf mich? Durch die Kälte scheint es, als sei jeder ein wenig geschrumpft, beanspruche weniger Platz. Vielleicht tragen die Leute deshalb eine derart schaurige Kleidung. Viele sind von Kopf bis Fuß in Tier gekleidet, das lange Haar toter Tiere soll ihr Schrumpfen verhüllen. Sie tragen Hüte mit eitlen, grellbunten Federn, doch anstelle von Mokassins, wie bei echten Indianern, haben sie dann doch wieder Bärenfüße. Ihre menschliche Gestalt unter alldem ist implodiert, eingestürzt, weniger geworden. Dadurch weichen die ohnehin schon so großen Gebäude beiderseits der unmenschlich breiten Alleen noch weiter zurück, und die Triumphwagen und die mit Schwertern bewaffneten Frauen auf den Denkmälern nehmen ungeheuerliche Ausmaße an. Merkwürdig ist es hier. Das Wasser der Isar strudelt, das Siegestor wartet mit weit aufgerissenem Maul auf siegreiche Armeen, die großen Gebäude stehen, als seien sie nicht für Menschen bestimmt, grau und ockerfarben abstrakt im Abseits, der Schnee rennt vor dem Wind her und läßt die leeren Räume zwischen den Urgebäuden noch leerer zurück. So richtig wirklich wird es nicht, durch die Ausmaße ähnelt alles eher einem übertriebenen Vergleich mit etwas anderem, einem maximalen Ausdruck dessen, was anderswo das normale menschliche Maß ist. Es beklemmt. Kein Wunder, daß de Chirico sich hier zu Hause fühlte, diese Gebäude machen mit sich selbst, was er mit Gebäuden in Bildern machte. Sie drohen, sie bedeuten noch etwas anderes über sich selbst und ihre Funktion hinaus, sie eignen sich dazu, von jemandem benutzt zu werden, der sein privates Gefühl durch eine reale Umgebung bestätigt sehen will, und dieses private Gefühl ist: Unwirklichkeit, die zur Bedrohung wird und Angst auslöst. Nördlich an kalten Tagen, südlich an sonnigen, eine Stadt, die sich mit Hilfe des Wetters *lesen* läßt und das Gelesene an den dafür empfänglichen Passanten zurückreicht. Die Gebäude drohen, die Denkmäler tun sich groß, die Straßen weichen zurück, der Passant schrumpft. Es ist Sonntagmorgen. Also alles noch schlimmer. Auf der Suche nach einem Kaffee betrete ich die hohen Hallen des Hofbräuhauses, ein Irrtum. An den langen leeren Tischen sitzt fast niemand, aber wer da sitzt, hat einen Liter oder einen halben Liter Bier vor sich. Die Gesichter sind grau vom Samstagabend, und da die Häute abgelegt sind, stecken die Körper in der emblematischen Kleidung dieses Landstrichs, in Kniestrümpfen und Kniebundhosen, die mehr bedeuten als das Leder, aus dem sie gemacht sind. Ein leeres Podium für eine Musikkapelle, die gleich kommen muß und die ich hören kann, ohne sie zu hören. Ich lese die Tageskarte, Saure Kutteln, Fleischpflanzerl mit Zigeunersoß, Essigknödel mit Regensburger Würstln, sehe, wie die riesigen Gefäße mit künftiger Pisse hochgehoben und in Münder gekippt werden, spüre eine andere Zeit und gehe.

Der Wind nimmt mich auf. Ich gehe an aggressiv perfekten Schaufenstern vorbei und lande im Hofgarten. Wer glaubt, er gefiele mir nicht, der täuscht sich: Manche Formen von Angst kann man auch kultivieren. Außerdem ist dies schön, ein geschlossener, gestalteter Garten, keine Leute, frierende Pflanzen, Hecken, wimmernder Kies, eine kalte geometrische Anlage. An die Wände der grauen Galerie sind Gedichte gemalt, Telegramme der Sehnsucht nach dem Unerreichbaren. Sie tragen die Namen griechischer Inseln.

Poros

Einer meint: die Reiter, ein
anderer: Fußvolk.
Mancher: Schiffe seien der
Dunklen Erde schönstes Gut.

Sappho, steht darunter. Eine Griechin, die etwas auf eine kalte deutsche Mauer schreibt. »Blüht Ionien? Ist es die Zeit?« fragt Hölderlin, und ich sehe durch den gelben blinden Putz der Mauer eine Vision von Triremen und blühenden Mandelbäumen.

»Abfotografieren geht schneller«, sagt der einzige Mensch, der hier vorbeikommt, aber er weiß nicht, daß ich im Abschreiben das Gedicht neu schreibe.

Mit mir ist also schon einiges passiert, als ich das Haus der Kunst betrete, um mir die große de Chirico-Ausstellung anzusehen. Welch eigenartiges Schicksal haben doch Gemälde berühmter Maler! Sie beginnen als auf Holz genagelte Leinwand, werden dann so mit Farbe bedeckt, daß sie einen Gedanken oder ein Gefühl oder, besser noch, die Vorstellung eines Gedankens oder eines

Gefühls eines Malers ausdrücken, und von diesem Augenblick an sind sie sowohl reine Materie als auch etwas, das sich, ebensowenig wie ein Traum, jemals präzise beschreiben, errechnen oder festlegen läßt. Ein düsteres Terrain, der menschlichen Seele ähnlich. Unausweichlich betrachtet man Bilder mit der Zeit wie Personen. Daher gerate ich auch in solche Verwirrung, als ich den ersten großen Saal betrete. Es sind zu viele, ich kenne sie bereits, aber so habe ich sie noch nie gesehen, ich weiß nicht, wo ich anfangen soll, es ist, als stieße ich auf eine Reihe von Berühmtheiten, die ich nur von Fotos kenne und jetzt schamlos aus jedem nur erdenklichen Winkel, von nah oder von fern, betrachten kann. Sie können sich nicht wehren.

Was ist das nur, diese Mystik des »Echten«? Hätte ich denn das Wesen von de Chiricos Kunst nicht in mich eindringen lassen können, wenn hier nur Reproduktionen gehangen hätten? Natürlich schon. Natürlich nicht. Während der »Gedankengang« auf der Reproduktion selbstverständlich exakt derselbe bleibt, fehlt der Abbildung die Fetischfunktion der Sache selbst. Dies hier hat der Maler eigenhändig gemalt, es begann sein Leben als Gemälde in dem Augenblick, als der Maler es »fertig« hatte, es ist, als Ding, soundso alt, es muß von New York nach London, von London nach München und von München demnächst wieder nach Paris reisen. Man kann sich des unsinnigen Gedankens nicht erwehren, daß das Ding da es vielleicht leid wird. Oder man fragt sich, ob es wohl ein Zuhause hat, ob es irgendwann irgendwo ausruhen kann. Ob es den Maler vermißte, als dieser starb, und Geringschätzung für die

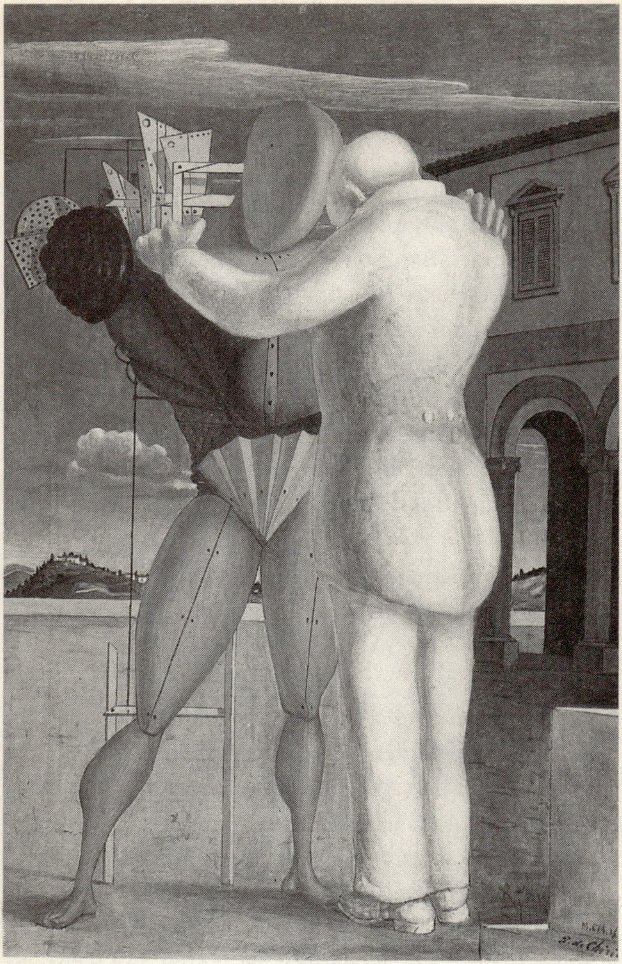

Giorgio de Chirico (1888-1978),
Der verlorene Sohn

Bilder aus dessen späterer Periode empfand, wie de Chiricos frühere Freunde, die Surrealisten. »The death of the poet was kept from his poems«, schreibt Auden anläßlich des Todes von Yeats. Magisches Denken oder sentimentales, denn ein Gedicht kann nicht leiden, ebensowenig wie ein Bild. Warum ist es dann trotzdem so *komisch*, wenn man vor der »Mona Lisa« oder den »Demoiselles d'Avignon« steht? Magie, lassen wir es vorläufig dabei bewenden, und Magie ist es, die ich um mich herum spüre, als ich planlos zwischen den Lodenmänteln und Jägerhüten umherwandere, die von einem unbestimmten Gezeitenstrom entlang den mit Farbe bestrichenen Rechtecken hin und her gezogen werden, welche die innersten Gedanken, Träume, Ängste eines in Griechenland geborenen Italieners ausdrücken, der nach eigenen Worten von der Lektüre Nietzsches beeinflußt und von der Architektur Turins tief getroffen war – durch seinen für Italien so sonderbar nördlichen Charakter ein Gegenstück zu dem Münchens auf der anderen Seite der Berge – und der einen »mystischen« Moment auf einem Platz in Florenz als den motorischen Impuls für sein Malen bezeichnet hat. »Auf der Piazza Santa Croce in Florenz wurde ihm an einem Herbstmittag des Jahres 1910 jenes Erlebnis zuteil, das ihm augenblickslang die sichtbare Wirklichkeit entfremdete und ihn die Vision der eigenen metaphysischen Bildwelt erahnen ließ.« (Wieland Schmied, *Die sieben Städte Giorgio de Chiricos.*) »Was damals geschah, kann ich nicht erklären«, sagt der Maler selbst dazu, »das bleibt ein Geheimnis«, und nannte das Bild folgerichtig »Das Geheimnis eines Herbstnachmittags«.

Daß ein Maler etwas selbst als Geheimnis empfindet, enthebt einen natürlich nicht der Pflicht, seinerseits zu versuchen, dieses Geheimnis zu ergründen, denn in dieser Pflicht steckt ja gerade der Genuß. Tatsächlich? Und was passiert, wenn man mehr »weiß«? Dann wird das Bild noch geheimnisvoller. Aha, ist das also ein Plädoyer für das Dunkle? Gewiß nicht, denn eines ist nun deutlich festgestellt: daß es sich hier um Geheimnisse handelt. Aber wollten wir die nicht zu ergründen versuchen? Wir haben das Bild auf die Couch gelegt, die Lektüre des Malers hinzugezogen, seine Liebe zu den Klassikern, zur antiken Kultur, das griechische Licht seines Geburtsorts, sein Übersiedeln in immer nördlichere Gegenden und wieder zurück, die Seelenverwandtschaft mit seinem Bruder Andrea (der unter dem Pseudonym Alberto Savinio glänzende Bücher schrieb), wir haben seinen eigenen Roman *Hebdomeros* gelesen, haben seine späteren Irrwege verfolgt und damit auch seine »Rückkehr«, wir wissen nun wirklich sehr viel und stehen jetzt vor dem Fetisch in irgendeinem beliebigen Museum Europas, und die Summe unseres Wissens deckt das seltsame Gefühl nicht, das wir empfinden und das sich weigert, errechnet, erklärt und benannt zu werden. Und das erleichtert. Ein Problem taucht erst dann auf, wenn das Bild stärker ist als die Summe der Deutungen. Ich erinnere mich, daß ich nach dem Tode von Roland Barthes durch die Berge der Haute Savoie fuhr und im Radio eine Wiederholung der Musiksendung hörte, in der sich berühmte Persönlichkeiten ihre Lieblingsmusik wünschen durften. Barthes entschied sich für Schumann-Etüden. Eine wunderbare Musik, die ich in meinem einsamen Auto zwischen düsteren Bergen hörte. Danach fragte der Interviewer, ob Barthes sagen könne, warum er gerade diese Musik so schön finde. Ich spitzte die Ohren. Jemand, den ich bewunderte, weil er so brillant formulieren konnte, würde jetzt etwas tun, was mir nie gelingt: sagen, warum ein bestimmtes *Musik*stück so schön ist. Eine Zeitlang hörte ich nur meine Scheibenwischer. Dann sagte die Stimme des Toten, er glaube, das, was er so schön daran finde, sei unerklärbar, weil es mit alldem übereinstimme, was in seinem eigenen Inneren unerklärbar sei. Ich empfand die Freude des Feiglings, und erst danach begriff ich, daß mir eine sehr simple Lektion erteilt worden war: Manchmal sucht ein Kunstwerk wie eine ferngelenkte Rakete exakt das Ziel in deinem Inneren, wo sich ein ähnliches Geheimnis verbirgt, du weißt, worum es geht, platonisch besteht die Möglichkeit, daß du irgendwann mal eine Formel dafür findest, nach ihr mußt du immer weiter suchen, aber solange du sie nicht gefunden hast, darfst du das Geheimnis nicht verschleiern und es ganz gewiß nicht dadurch beleidigen, daß du eine *plumpe* Formel dafür ersinnst. Schauen, lauschen, lesen, die Arbeit hört nie auf.

»Sind das nicht etwas große Worte, die du da um eine Luftblase spinnst?« Das ist mein Freund und Doppelgänger, ein rationalistischer Zwerg, der immer alles ganz genau wissen will und stets einen leeren Koffer mit sich herumträgt, in den die Beweise hinein sollen, die ich ihm nicht liefern kann. Denn wie beweise ich nur, daß ich sie schön finde (schön, was ist das?), diese so große

Frau, die auf einem Holzsteg sitzt, den gesichtslosen Kopf auf den mastodontischen Arm gestützt, den Arm auf das unter einem Rock verborgenen Knie. Wie ist das möglich, diese viel zu kurzen Unterschenkel, die fehlenden Füße? Nein, es läßt sich nicht genau bestimmen, was dieses Bild nun eigentlich ausstrahlt, aber bei mir kommt es als schreckliche Melancholie an. »Darauf ist dein Empfänger ja auch spezialisiert«, sagt die Gegenstimme. Wird schon stimmen. Der leere Kopf, der trotzdem etwas ausdrückt, beschäftigt mich noch am meisten. Es ist die Haltung, die das bewirkt. Genau diese Position, wie der schwere nasenlose, augenlose, mundlose Kopf in der großen Hand liegt, die wenigen Haarsträhnen, die ihn dennoch zu einem Frauenkopf machen, das ist es. Ein Gesicht ohne Augen zu malen und gleichzeitig den Ausdruck zu malen, den die Augen hätten, wenn es sie gäbe, das ist Zauberei, und bei Zauberei gelten keine Gesetze mehr. Daher darf die Frau auf dem Holzsteg größer sein als die hinter ihr liegenden Gebäude, ihr Schoß darf gefüllt sein mit an sich bedeutungslosen Kuben und Rechtecken, der Holzsteg braucht nirgends zu enden, die Wolkenfetzen am Himmel dürfen die gleichen sein wie in einer Landschaft mit Kühen und Mühlen. An der Datierung sehe ich, daß dieses Gemälde bereits seit 1925 »sendet«. Das ist das andere Rätsel: Gibt es Relativitätstheorien auch für die Frage, wie die Zeit ein Kunstwerk verändert, während es materiell dasselbe bleibt? Gibt es dafür eine Berechnung – was jemand 1925 sah, ich 1982 sehe und der nächste im Jahr 2039? »Schreckliche Spiele« heißt das Bild, und man kommt nicht umhin, diesen in sich widersprüchlichen Titel auf alles zu beziehen, was man in diesen Sälen hier sieht. Spielerisch ist es, und auch immer schrecklich, als wären all diese Bilder mit einem gnadenlosen Ernst gesättigt, an eine derart tiefe Melancholie angeschlossen, daß nur das Spiel, das ebenfalls darin sichtbar ist, die Angst, die das alles hervorruft, bannt.

»Ich sehe etwas ganz anderes«, sagt die Gegenstimme. »Was denn«, frage ich zerstreut, wir stehen mittlerweile vor dem »Verlorenen Sohn«. Der andere zählt auf, was er sieht, Plastizität, Flächenaufteilung, Farbgebung, in seiner vorbildlichen Rechenmaschine klingt doch wahrhaftig so etwas wie Bewunderung durch. Renaissance, Perspektive, höre ich ihn noch murmeln, Einfluß, Böcklin, aber ich stehle mich leise davon. Wenn ich nicht aufpasse und neben ihm stehenbleibe, gibt er diesem Bild womöglich gleich die Note »ausreichend«! Beweisen kann ich es nicht, aber die Figur im leuchtenden Frack ist der Vater. Stocksteif steht er da, die Beine geschlossen nebeneinander wie jemand, der gleich zu tanzen beginnt. Aber führt er auch? Beide schauen, wie Menschen, die nicht oft miteinander tanzen (das stimmt, der Sohn war so lange weg), auf ihre Füße. Doch um wie vieles frivoler sieht der Sohn mit seinen rotbestrumpften Harlekinbeinen aus, den prallen, von einem dünnen schwarzen Strich so exakt geometrisch geteilten Tänzerschenkeln. Er ist nicht ganz Mensch, dieser Sohn, im Bereich der rechten Schulter entartet (oder entwickelt er sich) zu einem exemplarischen Schreinerladen, getischlerte, gedrechselte und polierte

Gegenstände, die durch die Vertikalen der Geometrie mit einem winzigen Lattensystem verbunden sind, das ihn möglicherweise stützen soll, aber danach sieht es nicht aus. Die Landschaft dahinter ist trotz dieser Vertikalen von einer beruhigenden Antiquität, sie liegt einfach da, eine weiße Stadt auf einem Hügel, ungerührt wie die Landschaften, die man sieht, während im Vordergrund der heilige Sebastian von Pfeilen durchbohrt wird. Landschaften sind seit den flämischen Primitiven darin geübt, sich nicht in das Geschehen einbeziehen zu lassen.

»Das hat die Romantik ihnen abgewöhnt«, brummelt meine Gegenstimme genau in dem Augenblick, da ich ganz in der Ferne die schreckliche Musik zu hören glaube, zu der die beiden gleich tanzen werden.

»Aber de Chirico hat sich zum Glück wieder daran erinnert«, sage ich und denke, daß gerade das Nebeneinander des ungerührten Gewohnten und des unannehmbaren Ungewohnten bewirkt, daß diese Bilder mich so berühren. »Die Welt ist ein riesiges Museum fremdartiger Dinge«, hat der Maler gesagt, als er jung war, und hängte einen glänzenden, reglosen Gummihandschuh neben den Apoll vom Belvedere, lehnte einen herrenlosen Spazierstock an ein menschenloses, sonnenbeschienenes Gebäude mit Arkaden neben eine bandagierte, in Schleier gewickelte Figur oder legte barbarische Bananenbüschel neben einen nackten Frauentorso auf einen mit grünen, abgezirkelten Schlagschatten verdüsterten Kai, auf dem ebenfalls keiner vorbeigeht.

»Die Qual des Dichters«, nennt er dieses Gemälde, und damit wird man sich wohl nicht befassen, wenn Qual kein Problem für einen ist, doch sich selbst malt er als Mann mit Augen, Nase und Mund, umgeben von den sinnvollen Paraphernalien des echten Renaissancemalers, als Credo, als wolle er belegen, daß er sich über die Renaissance hinweg für die Antike entschieden hat, daß dort der Ursprung seiner Kunst liegt, als wäre er im Grunde gar kein moderner Maler. Streng, forschend, leicht provozierend sieht er einen an, sein mit gelber Farbe (er verachtet die Maler, die ihre eigene Farbe nicht mehr herstellen) gesättigter Pinsel ist wie eine Pfeilspitze auf die Leinwand gerichtet, auf der er gerade malt. Auch der linke, ausgestreckte Arm mit der rechteckigen Palette zeigt dorthin, als wolle er sagen, daß dies das einzige sei, worauf es ankomme: was er *macht*, und alles andere sei nichts als unnütze Betrachtung. Was wir hier sehen, ist ein *Macher*, und daran ist nichts Geheimnisvolles. Diese Selbstporträts braucht man auch nicht zu deuten, sie entstammen geradewegs einer großen Tradition. Von diesen Bildern kann man getrost sagen, daß sie schön sind. Warum wird dieses Wort bei den metaphysischen Bildern dann so suspekt, und warum ist hier ein anderes Klischeewort, *eindrucksvoll*, eher angebracht? Wenn das Bild ein Sender ist und ich der Empfänger bin, dann muß ich zumindest empfänglich sein. Jetzt erlaube ich mir einen unwahrscheinlichen Abstecher, und wer mir nicht folgen will, darf solange aus dem Fenster schauen. Besagte Empfänglichkeit vergleiche ich mit einer Wachsschicht, in die der Maler – oder der Dichter – sein Ideogramm drücken kann. Dieses

Bild habe ich früher schon einmal im Zusammenhang mit Lyrik benutzt, beispielsweise der Lyrik Vallejos oder Kouwenaars, die man nicht sofort versteht, aber doch empfängt. Ein Ideogramm ist in seiner engsten Bedeutung eine einfache Zeichnung, die einen Begriff optisch darstellt, übersetzt, erzählt. Wir benennen einen Baum mit vier Buchstaben (B, A, U und M), die wir auch in anderen Wörtern verwenden können; die Chinesen haben für diesen Baum ein einziges, nicht austauschbares Zeichen. Wenn ich nun aber aus einer unerlaubten, eigenwilligen Laune heraus ein ganzes Gemälde von de Chirico als Ideogramm betrachte und mich selbst noch immer als die empfängliche Wachsschicht, dann verstehe ich viel besser, was eigentlich mit mir geschieht. Idee bedeutet schließlich nicht nur, was es bei Platon bedeutet (»Vorstellung der Formel, die die vielseitige Wirklichkeit an allgemeine Normen bindet«), sondern auch »Sehbild für das geistige Auge, Denkbild und Vorstellung«.* Denn das läßt sich nicht leugnen, ich stehe hier in München, den dickleibigen Katalog in der Hand, vor Denkbildern und Vorstellungen. Noch etwas. Idee kommt vom griechischen *eidos*, einer Form des Verbs »sichtbar sein«. Der Aorist dieses Verbs bedeutet: sichtbar *werden*. Und ein Aorist ist »eine Zeitform des griechischen Verbs, durch die eine Handlung in der Vergangenheit dargestellt wird ohne den Gedanken an Vollendung oder Fortdauer.« Irgendwann ist auf der Leinwand vor mir für den Maler etwas sichtbar geworden. Dieses Sichtbarwerden war in dem Moment be-

* Dies sind die Definitionen aus meinem alten Griechisch-Schulwörterbuch

endet, in dem er mit dem Gemälde fertig war, den Pinsel weglegte und es als Ideogramm in die Welt entließ, auf der Suche nach Menschen, die es »lesen« würden, auf denen es seinen »Eindruck« hinterließe.

Einige Stunden später ist meine Wachsschicht mit den Bildern vollgestempelt, die sich selbst nie mehr, wohl aber mich verändern. Es bleibt eigenartig, daher auch das Lautdenken während meines Abstechers. Ich gehe jetzt noch einmal zu einem Gemälde, das mich zurückruft, »Aufbruch der Argonauten«. Es stammt aus dem Jahr 1909 und macht einen fast lockeren Eindruck, Lichtjahre entfernt von den düsteren, harten »Türmen«, die vier Jahre danach entstanden sind. Das Schiff liegt bereit, ein zweifellos günstiger Wind streicht über die Baumwipfel rund um die Villa wie in einer zärtlichen Berührung, das Zicklein zu Füßen der Götterstatue hat aus seiner Opferwunde nur wenig geblutet. Zwei Männer stehen am Ufer, der eine dunkel, der andere hell gekleidet, und letzterer hält eine Lyra in der Hand, auf der er spielt; die eintönigen Klänge müssen an diesem windigen, freien Fleck verwehen. Friede herrscht hier, außer für den, der weiß, was die Argonauten erwartet. Dieses Wissen sowie die Idee verwehter, nie gehörter Musik rufen Heimweh hervor. Dasselbe Thema (denselben Titel) hat de Chirico 1921 noch einmal benutzt, doch das lasse ich jetzt im wahrsten Sinne des Wortes links liegen, denn ich will ins Jahr 1934; mit meinen Füßen als Uhr schreite ich, als wäre die Zeit außer Funktion, in einer Minute fünfundzwanzig Jahre von jemandes Leben ab. Das Gemälde, vor dem ich nun stehe, heißt »Geheimnisvolle Bäder«. In einer schlüssellochförmigen Badewanne stehen und sitzen drei Badende. Das Wasser ist primitiv schraffiert, wie bei Darstellungen frühromanischer Bildhauerei. Warum ich dieses Gemälde nicht als metaphysisch empfinden darf, weiß ich nicht, ich bin schließlich kein Kunsthistoriker. Jedenfalls ist es ein Wunder, daß ich es sehen darf, es gehört nämlich zu der von den Surrealisten (und später von vielen anderen) verketzerten Periode de Chiricos, der Zeit, als er es keinem mehr recht machen konnte, als Verräter seiner selbst und seiner früheren Kunst betrachtet wurde, als sein eigener Imitator, jemand, in dem die Inspiration und die Reinheit der Lehre gestorben waren. Daß nicht alle ihn abgeschrieben hatten, geht aus einer Serie von zehn Lithographien hervor, zu denen Jean Cocteau den Text lieferte. *Mythologie* ist der Titel der Bildreihe. Die Blätter sind im selben Jahr entstanden wie das Gemälde »Geheimnisvolle Bäder« und tragen Titel wie »Im beunruhigenden Schwimmbad«, »Geheimnisvolles Gespräch«, »Die unerklärliche Fuge«, und sie sind zutreffend: Es sind geheimnisvolle und unerklärliche Darstellungen. Das gleiche so scharf schraffierte, *seltsame* Wasser, die gleichen Badenden und die gleiche merkwürdige, mit starren Fahnen geschmückte Badekabine, die jetzt in einem Tümpel zu stehen scheint, aus dem eine schmale markierte Wasserbahn in die Fläche hineinfließt. Auf einem der Bilder bäumt sich ein Zentaur auf, auf einem anderen »erscheint« ein riesengroßer Schwan, auf wieder einem anderen reicht das Wasser, in dem die Badenden sonst meist bis zur Taille stehen, ihnen nur noch bis zu den

Fußknöcheln. Für mich haben diese Bilder die gleiche Ausstrahlung wie die früheren Werke, doch die Organisatoren der Ausstellung sind insofern dialektisch vorgegangen, als sie in dem großartigen Katalog auch William Rubin zu Wort kommen lassen, der eine frühere de Chirico-Ausstellung in New York und London eingerichtet hat, in der bestimmt dreißig Gemälde weniger zu sehen waren, da Rubin den Vorhang definitiv nach 1919 fallen läßt, als der Maler also noch fast sechzig Jahre zu leben hatte. Dieses harte Urteil begründet Rubin letztlich mit ethischen Argumenten, ein Terrain voller Fallgruben und Stacheldraht. Nicht, daß er sich drücken würde, im Gegenteil, er geht auf alle Aspekte des späteren Werks ein, er läßt andere zu Wort kommen, die, wie Wieland Schmied, meinen, de Chirico sei im Kern seines Wesens doch immer »derselbe« Maler geblieben, und dieses Wesen sei letztlich als Klassizismus zu definieren. Rubin dagegen ist der Ansicht, de Chirico untergrabe in seiner frühen Periode gerade den Klassizismus, weil er damals noch den Mut hatte, unängstlich und unsicher zu sein. Im Grunde wirft er ihm mangelnden Mut vor: »Die Malaise und Neurasthenie, die seinen früheren poetischen Geisteszustand begleitete, überwand er in der psychischen Sicherheit, die man sich durch die Anlehnung an den Konservativismus und die Tradition erkaufen kann.« Ein hartes Urteil, das auch schon von den Surrealisten gefällt worden war und gegen das sich de Chirico sein ganzes Leben lang gewehrt hat, oft äußerst heftig, ja bösartig. Ausstellung und Katalog dienen der Kontroverse. Die Ausstellung, indem sie einige seiner späteren Gemälde zeigt, der Katalog, indem er nicht weniger als achtzehn Kopien des Gemäldes »Die beunruhigenden Musen« bringt, die de Chirico zwischen 1945 und 1962 eigenhändig nach der Vorlage von 1917 »nachgemalt« und manchmal auch mit fingierten Daten versehen hat. Ethisch ist eine solche Vorgehensweise natürlich nicht, und wenn man sich diese beiden grauenvollen Katalogseiten ansieht, ein Alptraum für jeden Auktionator, so fördert das nicht gerade die Liebe zu diesem Maler. Aber ist das nötig? Muß ich die beiden pathetischen Pferde in der leeren Landschaft (von 1931) folglich ebenfalls aus ethischen Gründen ablehnen? Ich muß, wie immer, gar nichts, aber das Verdienst dieser argumentierenden Ausstellung liegt darin, daß sie mich, mit Fragen beladen, wieder entläßt. Denn wenn diese beiden Pferde auch den üblen Geruch von Kitsch und damit von Korruption verbreiten und eine fatale Ähnlichkeit mit den großen Wandgemälden in den falschen Gebäuden haben, in denen sich die Büros der falschen Regime befinden, so bleibt es trotzdem wahr, daß die »Geheimnisvollen Bäder«, drei Jahre später entstanden, nie einen Platz in diesen Büros erhalten hätten. Ethik und Ästhetik, zwei unzuverlässige Engel, die täglich oder in jeder Epoche anders aussehen können oder deren Gesichtszüge so schwierig zu deuten sind wie der polierte, gesichtslose, dem Schatten halb zugewandte, aber lockige *leere* Kopf des »Philosophen« aus dem Jahr 1927, der, wie könnte es auch anders sein, trotz des Singulars seines Namens einen gleichfalls gesichtslosen Doppelgänger als Schatten hinter sich hat.

1983

MANTUA
ODER
SIE BAUTEN EINE STADT AUF DEN GEBEINEN

Was ich hier tue, ist natürlich Blödsinn: Ich gehe aus einer Stadt heraus, um wieder in sie zurückzukehren. Während ich gehe, sehe ich mich nicht um, sonst würde sich alles verflüchtigen, würde schmelzen, entschwinden. Es kommt auf das »als ob« an. Als ob ich, zu Fuß, aus der flachen, feuchtkalten lombardischen Tiefebene heranwanderte, eine Gestalt im Nebel. Ich muß mir einbilden, lange Zeit durch die Landschaft des Mincio, Vergils Fluß, gezogen zu sein und am Ende meiner Reise eine Vision zu erblicken: die Silhouette von Mantua. Ich höre meine eigenen Schritte auf der langen Brücke. Links und rechts eine weite Wasserfläche, der Lago Superiore, der Lago di Mezzo. Zwei Fischer in ihrem Boot im Nebel, wie eine japanische Zeichnung. Alles ist sehr still. Ich wandere ein Stück die Straße nach Verona entlang, so werde ich zum richtigen Reisenden, drehe mich dann um und nähere mich der Stadt der Gonzaga.

Zinnen, Türme, Kuppeln, alles hinter diesem unbestimmten Vorhang aus Winter und hereinbrechendem Abend, ein Vorhang, den ich nicht beiseite schieben kann. Er bewegt sich sacht, die Paläste schaukeln oder schwimmen. Als ich die Stadt erreicht habe, wende ich mich nach links und gehe, immer noch am Wasser entlang, zur Porta San Giorgio bis vor die abwehrende, totenstille Masse des Palazzo Ducale. Keine Wächter, keine Pferde, auf dem verlassenen Innenhof ein Auto, das plötzlich startet und mich aus der Vergangenheit jagt. Von hinten sehe ich den weitwehenden Mantel und die theatralische Geste einer Mitra tragenden Gestalt, hoch hinaufgesetzt auf die Barockfassade der Kathedrale. Im romanischen Campanile beginnt eine Glocke zu läuten, tief und trübselig, als wüßte der unsichtbare Läuter, daß der Klang durch den Nebel gedämpft wird und daß auf sein Rufen hin niemand kommt. Der Platz vor der Kathedrale ist leer, eine Steinfläche, umringt von hohen Gebäuden. Die Zeit vermag nichts, und die Geschichte ist nichts anderes als eine Anhäufung von Augenblicken – wie aber heißen dann die Kräfte, die einen solchen Platz bewahren und zugleich verändern?

Es gibt ein Gemälde von Domenico Morone aus dem Jahr 1494, auf dem dieser Platz (heute Piazza Sordello) abgebildet ist. Ein Bild in einem Bild in einem Bild: Wenn ich, auf diesem Platz stehend, an dieses Gemälde denke, sehe ich ein Geschehen aus dem Jahr 1328, das rund hundertsechzig Jahre später gemalt wurde. Ein wirres Durcheinander kämpfender Ritter zu Pferd, der Sturz der Bonacolsi, die nach gut fünfzigjähriger Herrschaft die Macht an die Gonzaga abtreten mußten. Tot und verschwunden, nur ihre Namen lungern hier noch herum. Die gotische Fassade der Kathedrale wurde niedergerissen, der ältere, romanische Turm, neben dem ich jetzt stehe, blieb erhalten. Die Landschaft ist auf dem Bild leicht angehoben, als wäre sie hügelig, doch das ist falsch. Der Palast der Bonacolsi, der später der Palazzo

Ducale der Gonzaga werden sollte, scheint unverändert, dieselbe massive rötliche Backsteinkonstruktion, die schmiedeeisernen Käfige an der geschlossenen Fassade, die breiten, quadratisch aufgebrochenen Zinnen, die sich vor der Leinwand des Abends abzeichnen. Ich stehe in all diesen Zeitebenen und stelle mir im Geist das Geschrei von Menschen, das Geräusch von Hufen und schnaubenden Pferden vor. Es muß zwischen diesen Mauern gehallt haben wie jetzt das Rufen der Glocke.

Durch ein Tor in der strengen Barockfassade – so etwas gibt es – trete ich ein. Die Mißverständnisse mehren sich. Dies ist, denke ich, die weltlichste Kirche, die ich je gesehen habe. Lange Doppelreihen korinthischer Säulen, ein versteinerter Wald mit einer heiligen Fläche dazwischen. Mit Christentum hat dies nichts zu tun, aber auch nicht mit der Magie griechischer Tempel. Es kostet mich Mühe, zu glauben, daß dieses Bauwerk *alt* ist, und gleichzeitig, daß es einst unglaublich modern gewesen sein muß, ein Abschied von der Gotik, und dadurch von einer phantastischen Doppeldeutigkeit. Hier schießt das Schiffchen hin und her: ein heidnischer Tempel für den christlichen Gott, die Vertreibung von tausend Jahren Dunkelheit, hinter der sich der helle Schein des klassischen Altertums befinden mußte, der jetzt diese neue Zeit erleuchten sollte: *rinascimento*. Ich kann erkennen, daß es ein »schönes« Gebäude ist, aber empfinden kann ich es nicht, und das wird auch nicht besser, als ich durch einen schmalen Gang in eine Kapelle gelange, in der ich zwei aufgeklappte Särge an der Wand lehnen sehe. Darin liegen Leichen, gegerbt, abgenagt, die Klauen mit den überlangen grauen Nägeln auf dem fahlen Mönchsgewand übereinandergelegt.

Als ich wieder ins Freie trete, ist der nebelverhangene Mond im aufgerissenen Maul einer der Zinnen eingeklemmt. Die feuchte Kälte scheint aus dem Erdreich in meinen Körper zu dringen, rasselnd werden die Rolläden vor den Geschäften heruntergelassen, Mantua bereitet sich auf die Nacht vor. Ich bin der Meinung, auf dem Weg zu meinem Hotel zu sein, verirre mich aber in einem Labyrinth. Die Leute, denen ich begegne, sind wärmer gekleidet als ich, die Straßen sind schmal und dunkel. Es liegt etwas Winterliches und Abwehrendes in der Luft, dies ist eine Stadt in einer sumpfigen Tiefebene, der Norden eines südlichen Landes. Die Kälte hat hier freies Spiel, das Offene, Schallende von Italien fehlt, die Leute schließen sich in ihren Häusern ein und überlassen die Stadt dem Fremden. Ich gehe auf gut Glück in eine kleine Kirche hinein. Im Vorraum hängt ein Plakat.

Am vierten Dezember wird mit *particolare solennità* das Fest der Schutzheiligen des Heeres unter Mitwirkung des vierten *Reggimento Artigliera Missili c/a* begangen werden. Ich liebe mein Jahrhundert. Vor einem Beichtstuhl steht ein Mädchen, im Vorbeigehen sehe ich das weiße Gesicht des Priesters und höre das gräßliche intime Geflüster. Sie bewegt sich, argumentiert, wippt immer wieder vor in einer, wie ich denke, mädchenhaften Bewegung, seine wächsernen Hände schwärmen in Richtung ihrer Arme aus und malen beschwörende Gebärden in die Luft. Sie trägt eine blaue Hose und eine Regenjacke. Es sieht aus, als plädiere sie. Mütter und Kinder gehen laut redend aus und ein, von draußen kommt das Geräusch eines frisierten Mopeds. Ich bleibe sitzen, weil ich ihr Gesicht sehen will, und als sie sich umdreht, sehe ich es, jung, blond und ausdruckslos, jemand, der seine Sünden an einem alten Mann abgewischt hat.

Dem Reisen ist eine Versessenheit eigen, die aus dem Reisenden einen Idioten macht. In der normalen Umgebung anderer ist er auf der Suche nach dem Besonderen. Aus Amsterdam stammend, käme es ihm dort nicht in den Sinn, bei der Prinsengracht an Prinzen zu denken, in Mantua aber mißt er Namen eine Bedeutung bei, die weit über deren alltägliche Verwendung hinausgeht. Palazzo del Podestà, Palazzo della Raggione, die Macht, die Vernunft, es paßt in das Bild, das er von den Renaissancefürsten hat, die er hier sucht. Das Bild von der Normalität ist eher hinderlich, es verdüstert die fünf-, sechshundert Jahre alte Welt, zu der er vorstoßen will. Die Aktualität, die ihn umgibt, darf sein, insoweit sie ihn ermächtigt, sich ein falsches oder ein zutreffendes Bild von der Kontinuität zu machen, die Vergangenheit in der Gegenwart zu sehen. Dafür sind Kirchen gut, denn in ihnen ist noch immer dieselbe Religion im Schwange. Noch besser sind vielleicht Speisen. Er sitzt in einem düsteren Wirtshaus, einen Krug mit schwerem rotem Wein aus der Gegend vor sich sowie eine ockerfarbene Scheibe Polenta auf dem Teller nebst einem großen Brocken geschmortem Wildschwein – das alles greift über die Gonzaga und Bonacolsi hinaus in viel ältere Zeiten, zu dem Dichter, der in dieser Stadt geboren wurde und hier das Treiben der Bauern besang:

at secura quies et nescia fallere vita,
dives opum variarum, at latis otia fundis,
speluncae, vivique lacus, et frigida Tempe
mugitusque bovum mollesque sub arbore somni
non absunt ...

das aber fehlt ihnen nicht:
Sorglose Ruhe jedoch, ein Leben in redlicher Einfalt
Reich an mancherlei Schätzen, und Muße in weiten Gefilden
Grotten und quellfrische Seen und kühle, waldige Täler
Kuhgemuhe und Schlummers Genuß im Schatten der Bäume ...

(Vergil, Georgicon II, 467-70)*

Sieh, wie er da sitzt, der Reisende – er ist allein, aber nicht einsam, denn er spielt. Er nennt das Restaurant Wirtshaus und sieht in den Gesichtern der anderen Gäste Gesten und Gestalten, die er auf Bildern von Romano, Mantegna, Pisanello gesehen hat, und in einem einsamen Diskurs am anderen Ende des Saals hört er, von keinerlei Mehrstimmigkeit abgelenkt, die musikalischen Akzente der *frottole* von Tromboncino. Er spielt, er weiß, daß es wahr und nicht wahr ist, er lügt sich eine helle Vergangenheit zusammen. Sein Spiel heißt Kontinuität, er lehnt die Welt seiner Zeit nicht ab, wie andere

* Übersetzung: Johannes Götte

glauben, sondern möchte vielmehr diese Welt stützen; Erinnern und Erkennen sind die Instrumente dazu. Darum liest er den Dichter, dem in dieser Stadt jede neue Zeit ein neues Standbild errichtet hat, bis hin zu dem kalkweißen faschistischen Denkmal, das er morgen aufsuchen wird. Dieses Erkennen jedoch ist Arbeit: Er muß blind sein für alles, ausgenommen das, was er sucht, und dafür hat er sich eine zusätzliche Stirn zugelegt, die mit Augen übersät ist. Und dennoch ist es einfach – in diesem wirklichen Tableau aus Fasanen, großen Röhrlingen, hartem grünem Salat, Käse, Rippenstücken, Früchten, Blumen in der Mitte des Saals braucht er lediglich die Geister früherer Früchte zu erkennen, die Überfülle in Gemälden, in denen diese Naturalien bereits sechshundert Jahre unangetastet existieren, wie er zum Beispiel das runde Brötchen, das er jetzt bricht und ißt, zwei Tage später unberührt wiedersehen wird, als es von einer Teufelsgestalt auf die mit kleinen Blumen geschmückte Tafel des Götterbanketts im Psyche-Saal des Palazzo del Tè geschoben wird. Und warum sollte er sich verändert haben, wenn sich das Brot, der Käse, der Wein und das Fleisch nicht verändert haben und die gleichen Bauern wie eh und je vor den Toren der Stadt säen und ernten, Vieh züchten, melken und jagen?

Eingehüllt in seine Atavismen, verlasse ich das Restaurant. Neonlicht, Fernsehgeräusche aus geschlossenen Häusern. Fernsehen, die verzerrten Stimmen von Menschen, ein Klang wie ein unangenehmer Dialekt. Ich kann schon wieder den Weg zu meinem Hotel nicht finden und will auch noch nicht schlafen. Während ich so umherstreife, fällt mein Blick plötzlich auf einen in eine Hauswand eingelassenen Stein. Er ist ziemlich hoch eingemauert, die hineingemeißelten Buchstaben sind nicht gut zu lesen, nur das, was darunter steht: Dante, Inferno, XX-88-96. Ich bin also nicht der einzige Arbeiter in der Fabrik der Erinnerung, aber erst, als ich zu Hause bin und die Passage aufschlage, erkenne ich, wie vielschichtig diese Erinnerung ist: Jemand möchte, daß ich an Dante denke, und zwingt mich, die Passage zu lesen, in der Vergil, der mit ihm in sämtliche Kreise der Hölle hinabsteigt, sich daran erinnert, wie Mantua entstanden ist. Der Dichter erzählt dem Dichter, wie Manto (*quella que ricopre le mammelle/Che non tu vedi* – »jene dort, die sich bedeckt die Brüste, die du nicht siehst«) nach langen Irrwegen eine Ebene findet, in der das Wasser des Mincio »sich ausdehnt und einen Sumpf macht«. Dort bleibt sie und läßt, als sie stirbt, ihren »leeren Leib« zurück (*e vi lascio suo corpo vano*), und die Menschen, die ringsum wohnten, kamen an diesem Ort beisammen, der durch den ihn umschließenden Sumpf geschützt wurde.

Fer la città sopra quell'ossa morte;
E per colei, che il loco prima elesse,
Mantova l'appellar senz' altra sorte.

Sie bauten eine Stadt auf den Gebeinen
Und ihr zu Ehren, die den Platz erlesen
Nannten sie »Mantua« sie, ohn' andre Wahl.*

* Dante, *Die göttliche Komödie*, Übersetzung: Konrad Falke

Eine starke Verszeile kann zu einer physischen Empfindung werden. Als ich das Fenster meines Hotelzimmers öffne, spüre ich, wie die eisige Kälte des nahen Wassers hereinwill, und, schlimmer noch, daß diese ganze düstere Pracht, deren verhüllte Formen ich über den Dächern sehe, auf den zerbrechlichen Gebeinen der mythischen Stadtgründerin ruht. Warum bin ich hier? Vor einem Monat war ich in London und besuchte die große Japan-Ausstellung, Kunst aus der Zeit der Tokugawa-Shogune. Gleichzeitig gab es im Victoria and Albert Museum eine Ausstellung über die Gonzaga, Herrscher von Mantua vom 14. bis zum 18. Jahrhundert. Tokugawa, Gonzaga, absolute Herrscher, Samurai und Condottiere, Höfe, die sich durch Glanz Ansehen verschaffen wollten und Künstler beriefen – etwas an dieser Übereinstimmung berührte mich. Beide Ausstellungen gelten den Herrschern, nicht den Künstlern, und doch ist es die Kunst, derentwegen wir kommen, und nicht der zu Staub gewordene Herrscher. Gleichwohl sind ihre Namen unlöslich ineinander verhakt wie die geheimnisvollen SS in dem Emblem, das Heinrich VI. von Lancaster dem Hof von Gonzaga schenkte. Die Gesichter der Gonzaga waren für mich erkennbarer als die der Tokugawa, doch die weite, monumentale Hofkleidung von Tokugawa Iejasu drückte dasselbe aus wie die merkwürdige halbgepanzerte, mit zunehmenden Monden besetzte Gewandung von Vincenzo I., dem vierten Herzog von Mantua, von Pourbus in eisiger und eitler Stille gemalt: *Macht*.

Macht als Mittel zur Kunst, Kunst als Mittel zur Macht, das gilt auch für andere Renaissancefürsten, doch die an sich nicht sehr reiche – und auch nicht immer sehr kunstsinnige – Familie Gonzaga verstand optimalen Nutzen daraus zu ziehen. Gleich zu Beginn der Ausstellung hing ihr Stammbaum. Derlei erinnert mich manchmal an die Karte eines U-Bahn-Netzes in einer großen, aber unbekannten Stadt. Eine solche U-Bahn-Linie beginnt irgendwo in einem obskuren nördlichen Vorort, verzweigt sich, stößt in alle Richtungen vor und endet, trist und einsam, in einem leeren Neubauviertel im Südosten: Ferdinando Gonzaga (1650-1708), zehnter Herzog. Zwischen ihm und Luigi (1268-1360), dem ersten *capitano*, liegt ein ganzes Feld eingedickter Ereignisse, vorteilhafter Eheschließungen, adliger Beförderungen und Kardinalshüte. Daneben hängt noch eine andere Graphik, eine von der Art, die einen an einem verzauberten Haken in die Vergangenheit zerrt. Während in der Mitte die Gonzaga weiterfließen und in ihren Namen und immer höheren Titeln wie eine Wasserstraße über die Ufer treten, liegt links und rechts von ihrer Linie das Hochgebirge der zeitgenössischen Ereignisse: die Theorien des Kopernikus, das Pazzi-Komplott, das die Herrschaft der Medici beenden sollte, Luther und seine Thesen, die Geburt Shakespeares, endend in der engen Straße von Galileis Fernrohr und dem totalen Ausverkauf der von all diesen Gonzaga zusammengetragenen Kunstschätze an Karl I. von England, kurz bevor Mantua zum erstenmal in seiner Geschichte erobert und geplündert wurde. Cromwell verhökerte einen Teil der Beute ans Ausland, und damit war die in Jahrhunderten zusammengetragene Sammlung als *Kunstwerk* gesprengt, die Juwelen – Tizian, Mantegna, Rubens – aus dem Kollier geraubt und über die Museen der Welt verstreut. Was blieb, war die *Idee*, und das kommt in dieser Ausstellung gut zum Ausdruck. Auf relativ kleinem Raum hat ein brillanter Bühnenbildner Teile des herzoglichen Palasts nachgebaut, es gibt fotografische Rekonstruktionen, Modelle und eine Fülle von Medaillen, Stichen, Manuskripten, Büchern, Briefen, Partituren (Palestrina, Monteverdi), Kacheln (eine berstende Sonne mit dem Motto *per un dexir* – »für ein Verlangen« – und einen Maulkorb mit der Aufschrift *cautius* – »vorsichtiger«), wunderbare hellfarbige Schalen von Nicolà da Urbino, Gemälde und Holz-, Bronze- und Marmorstatuen der Gonzaga, eine düster wirkende, von erblicher Arthritis geplagte Rasse mit breiten, grob geformten Gesichtern, dicken Lippen, leicht vorquellenden Augen und massiven Kinnladen, die von Macht zeugen.

Inzwischen ist es einen Monat später. Ein Bild im audiovisuellen Beiprogramm dieser Ausstellung hat mich in der falschen Jahreszeit nach Mantua gelockt, das Bild von Wasser, stillen Flächen von poliertem Eisen, aufgenommen von einem Turm im Palazzo Ducale. Die Chemie der Erinnerung spielte ein anderes Bild zurück, einen heißen Sommer in Amsterdam, vor Jahren, während des Holland Festivals, als ich nach einem Abend mit Madrigalen von Monteverdi aus der Nicolaaskerk kam und am stillen Wasser der Prins Hendrikkade entlangging. Damals dachte ich an Venedig, weil ich Monteverdi damit assoziierte. Inzwischen weiß ich, daß »Orfeo« in Mantua uraufgeführt wurde, 1607, am Hofe der Gonzaga – nicht in einer von Wasser durchschnittenen Stadt, sondern in einer von Wasser umgebenen Zitadelle. Darum sitze ich hier in meinem Hotelzimmer, höre die Glocken der San Andrea zwölf schlagen und bin ausnahmsweise einmal froh, daß Mauern und Glas dieses Geräusch nicht aussperren können.

Über die Vergangenheit kann ich ausschließlich irrational denken oder, besser ausgedrückt, nur auf eine chaotische, paradoxe Weise, die nichts beweisen kann, doch ich weiß, daß es diese dicklippige, großköpfige Familie von Pferdezüchtern und »Hinaufheiratern« ist, die mich über das Wasser hinweg hierher entboten hat, die »unersättliche Sammlerin« Isabella d'Este, der fromme Bucklige Guglielmo, Federico, der an einem einzigen Tag einhundertdreißig flämische Landschaften kaufte und *sine pompa aut cerimonia* bestattet werden wollte, Vicenzo, der sitzend aufgebahrt und auf einem Marmorthron beigesetzt werden wollte, »sedendo super cathedra marmorea«, Francesco, der vierte *capitano*, der seine Frau Agnese Visconti wegen Ehebruchs enthaupten ließ, Ludovico, der nach endlosen Verhandlungen den Querulanten Mantegna so weit bekam, daß dieser 1460 nach Mantua reiste, wo er für den Rest seines Lebens bleiben sollte, diese lange Reihe von Rittern, die ihre Kriegskunst und ihre Pferde an Dritte verkauften, keine Familie von Genies und eigentlich auch keine Herrscher mit viel Land, sondern ein Geschlecht von

Schirmherren, die ihrem Namen zusätzlichen Glanz durch den Namen der Künstler verliehen, die sie mit geliehenem Geld kauften, förderten und anspornten, auf daß dieser Name in einer düsteren und unvorstellbaren späteren Zeit in dieser Ausstellung in London prange: die Stadt, die Francesco 1389 besuchte *ad videndum partes illas*, »in der Absicht, diese Gegenden zu sehen«.

Es bleibt verhangen. Nebelschleier umhüllen die Buden mit Käse, Wurst und Stockfisch neben der San Andrea. In der Kirche ist es noch dunkel, man denkt eher an das letzte als an das erste Tageslicht. Ich gehe vor in Albertis ausgeklügelten perspektivischen Raum, das hohe, vollkommene Tonnengewölbe wird in seinem Schwung durch die Kuppel gestoppt, die ich mir von außen nicht so groß vorgestellt hatte. Plötzlich durchschneidet der Halbkreis, den ich von meinem Platz aus sehen kann, die vorwärtsschiebende Masse des Gewölbes wie in einer Geometrieaufgabe, und mich überkommt das Gefühl, das man in einer romanischen Kirche nicht hat, in einem Renaissancebau dagegen wohl – daß man selbst das Maß des Raumes ist, daß von einem selbst aus Linien zu jedem anderen denkbaren Punkt im Raum gezogen werden könnten (oder werden). Dadurch wird man nicht nur zu einem entzückten Betrachter, sondern auch zu einem sich mechanisch bewegenden Objekt, eine gespaltene Empfindung, die einst, klarer als es damals in Worten ausgedrückt werden konnte, eine neue Zeit ankündigte.

Im Palazzo Ducale wartet eine frierende Gruppe auf die Führung. Allein darf man nicht hinein, und der Führer legt ein unmenschliches Tempo vor. Ein Sack visueller Eindrücke wird über uns ausgeleert, wir lassen uns durch Treppenhäuser, Säle, Galerien hetzen, aber selbst beim zweiten und dritten Mal will nichts im Gedächtnis haften bleiben, die Eile steigert die Flüchtigkeit. Ich sehe meine eigene alltägliche Gestalt in den beschlagenen Spiegeln als Schemen vorbeihuschen, lasse mich langsam die Treppe mit den trägen Stufen hinaufführen, über die früher die Gäste mitsamt ihren Pferden nach oben gelangten, bücke mich gehorsam in den rätselhaften kleinen Zimmern »der Zwerge«, blicke auf das Wasser hinaus und auf die verschleierte Ebene dahinter. Ich zögere bei den Fresken von Pisanello, die nach Jahrhunderten der Verborgenheit vor gar nicht so langer Zeit wieder aufgetaucht sind. Seltsam, etwas, was nicht vollendet ist und dennoch alt, auf geheimnisvolle Weise das Gegenteil einer Ruine. Ich starre auf diese Zeichen und Linien, die auf den Wänden erhalten geblieben sind, der Bericht von einer grausamen Schlacht. Ein Ritter liegt auf dem Rücken, totenstill inmitten der Gewalt, ein umgefallener menschlicher Panzer, ohnmächtig in seiner metallenen Hülle. Eine lange, zarte Hand liegt leicht auf dem mächtigen Panzer, hinter offenen Visieren zeigt sich die Zerbrechlichkeit von Gesichtern, andere bleiben verhüllt hinter vogelkopfförmigen eisernen Schnäbeln. Hauchfein ist es, sehr leicht liegt es auf diesen großen Wänden, und dennoch weht uns aus den skizzierten Gestalten der Gestank von Kampf und Tod entgegen.

Wirklich unvergeßlich bleibt die Camera degli Sposi oder Camera Picta. Neun Jahre lang hat Mantegna daran gearbeitet. Seinen Auftraggebern dauerte das zu lang, doch sie irrten. Neun Jahre sind nicht viel für das Erschaffen eines Kosmos, denn um einen solchen handelt es sich, auf wenigen Quadratmetern Raum hat Mantegna eine in sich geschlossene Welt erschaffen, in der die Wirklichkeit der Gonzaga in die wollüstige Täuschung der neu entdeckten Perspektive gesetzt wird. Frauen und Putti blicken aus dem offenen Himmel über eine Balustrade zu dir herab, wenn du hinaufschaust, einer dieser kleinen Engel hält Newtons rosigen Apfel in der Hand, der gleich herunterfallen und dich treffen wird. Die Figuren an den Wänden stehen aufrecht, hieratisch und einander auf merkwürdige Weise zugewandt. Jede blickt woandershin, mit einem Ausdruck völligen Ernstes, sie wußten, daß sie diesen Raum für immer bevölkern würden. Das Raffinement des Malers ist im wahrsten Sinne des Wortes tierisch: Eine Hundepfote ist es, die er so über den Rand des *dado* malt, daß es den Anschein hat, das Tier käme gleich ins Zimmer. Soviel Glanz verschlägt einem die Sprache, und gleichzeitig hat man Angst, daß es aufhört, drohend hängen überall Vorhänge, zur Seite geschoben, sich bauschend, im unsichtbaren Wind wehend, so gemalt, daß es scheint, eine bösartige Hand könne sie auch wieder zuziehen und damit den Fürsten und seinen Hof und diese weiten antiken Landschaften mit den zwergenhaften Jägern und Bauern in ein unauffindbares Kalkgrab verlorener Zeit zurückwerfen.

Als ich den Palast verlasse, kaufe ich eine Ansichtskarte, die eine labyrinthische Decke und darauf das Motto Herzog Vincenzos zeigt: *Forse che sì, forse che no* ist mit goldenen Lettern in die blauen Irrwege gemalt, und weil kein Ende zu sehen ist, scheint es, als stünde es tausendmal da. »Vielleicht ja, vielleicht nein.« Geschützt durch diese Beschwörung ende ich, wo ich begann, und gehe noch einmal die Straße entlang, von der aus ich das Traumbild sehen werde, hinter einem sich allmählich zuziehenden Nebeltuch.

Dezember 1981

»Wir können es uns vorstellen... dieselbe Jahreszeit, derselbe Spaziergang zum Castello Sforzesco... stessa la stagione, stessi possiamo immaginare i passi: diretti al Castello Sforzesco ...« Ich bin offenbar nicht der einzige, der von Zeit zu Zeit unter magischem Denken leidet. Vielleicht ist das meine weibliche Seite. Die Autorin des kleinen Büchleins über Leonardo da Vinci und das Kastell der Sforza heißt Mercedes Garberi, und sie stellt diese etwas schwülstigen Überlegungen an, die auch ich nie ganz lassen kann: Hier war es also, die äußere, düstere und etwas nordische Form dieses Forts, denn um ein solches handelte es sich, hat sich nicht verändert, hier ist er vor fünfhundert Jahren umhergegangen. Und immer noch, allen Ablenkungsmanövern der modernen Großstadt zum Trotz, drückt das Gebäude Macht aus, doch das wird ihn nicht gewundert haben. Macht war es, was ihn hierher gelockt hatte, der Macht von Ludovico il Moro hatte er sich in nicht weniger als zehn Eigenschaften empfohlen, so als Maler, Bildhauer, Entwerfer, Erfinder, Wasserbaukundiger, Musiker, Ingenieur. Das war im Jahr 1482, und er war dreißig Jahre alt und bereits berühmt. Vasari (1511-1574), Maler und Hofbaumeister der Medici, schreibt in seinem Buch *Leben der ausgezeichnetsten Maler, Bildhauer und Baumeister*, daß Ludovico Leonardo nach Mailand berief, damit dieser ihm auf der Leier vorspiele, »ein Instrument, an dem der Herzog ein großes Vergnügen fand«. Es ist eine amüsante Geschichte, wie fast alles bei Vasari. Er erzählt, der Maler habe eine Leier mitgebracht, die er selbst »großenteils aus Silber in Form eines Pferdeschädels verfertigt hatte, eine seltsame und neue Gestalt, berechnet, dem Klang mehr Stärke und Wohllaut zu geben«. Doch das von Vasari genannte Datum stimmt nicht, und es war eindeutig Leonardo, der sich selbst anbot, denn dieser Brief, in dem er wie ein echter Höfling an den dynastischen Stolz Ludovicos appelliert, indem er ihm vorschlägt, ein riesiges Reiterstandbild des Francesco Sforza zu schaffen, ist erhalten geblieben.

Florenz war ihm zu klein geworden. An Glanz konnte zwar kein anderer Hof es mit dem Florentiner aufnehmen, das neue Machtzentrum lag jedoch eindeutig in Mailand. Ob es aus Unmut über die Machtpositionen der Neuplatoniker mit ihren bhagwanartigen Neigungen war, die einem reinen Rationalisten wie da Vinci nicht paßten, oder weil er über Florenz hinausgewachsen war und neue Eindrücke sammeln wollte, ist nicht sicher. Er selbst sagte, die Medici hätten ihn geschaffen und gebrochen (*mi creorono e destrussono*), doch das scheint ebenfalls etwas kraß ausgedrückt, und sei es nur deshalb, weil die Vorstellung von einem gebrochenen Mann so gar nicht zu ihm paßt.

Wie dem auch sei, er kam, und daß sein Kommen genau fünfhundert Jahre zurückliegt, feiert Mailand 1982 mit soviel Pracht und Glanz, daß die Veranstaltungen den Jahresrahmen sprengen und bis weit ins Jahr danach hineinreichen. Wie er nach Mailand gekommen ist, weiß ich nicht, möchte es mir aber immer gern vorstellen. Machte er in Parma Station, um sich das Battisterio anzusehen? Reiste er mit Freunden? Daß er zu Pferd reiste, ist so sicher wie das Amen in der Kirche. Wahrscheinlich hätte er, anstatt durch die tiefgelegene, weite, freilich immer etwas langweilige Poebene zu ziehen, meiner Route den Vorzug gegeben: einer endlosen Folge von düsteren Tunneln ab Ventimiglia; man hat das Gefühl, als würden einem stets von neuem die Augen verdeckt, eben erhascht man einen Blick auf eine hügelige, *liebliche* Landschaft, da drückt einem der Henker schon wieder den Hut über die Augen, Stunden verbringt man in einer Art *cakewalk* des *chiaroscuro*, bis man nicht mehr weiß, ob es Tag oder Nacht ist, und gemangelt in Mailand ankommt. Leonardo dagegen, so berichtet Vasari, »verfertigte Modelle und Zeichnungen, wie man mit Leichtigkeit Berge abtragen und durchbohren könne, um von einer Ebene zur anderen zu gelangen«, Tunnel, die erst Hunderte von Jahren danach gebaut werden sollten, damit die undankbare Nachwelt in wenigen Stunden eine Strecke zurücklegen konnte, für die man früher mehrere Tage benötigte.

Na gut, wir sind angelangt, er und ich. Es ist heiß in Mailand, heiß und leer, denn es ist Sommer. Die Leere hilft beim Meditieren. Ich gehe die Via Dante entlang (es gibt noch *permanence* in der Welt) genau auf das Castello Sforzesco zu. Im Dunkel einer verlassenen Galerie sehe ich ein karikatureskes Frauengesicht mit weißer Haube aus dem *cinquecento*, und mir kommt sofort der passende Gedanke. *Die hätte er gezeichnet*, und das ist kein Unsinn, denn er folgte Menschen, deren Äußeres er eigenartig fand, manchmal den ganzen Tag, beobachtete sie heimlich in jeder nur erdenklichen Art und Weise und zeichnete sie dann abends aus dem Kopf.

Das Standbild des Francesco Sforza ist, wie so vieles von da Vinci, nie fertiggestellt worden, und als etwas dürftiger Ersatz steht dort nun Garibaldi, der in heldenhafter Pose sein Schwert in den leeren Himmel bohrt, und ich kann mich des Gedankens wieder nicht erwehren: »Das hätten die Sforza wiedererkannt.« Schließlich ist es ein Mann, ein Schwert und ein Pferd. Die Schilder an der Kreuzung mit den Städten ihrer Rivalen oder Verbündeten – Bologna, Genua, Turin, Piacenza – hatten auch damals ihre eigene, genau umschriebene Bedeutung, doch am meisten hätte sich Leonardo für diese seltsamen rechteckigen, sich aus eigener Kraft fortbewegenden Objekte interessiert, die mit langen Fühlern über die Straße gespannte Drähte berühren, sowie für die nicht ganz deutlich erkennbaren menschlichen Gestalten hinter den blinkenden Scheiben: *Trolleybusse*. Nutzlos, all diese Spekulationen, weitergehen über den großen Hof, zwischen der Masse dieses geduckten mastodontischen Backsteingebäudes hindurch, auf der Suche nach dem Eingang. Seinem Geist entrinnt man jedoch nicht. Mit den drei *camerini*, die über der kleinen, von Bramante erbauten Brücke liegen, hat er sich als Baumeister befaßt, und er selbst hat – in weiser Voraussicht – die Ausschmückung der Sala delle Asse entworfen, in der die Ausstellung stattfindet. Doch so weit bin ich noch nicht, ich stehe im ersten der kleinen, mit Zeichnungen vollgehängten Räume, noch vor der eigentlichen Ausstellung. Wer regelmäßig zu solchen Veranstaltungen geht, kennt das: den Eifer zu Beginn, das Verweilen vor den ersten Ausstellungsstücken, bis man allmählich, sich selbst verachtend, das Tempo mit der Ausrede steigert, man sei *gesättigt*. Und dennoch sind mir die Zeichnungen aus diesen ersten kleinen Räumen am besten in Erinnerung geblieben. Sie gehörten nicht zur eigentlichen Ausstellung, im Katalog sind keine Abbildungen von ihnen zu finden, trotzdem sehe ich sie deutlich vor mir »im Palast meiner Erinnerung«, wie Augustinus das nennt. Ich in einem Palast, und ein Palast in mir, und an den Wänden nicht der da Vinci der grandiosen Gemälde, sondern der Sezierer, der Entdekkungsreisende, der den erst so kurz zuvor von Vesalius erschlossenen Kontinent des Körpers betrat und ohne jeglichen Ausschmückungsdrang berichtete, was er dort vorfand. Verankerungen, Knochen, Muskelbündel, Gelenke, der Mensch als Ding, als Mechanismus. Es war dies auch eine Entmystifikation: Eine schwangere Frau konnte man malen, niemand jedoch hatte bisher eine durchschnitten. Er tat es – im runden Gefängnis der Gebärmutter hockt der kleine Haarlose, vorgebeugt, in ausklappbarer Form. Seine weichen Händchen liegen faul auf den bereits molligen Knien, er denkt einen pränatalen Gedanken in seinem kugelrunden Schädel. Die Struktur von Vogelflügeln, endlos seziert, das *tavola anatomica delgi organi delle donne*, das Messer schneidet bis ins Intimste, der Maler zeichnet, gleich fertigt er sein Bild von innen nach außen an. Was dann wieder geschlossen sein wird, hat er offen gesehen, es war eine unabdingbare Voraussetzung für ihn. Der Schädel als leere Kuppel, als Stereoanlage, als Cockpit der menschlichen Maschine, die Scharniere von Knie und Ellbogen, das Skelett als Konstruktion für die theatralische Gebärde.

Blunt (Anthony, der Spion, und folglich einer, der ein gutes Auge hatte) hat einmal gesagt, für da Vinci sei »das Malen eine Wissenschaft mit einer Arbeit als materiellem Endprodukt, die eine Reproduktion eines Teils der Natur ist«. Einen großen Teil seines gezeichneten Œuvres betrachtete er denn auch als Studie, als Teil des unentbehrlichen Faktenwissens, als Material, ohne das der Maler nicht auskommt, weil er sonst ein »Seemann wäre, der ohne Kompaß aufs Meer hinausfährt«. Diese bis zur äußersten Konsequenz getriebene Einstellung führte zu Entdeckungen, die vor ihm noch keiner gemacht hatte. Wir sind heute noch darüber erstaunt, was uns in unserem Jahrhundert, in dem alles Wirklichkeit geworden ist, wovon man in den Jahrhunderten zuvor geträumt hat, schon fast als schaurige prophetische Gabe vorkommt. In meinem Fall beruht das eigentlich nur auf Gefühlen: weil ich es derart frappierend finde, in diesen alten Zeichnungen den Fallschirm, den Hubschrauber, die Concorde und die vorübergehend angehaltenen Wunder der Ballistik zu bewundern. Doch der von mir auf einem Mailänder Trödelmarkt gefundene Bericht eines wissenschaftlichen Symposiums, den ich durch den dichten Nebel mathematischer Formeln hindurch nicht lesen kann, weist mich streng zurecht mit Beiträgen wie »Leonardo da Vinci and the law of projectile motion« (Kenichi Ono), »Leonardo da Vinci's remarks on the centre of gravity of the pyramid« (Evert M. Bruins) und »L. da V. and modern flight mechanics«

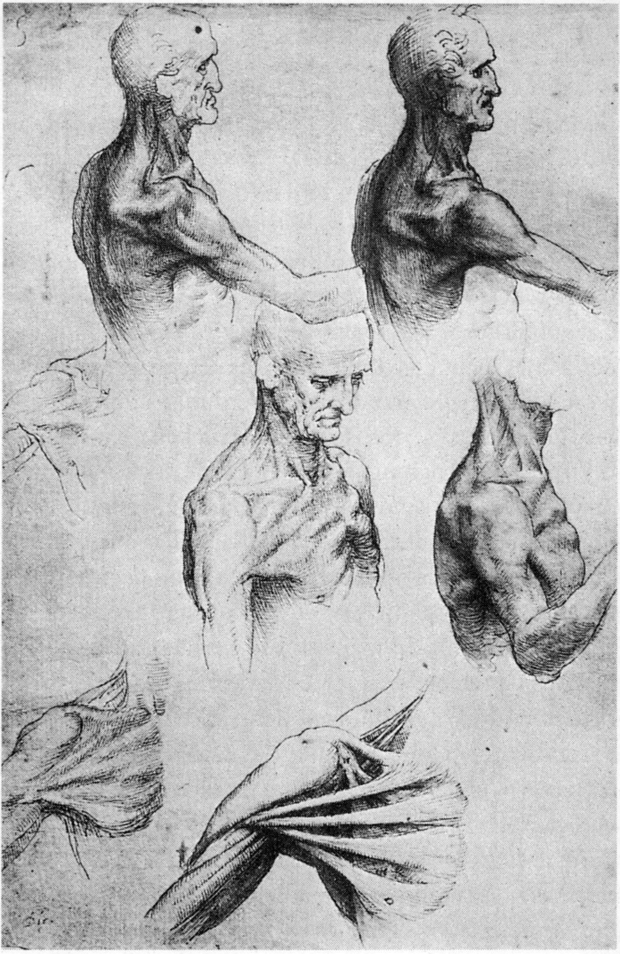

Leonardo da Vinci (1452-1519),
Studien von Kopf und Schulter eines Mannes

(Irina Strashewa). Zwischen diesen Dingen und dem Lächeln der *Mona Lisa* oder den erhobenen, abwehrenden Händen des Judas beim *Letzten Abendmahl* liegt eine so große Kluft, daß ich sie fünf Jahrhunderte später aus Armut nicht überwinden kann. Also labe ich mich nur ein wenig, denn dieses Gefühl habe ich, als ich die Sala delle Asse betrete, klein unter diesem hohen System labyrinthisch ineinander verflochtener Bäume, mit denen die Decke bemalt ist. Ausgestellt sind hier die Naturstudien aus der Königlichen Bibliothek von Schloß Windsor. Die Bilder sind senkrecht aufgestellt und glasgerahmt, wobei das Glas über das Bild hinausreicht, bevor der innere Rand des Passepartouts beginnt. Die Zeichnungen hängen dadurch nicht nur frei, sondern bekommen auch etwas Unabhängiges, ihre empfindlichen Ränder sind sichtbar, und durch den angrenzenden Glasstreifen kann ich meine Zeitgenossen belauern, die auf der anderen Seite die Lippen bewegen, starren, sich wundern, sich mit einer Gier umherbewegen, als sei da etwas zu holen, was es anderswo nicht mehr gibt. Was ist das? Ich denke, es ist der Anblick von Leonardos absoluter, bohrender Neugier. Neugier wäre nicht das richtige Wort (zu schwach, es geht natürlich viel tiefer), wenn das »gierig« von »Begierde« nicht darin enthalten wäre, der *Wille* zu wissen, Schauen in die Philosophie umzusetzen, die die Malerei für ihn war. Der Maler ist ein *scientist*, aber zugleich ist er ein Schöpfer, einer, der Dinge ersinnt, der »mit philosophischer und subtiler Spekulation die Beschaffenheit jeder Form untersucht«. Der Gegensatz, der sich in da Vincis eigenen Bemerkungen dazu findet, ist eher dialektischer als realer Natur.

Einerseits müsse der Maler die Natur exakt studieren und wiedergeben. Er dürfe sie nicht verbessern, denn das ergäbe unnatürliche und manieristische Darstellungen. Andererseits dürfe er Formen schaffen, die in der Natur nicht vorkommen, doch diese Fiktion (finzione) müsse sich immer wieder auf genaue Beobachtungen existierender Formen stützen. Wenn dialektisch dafür ein zu gewichtiges Wort ist, dann ist es zumindest ein lautes Hin- und Herdenken, denn der Maler als exakter Wissenschaftler ist *ein* Ding, der nie ganz exakt zu deutende Faktor Talent jedoch das andere. Diesem Talent rät der Meister, in die Natur hinauszugehen, Pflanzen zu pflücken, Tiere zu fangen, Steine aufzuheben und das alles mit nach Hause zu nehmen. Daß er seinen eigenen Rat befolgte, beweist eine Anekdote in Vasaris Buch, wonach Leonardo aus zerlegten Eidechsen, Schlangen und anderem Getier ein so greuliches, lebensechtes Ungeheuer geschaffen habe, daß die Betrachter zu Tode erschraken; ein noch größerer Beweis sind jedoch die langen Reihen der senkrecht stehenden Zeichnungen, zwischen denen ich nun in der Sala delle Asse umherwandere. Neben der Pracht der Bilder gibt es die angenehme Kadenz der italienischen Beschreibungen. Ich kann mir nicht helfen, ich muß an ein Menü denken: *Ichiostro su trace di carboncino, Matita rossa su carta preparata di rosso, Matita rossa e lumeggiature di biacca su carta preparata di rosso,* es klingt nach Tauben und Drosseln mit seltenen Gemüsearten und Forelle aus dem Bergbach, doch es ist nur eine Federzeichnung über Holzkohle, Rötel auf rot grundiertem Papier und Rötel, weiß gehöht auf dem gleichen rot grundierten Papier. Niederländisch ist nun einmal weniger eßbar.

Am besten gefallen mir die Wasserstudien. Der Wasserfluß als Kalligraphie, Wasser als Tauwerk, Wasserstränge, Bau und Struktur eines bloßgelegten Wassergewebes. Ein Stein spaltet die *Materie*, die das Wasser ist, es wird zu Stoff, *matter*. In dem kleinen Raum, den seine verkehrtherum aufs Papier geworfene keilförmige Schrift freigelassen hat, ist das Objekt – Stein, Fliese oder was es auch war – mehrmals freihändig in verschiedenen Positionen gezeichnet, mal mit Wasser, mal ohne – aber das Auge weigert sich, die Verbindung herzustellen. Ist das überhaupt noch Wasser? Er hat es verstofflicht, besser kann ich es nicht ausdrücken, um es stillstehen, zergliedern, in Glieder auseinanderfallen lassen zu können, und dann wird es gespaltenes, zerfasertes, behaartes Wasser. Naturerscheinungen sind es, doch auf einmal geht mir die Idee der Erscheinung in diesem Wort auf. Was er zeigt, ist die Struktur des Geschehens, das das Vorbeifließen des Wassers ist, doch damit wird es auch eine Zergliederung der Zeit. Das Wasser steht so still wie Zenons Pfeil, konnte jedoch nur deshalb so stillstehen, weil es sich gleichzeitig bewegte.

Am geheimnisvollsten ist eine Bildfolge am Ende des Saals. Katastrophen, Kataklysmen, Orkane, seltsam verwundene, gemarterte Wolkenkabel, Regengüsse, brennende Wälder. »Ho veduto movimenti d'aria tanto furiosi... und Luftbewegungen sah ich, so wütend, daß sie die höchsten Bäume der Wälder und ganze Dächer großer Paläste mitrissen ...« Komisch, danach ins Freie zu kommen, wo die Sonne scheint und niemand die Bewegung von Menschen und Bäumen anhält.

Leonardo wurde am 5. April 1452 im toskanischen Dorf Vinci geboren. Er war das natürliche, wie das merkwürdige Wort lautet, Kind eines Notars, Ser Piero d'Antonio, und einer Frau aus Anchiano namens Caterina. Diese Angaben entnehme ich einem dieser hübschen bunten Büchlein, die man in italienischen Großstädten an Kiosken fast umsonst bekommt (600 Lire). Das über da Vinci ist von Bruno Santi verfaßt und sehr lehrreich. Das erste Bild zeigt das Geburtshaus des Meisters, eine quadratische Natursteinkate in einer Landschaft mit niedrigen Hügeln. Sie hat nur zwei kleine Fenster, sehr hell kann es also nicht gewesen sein. Der Junge legt derart viel Talent an den Tag, daß sein Vater ihn in die Lehre zu Andrea Verrocchio schickt, einem Maler, Bildhauer, Goldschmied, dem herausragendsten Lehrer seiner Zeit. Ein solches Maleratelier war viel mehr als eine Werkstatt, war eher eine Akademie, ein Kulturzentrum ersten Ranges, in dem die berühmtesten Zeitgenossen ein und aus gingen und neue Ideen erörterten. Leonardo, der an keiner der damaligen Lateinschulen erzogen, aber auch von keiner verbildet worden war, muß in Verrocchios Umfeld eine großartige Zeit verbracht haben. Aber er war ein Zauberlehrling. Berühmtestes Beispiel dafür ist Verrocchios Gemälde *Die Taufe Christi*, auf dem der Überlieferung zufolge ein Teil (einer der beiden Engel) von Leonardo gemalt ist. Die Engel sind, schon damals, lockerer, freier, natürlicher als die Figuren Christi und seines Täufers, und die offene, dunkle, goldumflorte Landschaft, die angeblich auch von da Vinci stammt, hebt sich eigentümlich von der starren, reglosen Palme ab, die eher an die schematischen Landschaften der bisherigen Florentiner Schule erinnert. Vasari, der diese Geschichte ebenfalls erwähnt, schreibt dazu, Verrocchio habe danach nie wieder einen Pinsel in die Hand genommen. Wahr oder nicht, Tatsache bleibt, daß die Zeit, die da Vinci in Verrocchios Atelier verbrachte, für den Zwanzigjährigen von außerordentlicher Bedeutung war. Einflüsse! In meinem auf dem Trödelmarkt gefundenen Symposiumsbericht »Leonardo nelle scienza e nella tecnica« führt Karel Hujer (»Astronomy of early renaissance and Leonardo da Vinci«) sie sogar über Nicolaus Cusanus auf die Brüder vom gemeinsamen Leben in Deventer zurück. Der Einfluß der holländischen Brüder brachte Cusanus auf die schockierenden Thesen, die nach seinem Tod (Leonardo war damals zwölf) ihr Echo in Verrocchios Atelier fanden. Cusanus ist einer der Allerersten, der von einem unendlichen Universum und einer sich bewegenden Erde spricht, der über den »Beginn der Zeit« nachdenkt und behauptet, dieses unendliche Universum könne keinen Mittelpunkt haben, was in den Tagen des geozentrischen Weltbilds wie ein Furz während der Messe geklungen haben muß, oder, wenn man es umdrehen will, wie eine helle Arie zwischen Dogma und Vorurteil.

Und obwohl irgendwo im Dickicht der unzähligen Notizen da Vincis eine gefunden wurde, die besagt, »il sol no se muove«, hat er doch stets an dem zu seiner Zeit gültigen ptolemäischen Weltbild festgehalten. Andererseits war er der erste, der eine schlüssige Erklärung für die Tatsache fand, daß man den ganzen Mond erleuchtet sehen kann, wenn er sich noch in der ersten Phase befindet; allerdings lautete diese Erklärung, die Erde reflektiere das Licht der Sonne, und das war den aus der Antike stammenden ehernen Gesetzen zufolge nicht möglich. Wie dem auch sei, da Vincis Beschäftigung mit den Himmelskörpern und dem All sowie die mit Cusanus geteilte »Liebe zum Meßbaren« (Hujer) sind reich dokumentiert in dieser Ausstellung in der Pinacoteca Ambrosiana (nicht zu verwechseln mit der Bank): Il Codice Atlantico, Leonardo all'Ambrosiana.

Und gerechnet, ermittelt, zerlegt und gemessen wird hier, auf diesen länglichen Blättern. Der Wasserdruck auf Schleusentore, die Entfernungen vom Mailänder Zentrum aus, die Strahlen in einem Hohlspiegel, die Perspektive in einem *maszochio* mit 56 Facetten, eine Luftbewegung, in der Vögel, »ohne die Flügel zu bewegen«, mitgeführt werden – als gläubiger Altsprachler bücke ich mich unter den etwas bösartig spiegelnden Halogenlampen an der Decke und *starre* darauf. Dietmar Polaczek schreibt in der *Zeit* in diesem Zusammenhang von der »Fetischfunktion« der ausgestellten Bilder und beklagt sich darüber, daß ihnen kein moderner italienischer Text oder eine englische Übersetzung beigegeben wurde. Bereits bei früheren Ausstellungen (die Medici, die Bronzen von Riace) habe ich bemerkt, daß die Italiener davon ausgehen, ihre Sprache sei eine Weltsprache, und ach, ich habe mich damit abgefunden. Was man sieht, ist ohnehin nur eine Auswahl, auch wenn es einen danach dürstet, die Hand durch das Glas zu stekken und die Seite umzuschlagen, und die nächste und die nächste. Was bleibt, ist Neugier, und die mag einen dazu treiben, die großen Faksimile-Ausgaben samt Transkription und Kommentar zu erstehen und für den Rest seines Lebens zu studieren. Aber ich habe hieran genug, sogar seit ich weiß, daß ich längst nicht alles sehe, was auf den Bildern ist: Bei der Restaurierung wurden mit ultravioletten Strahlen Details entdeckt (und fotografiert), die auf dem Fetisch, auf den ich so begierig blicke, nicht zu erkennen sind. Und so schaue ich weiter. Auf das Riesenrad, das von einer Schar viel zu kleiner Männer bewegt wird, welche die sich ewig drehende Treppe besteigen, auf den im Zickzack verlaufenden Kanal, der dazu gedacht ist, Schiffe »den Berg hinauffahren zu lassen«, und dann schweift das Auge von all der Technik zum einzigen Gemälde in diesem Raum. Aus einer bestimmten Position sieht man in dem tödlichen Halogenlicht, wie an diesem Tafelbild herumgedoktert wurde. Versteckte Farbflächen, verkleisterte Schichten. Ist dies denn noch dasselbe Gemälde wie das der Reproduktionen? Eine Frage wie ein Fluch, und als ich mich genau davorstelle und dabei das böse Licht mit meinem Körper abdecke, blicke ich ohne weiteres Hindernis in das ernste, edle Männergesicht von *Il Musico*. Kein da Vinci, sagt Adolfo Venturi, wegen des starren Körpers und der hölzernen, so unanatomischen Hand, die das schimmernde Notenblatt hochhält; doch ein da Vinci, sagt Kenneth Clark, wegen des Gesichts, das an die unnahbaren, rätselhaften Züge Ginevra de Bencis erinnert. Ich nehme das Rätsel mit hinaus und bummle durch die Stadt. –

Jetzt ist eine Zeitlang alles da Vinci. Als ich die Straße entlanggehe, sehe ich die Karikaturen aus der Ambrosiana, und abends, an einem benachbarten Tisch im berühmten Restaurant Bagutta – das schon seit lange vor dem Krieg alljährlich einen bedeutenden Literaturpreis vergibt, den *Premio Bagutta* –, schlägt der unmögliche Zufall in Gestalt einer Gesellschaft von zwölf Herren zu, die hier das Abendmahl einnehmen. Irgendeine *fraternitá*, eine gar nicht so geheime Loge oder einfach eine Literatur-Jury, denn unter ihnen befinden sich mindestens zwei Judasse und kein einziger Christus. Nun sehe ich wahrhaftig auch schon die Konstruktion von Knochen und Gewebe unter ihren dramatischen Gesten, und um mich nicht allzusehr im Pfahlwerk der umringenden Wirklichkeit zu verlieren, stürze ich mich auf die knochenlosen *involtini* und lasse den Wein ungehindert und ohne Vorstudium in die Gläser fließen. Am nächsten Vormittag besuche ich im Palazzo Clerici noch die Ausstellung, die Leonardos Beschäftigung mit Kanälen, Schleusen, Wasserbauten, Inundationen, Villen- und Kirchenbauten in der Landschaft ringsum dokumentiert, wobei Fotos neben den Zeichnungen und Bauplänen zeigen, was nach fünfhundert Jahren davon geblieben ist, und zum Schluß will ich, bevor ich wieder durch die düsteren Tunnel fahre, noch *ein*mal *Das Abendmahl* in der Santa Maria della Grazie sehen. Diesmal stehen Gerüste davor, lebende Schatten bewegen sich vor den Gesichtern hin und her. Auf der zweiten Gerüstetage steht, allein, eine Malerin, und mir drängt sich noch immer derselbe Gedanke auf: So muß auch er dagestanden haben, wenn er, nach einem Tag des Meditierens, ein paar seiner schnellen Pinselstriche hinwarf, die Haltung und Ausdruck für immer festlegen sollten. Man kommt nicht nah dran, Touristenhorden schlurfen ein und aus, die Farben sind blaß und haben sich zersetzt, aus Untersuchungen kenne ich den Krebs der Feuchtigkeit, der sie befallen hat. Es ist nicht mehr, und ist doch noch. Gerade eben ist es passiert, er hat es gesagt, *einer unter euch, der mit mir isset, wird mich verraten*, und diese Worte stehen wie ein schreckliches Urteil, eine Ankündigung von Leid und Tod zwischen diesen zwölf Männern und ihren liegenden, erhobenen, ausgestreckten, deutenden Händen. Es ist keine Wand, denkt man, keine Wand wie die anderen drei, zwischen denen ich stehe, denn was man sieht, spielt sich nicht auf einer Wand ab, sondern in einem Saal, einem erdachten, fingierten Raum, der auf eine unmögliche Art und Weise an dem wirklichen Raum, in dem wir stehen und schauen, festhängt. Der Mann, der diese Worte für allezeit *gerade eben* gesagt hat, sitzt in völliger Verlassenheit genau vor einer der drei Öffnungen in der nicht existierenden Wand, hinter denen sich eine helle Landschaft im Licht des späten Nachmittags auftut. Seine Linke ist leer, er hält sie geöffnet nach oben, als solle sie mit etwas gefüllt werden, und mit der Rechten scheint er nach einem der unscheinbaren Brötchen zu tasten. »Wenn Sie meine Hände betrachten, dann sehen Sie, wie groß die Köpfe sind«, sagt ein Reiseführer dicht neben mir, und rückwärts gehend verlasse ich den Saal.

Oktober 1982

LEERE BESPIEGELUNGEN

Es gibt wenig Städte, in denen sich einem die Idee der Zeit so aufdrängt wie in Florenz. Bei den ersten Besuchen ist das noch eine *grobe* Idee: Etwas wird einem entgegengestreckt, das gesättigt ist mit Vergangenheit, und weil sämtliche seiner Ausdrucksformen materiell sind – Skulpturen, Gebäude, Gemälde, illuminierte Handschriften, Brücken, Plätze –, kommt es massiv, wie *ein* Ding, auf einen zu: die Stadt. Erst später beginnt man darin zu graben und zu wühlen, man dröselt an diesem massiven Ding Stile, Einflüsse und damit Fetzen und Fäden der Zeit auf, sieht, wie sich ein- und dieselben Gegenstände (zum Beispiel der Dom) in Darstellungen aus ganz unterschiedlichen Jahrhunderten gebärden, als existierten sie doch mehr als andere, spätere Gegenstände, macht sich schmerzlich klar, daß für jemanden aus dem *quattrocento* etwas aus der Zeit Dantes so alt war wie für uns ein Gemälde aus dem ausgehenden 18. Jahrhundert, und verfängt sich allein schon dadurch, daß man nicht völlig blind und ahnungslos durch eine Stadt geht, in den Fallstricken einander widersprechender Epochen, versteckten oder weniger versteckten, jedoch stets unerwartet aufgestellten Menschenfallen der Geschichte, von Ursache und Wirkung.

In einem jüngst erschienenen Buch über den Manierismus in der Literatur (Claude-Gilbert Dubois: *Le Maniérisme*) bezeichnet der Autor die übertriebene Beschäftigung mit der Zeit als eines der Merkmale des Manieristen. Nachdem er zunächst den Manieristen mit der teuflischen Bedächtigkeit des Wissenschaftlers – die ich hier auf eine einzige Zeile reduzieren muß – als den Nachgeborenen einer großen Zeit skizziert, der sich angesichts der großen Vorbilder ebendieser Zeit seiner Nichtswürdigkeit bewußt wird und aus dem Nichts dieser Nichtswürdigkeit seine Eigenart herausbildet, behauptet er, daß in *diesem* Sinne alle Manieristen auf der Suche nach einer verlorenen Zeit seien. Nicht irgendeiner persönlichen, anekdotischen verlorenen Zeit, sondern der einer »Ewigkeit, reglos und schön wie ein Traum aus Stein«, in der die verlorene Zeit und die ewige Zeit einander abwechselnd unentwegt umbringen, weil sich die theologischen Konzeptionen einer »ewigen« Zeit mit der soziologischen Wirklichkeit nicht mehr in Einklang bringen lassen: Die Renaissance hat nun einmal die sich bewegende Zeit erfunden. Nicht länger mißt der Lauf der unsterblichen Sterne die Zeit, sondern die jüngst erfundene Uhr der Menschen. Der Manierist gerät zwischen seine neue Zeit, die sich bewegt und sterben wird, und seine alte, ewige, unbewegliche Zeit, und die Folge ist ein großes Seufzen und Wehklagen über das Vergängliche und Ephemere. Er taumelt hin und her zwischen dem leidenschaftlich erlebten Augenblick der ewigen Zeit, den man miterleben darf, und der Meditation über die Zeit, die selbst stirbt und zum Vorwand dafür wird, sich Todessehnsüchten hinzugeben. Und, um zu meiner eingangs aufgestellten Behauptung zurückzukehren: Für jemanden, der diese widersprüchlichen Strömungen in sich selbst wühlen spürt, gibt es kaum eine Stadt, die Meditationen darüber stärker anfacht als Florenz, wo die Vergänglichkeit und die Vergangenheit sich so solide und sichtbar gemacht haben, daß sie die Ewigkeit mit einem superioren Widerspruch fortgesetzt heraufbeschwören.

Der Spiegel ist eines der herausragenden Symbole des Manierismus, und in diesem Sinne wird ganz Florenz zu einem »Spiegel Historiael« sich ineinander spiegelnder und reflektierender Zeiten: Genauso wie Ghirlandaio, als er von Giovanni Tornabuoni den Auftrag erhält, den Chor der Santa Maria Novella mit neuen Fresken auszumalen, sich von den einhundertfünfzig Jahre zuvor gemalten, zur Hälfte jedoch bereits zerstörten Fresken von Orcagna inspirieren lassen kann, so wird am Ende von Ghirlandaios Leben der junge Michelangelo Lehrling in der Ghirlandaio-Werkstatt – und genauso wie die Florentiner des *cinquecento* stolz waren auf Dante, war Dante zusammen mit den Florentinern *seiner* Zeit stolz auf die antike Vergangenheit seiner Stadt, die ihnen in ihren Legenden und Chroniken eine »historische Perspektive gab, die noch über die Zeit der Kreuzzüge und Karls des Großen und seiner Paladine sowie der ersten Christen bis zur Gründung von Florenz zurückreichte und sogar noch weiter, über Aeneas und dessen Vorfahren bis in eine Zeit, da Rom noch nicht erbaut war und sich das Schicksal Trojas auf der Ebene vor seinen Mauern vollzog. So gab es eine Tradition direkter Abstammung, die ihnen nicht nur die Ehre der Blutsverwandtschaft mit den legendären Helden des Altertums verschaffte, sondern gleichzeitig manchen Florentinern die Idee vermittelte, sie seien die Erben der Majestät des kaiserlichen Roms.« (William Anderson: *Dante the Maker*.)

Das alles sind natürlich leere Bespiegelungen in Spiegeln, und dennoch: Was hätten Dante und seine Zeitgenossen gedacht, wenn sie gewußt hätten, daß siebenhundert Jahre nach ihrem Tod Menschen aus der inzwischen zehnmal größeren Welt nach Florenz pilgern würden, um sich zwei griechische Bronzeplastiken anzusehen, die, fünfhundert Jahre vor Christus von einem unbekannten Meister geschaffen, ihre lange, lange Wartezeit im Meer bei Kalabrien ziellos schaukelnd verbracht hatten? Sie hätten sie in ihrem Gefühl für Kontinuität bestärkt, die beiden Plastiken, für eine Saison der antike Mittelpunkt ihrer Stadt, der die Verbindung zur mythischen Antike noch direkter und fester knüpfen würde. Uns geht es nicht anders: Die Vorstellungen der Florentiner über die eigene Abstammung erhalten durch die merkwürdigen Umwege des Schicksals etwas unerwartet Gültiges. Daß man in Kalabrien anders darüber denkt, ist logisch. *Dort*, und nicht im nördlichen Florenz, lagen die blühenden griechischen Siedlungen, *dort* wurden die Plastiken gefunden, und der heute so verarmte Süden hätte die Aufmerksamkeit und die Besucher bestens gebrauchen können. »Florenz«, sagt man in Catania, wo es ein wunderbares archäologisches Museum gibt, »wird ohnehin beachtet. Es ist nicht gerecht, daß der Süden wieder einmal zurückgesetzt wird.« Sie haben recht, wenngleich gerechtigkeitshalber hinzugefügt werden muß, daß die jahrelange Restaurierung im Centro di Restauro in Florenz stattgefunden hat. Wie dem auch sei, das Resultat ist prachtvoll, und nach einem Aufenthalt in Florenz reisen die beiden bronzenen Helden in diesem Sommer nach Rom und danach für immer in den heimatlichen Süden, sofern sie sich nicht erst auf Weltreise begeben. Das wäre schade, denn sie sind eine Pilgerfahrt in die ausgedörrte archaische Landschaft Kalabriens ohne jede Übertreibung mehr als wert. Für manche Dinge muß man Mühen auf sich nehmen, doch schließlich gibt der Anblick der Reise und damit dem Reisenden eine zusätzliche, geheimnisvolle Genugtuung: Endlich steht er selbst Auge in Auge dem Wunder gegenüber.

Dieses Wunder wird mir zunächst noch vorenthalten. An dem Tag, als ich dorthin gehen will, ist das Museo Archeologico geschlossen, aber in Florenz gibt es für jede Enttäuschung eine Belohnung. Die Sonne läßt sich geometrisch ein mit der Piazza della Santa Annunziata, auf den flachen Treppenstufen, die zu den einander leicht nachspringenden Bögen von Brunelleschis Galerie führen, sitzen Menschen in Sommerstimmung. Wenn Glück etwas wiegt, dann braucht es heute auf diesem Platz eine große Waage. Ich versuche, die ausgelassene Stimmung zu analysieren, die auch mich umfängt. Liegt es daran, weil hier alles so alt ist? Nein, es liegt daran, weil hier alles so alt ist und immer noch funktioniert, nicht nur existiert, sondern auch dazu benutzt wird, um darin zu existieren. Den vergänglichen Personen, die wir sind, wird für einen Moment eine hinreißende Illusion physischen Mehrwerts zuteil, ein Schein von Kontinuität, der uns gnädig auf seinen Faden reiht. Einen Augenblick lang gehören wir wirklich dazu.

Ich betrete das Ospedale degli Innocenti, wo bis 1875 die armen Waisenkinder eingesperrt wurden. Im hohen, kühlen Flur bleibe ich vor einem Fresko »aus der Werkstatt Ghirlandaio« hängen. Ghirlandaio arbeitete mit seinen Brüdern und seinem Schwager zusammen, und ihm wird vieles zugeschrieben, was wahrscheinlich nicht nur von seiner Hand oder überhaupt nicht von seiner Hand stammt. Das scheint ihm auch gleichgültig gewesen zu sein. Unbekümmert führte er Auftrag um Auftrag aus, bis er 1494 an einem »pestartigen Fieber« starb. Seine Auftraggeber nahmen die Sache ernster und legten vertraglich fest, was er eigenhändig zu malen hatte und was nicht. Der Rest kam aus der »Fabrik«. Ich liebe Ghirlandaio. Sein Werk besitzt nicht die geheime Poesie seines Zeitgenossen Botticelli – man könnte auch sagen, er war einfach weniger *fromm* –, aber er wagt soviel mit seinen architektonischen, ineinander davontanzenden Perspektiven, seinen unbekümmerten Porträts, seinen aus dem Bild fließenden fernen Landschaften, der Ungeniertheit, mit der er heilige Momente aus der Vergangenheit dazu benutzt, seine eigene Zeit darzustellen – alles das macht ihn liebenswert. Sofern man so etwas von einem klassischen Meister sagen kann, glaube ich, daß er im Augenblick »out« ist. Dafür gibt es einen Gradmesser: die Bücherstände. Stapel um Stapel Rafael, Botticelli, Donatello, alle Florentiner Größen, aber nirgends, auch nicht in den seriösen Buchhandlungen, ein Buch, nicht einmal ein teures, über Ghirlandaio.

Manchmal sind Ruinen so völlig bis auf ihre Grundfesten zerfallen, daß die wenigen verbliebenen Trümmer nur noch den Gedanken an eine Ruine heraufbeschwö-

Domenico Ghirlandaio (1449-1494),
Die Anbetung der Hirten

ren und nicht mehr an ein Bauwerk, das einst tatsächlich existiert hat. So ist es auch bei dem Fresko, vor dem ich jetzt stehe. Es ist derart beschädigt, daß man eigentlich denkt, es müsse so sein. Mit Talent und unendlicher Mühe hat der Maler dieses fragmentarische Gespinst fast unsichtbar auf die Wand gemalt. Alles ist verschwunden mit Ausnahme des *zarten* Ausdrucks eines Gesichts und eines goldenen Gürtels, der den Rest dessen, was von dem Körper noch sichtbar ist, sich auf beiden Seiten in gefälteltem Karmesin bauschen läßt. Worauf der Blick des Frauengesichts gerichtet war, ist nicht mehr erkennbar, *ist* einfach nicht mehr.

Ein Wärter, der Mitleid mit mir bekommt, weil ich schon so lange auf beinahe nichts starre, kommt zu mir und sagt, oben hänge ein »echter« Ghirlandaio. Gehorsam gehe ich einen Stock höher und komme in einen kleinen, vornehmen Saal mit Skulpturen und Gemälden. Hier sind nur wenig Menschen, anders als in den Bahnhofshallen der Uffizien, wo der japanische Bus das deutsche Charterflugzeug vor den Botticellis wegdrängt und wo der einsame Besucher ohnmächtig von der Menge mitgesogen wird. Die schmale Nordwand wird ganz von der *Anbetung der Könige* eingenommen. Ein Entrinnen ist nicht möglich, das Gemälde zieht einen raffgierig an sich. Was einst ein stinkender Stall gewesen sein muß, ist ein perspektivisches Wunder aus vier hoch aufragenden, mit Goldintarsien verzierten quadratischen Säulen geworden.

Vor nicht allzu langer Zeit hatte ich eine Diskussion mit einem Maler, der sagte, »all diese sich ewig wiederholenden, immergleichen religiösen Darstellungen«

langweilten ihn zu Tode, und wo es um dritt- und viertrangige Maler geht, hat er sicher recht – bei den Großen hingegen ist die Wirkung genau umgekehrt. *Weil* die Darstellung in gewisser Weise ein Klischee ist, kann der Maler seine ganze Ingeniosität und Kreativität ausleben. *Was* dargestellt ist, ist bekannt und überrascht keinen mehr, auch damals nicht, dafür wird immer wichtiger, *wie* es dargestellt ist. Das langweilige Thema treibt die Maler in immer neue Experimente mit Farbe, Form und Ausdruck, will sagen: Ich würde gern einmal *Verkündigungen* von Appel, Hockney und Bacon sehen.

Das einzige Buch über Ghirlandaio, das ich später in einem Antiquariat finde, stammt aus dem Jahr 1906, verfaßt von Henri Hauvette. Zwischen den Zeilen wird deutlich, daß er eigentlich kein Bewunderer seines Gegenstands ist. Er hält Ghirlandaio für nicht geistig genug, oft für zu oberflächlich, und die Farben seien zu grell. Das kann man in seinem Buch nicht nachprüfen, da die kleinformatigen Reproduktionen schwarzweiß sind, aber sogar darauf erkennt man noch die Kraft des Bildes. Nicht immer läßt sich eindeutig sagen, weshalb man von einer bestimmten Darstellung so berührt wird, und ich sehe wohl wieder etwas, was gar nicht da ist, doch mich fesselt ganz besonders die Beziehung zwischen der Madonna und dem jüngsten König. Sie ähneln sich, und nicht nur das, es scheint, als könnten sie jeden anderen in diesem Bild durch die Intensität ihres Sich-nicht-Anschauens beiseitedrücken. Der Jüngling, denn das ist er – in Wirklichkeit handelt es sich wahrscheinlich um ein Porträt des ältesten Sohnes von Lorenzo di Medici –, bietet dem Mädchen – denn trotz des Kindes auf ihrem Schoß ist sie nur das – ein Glas dar. In der christlichen Ikonographie ist das Glas ein Symbol der Reinheit, und in diesem Sinne entspricht es den beiden in sich gekehrten, der Welt entsagenden Gesichtern.

Vielleicht möchte ich Liebe sehen, wo es sie nicht geben darf, und trotz des verblüffenden Glanzes des restlichen Gemäldes zieht es meinen Blick immer wieder zu diesen beiden Köpfen. Daß ich dabei stets für einen Moment in Domenico Ghirlandaios Augen blicke, die mich über die rechte Schulter des Jünglings anschauen, wird wohl kein Zufall sein. Er hat sich dort hingestellt, als sollte seine Anwesenheit die Diskrepanz zwischen dem trauten, stillen Geschehen im Vordergrund und der blutigen Abschlachtung der unschuldigen Kinder vor den Mauern der in perspektivischer Ferne gelegenen Stadt überwinden, die mit der Trajanssäule und dem Kolosseum keine andere als Rom gewesen sein kann.

So gleitet der Nachmittag dahin mit Schauen. Ich habe ein Gemälde von 1485 gegen zwei Skulpturen aus dem 5. Jahrhundert, bevor das Kind in diesem Bild geboren wurde, getauscht; ich selbst komme weitere fünfhundert Jahre später – die Skulpturen können also noch etwas warten.

Am nächsten Morgen bin ich früh zur Stelle. Schreckliche Geschichten über ellenlange Schlangen kursieren, aber so schlimm ist es nicht. Wie bei den großen Medici-Ausstellungen im vergangenen Jahr wird man auch hier von riesigen Trauben viel zu kleiner Schulkinder umdrängt. Man muß schon ein rechter Bildungsoptimist sein, um zu glauben, in auch nur einer Seele dieser Hunderter von Achtjährigen entbrenne jetzt eine Leidenschaft für das klassische Altertum. Nach einer halben Stunde höre ich eine gelassene englische Altherrenstimme hinter mir sagen: »All children beneath twenty-one ought to be executed.« Verzweifelt versuchen nervöse Lehrerinnen, Ordnung in die künftigen Faschisten, roten Brigaden und braven Bürger zu bringen, doch es hilft nichts, einander an den Haaren zu Boden zerrend, mit harten Kinderfingern in Augen, Ohren und sonstige Körperöffnungen bohrend, piepsend und plappernd wie ein Liliputanerparlament zieht der Kinderkreuzzug weiter, ein paar Erwachsene wie Treibholz mitschleifend.

Drinnen werden sie in Kohorten aufgestellt, und auf jede Kohorte wird einzeln, mit geringer Zeitverschiebung eingeredet. Das Resultat ist ein polyphoner *Bruder Jakob* der kulturellen Information. Nein, die Zeiten der Grand Tour und der Stillen Betrachtung sind für immer vorbei, wer heute noch etwas sehen will, muß sich mit eiskaltem Haß gegen seine Mitmenschen panzern, sich verschließen und seine letzten Konzentrationsreserven aufbieten, sonst werden sich die Folgen dieser Art von Wissensverbreitung auch bei ihm bemerkbar machen – in Form von weniger Wissen.

Am 16. August 1972 schwimmt ein einsamer Taucher in den fächelnden transparenten Schleiern des Ionischen Meeres, *nello Ionio, di fronte a Riace Marina, su un fondo di circa otto metri, trecenti metri della riva.* Es muß ein ekstatischer Augenblick sein, dort, in der großen Stille zwischen dem schweigenden Meeresvolk zu schwimmen, umgeben und getragen von dem Element, in dem man sich bewegt, und plötzlich diese beiden großen, düsteren Gestalten, mit Tang und Algen und Muscheln überzogen – und doch Wesen von menschlicher Gestalt –, neben sich auftauchen zu sehen. Menschen, aber größer als Menschen, Köpfe mit offenen Augen, die Arme in einer unbestimmten Bewegung erstarrt, nicht schwimmend, sondern liegend und auf diesen Moment wartend. Der Taucher benachrichtigt Dr. Giuseppe Foti, dieser benachrichtigt die *carabinieri* vom Nucleo Sommozatori di Messina, und die Spuren dieses polizeilich-archäologischen Zusammenspiels sind im Protokoll zu finden. Im Wasser aufgegriffen wurden: *due figure virile nude, stante, in origine armate di scudo e lancia, Ve secolo A. C.:* zwei stehende, nackte Männergestalten, ursprünglich bewaffnet mit Lanze und Schild, aus dem 5. Jahrhundert vor Christus.

Was auf den ersten Fotos dieser Männer auffällt, ist ihre Ruhe, als hätten sie die ganze Zeit geschlafen, geschaukelt im Bett der großen ionischen Mutter. Damit ist es nun vorbei. Die Fotoserie vom Restaurationsprozeß offenbart etwas idiotisch Menschliches. Acht Jahre waren vonnöten, mit Operationen und chemischen Behandlungen – acht Jahre, die aus zwei geheimnisvollen Riesen mit Pest und Hautkrebs die beiden glänzenden Bronzehelden gemacht haben, die ich gleich im Saal nebenan sehen werde. Der gesamte Prozeß wurde festgehalten, man sieht sie auf dem Operationstisch liegen, umringt von kleineren, späteren Männern in Weiß, die ihnen mit Instrumenten zu Leibe rücken, man sieht einen Bronzearm vor einer gekachelten Wand mit anachronistischem Wasserhahn, man verfolgt den langwierigen Prozeß des Polierens (*pulitura con vibratore meccanico*) – wie der geöffnete Mund wieder zu *scheinen* beginnt, wie die vergoldeten Zähne Licht reflektieren und blinken.

Auch das Auge, auf den ersten Fotos noch ein leeres, dunkles Loch, ist jetzt offenbar aus einem anderen, hellfarbigeren Metall und wirft Licht zurück, glänzt wie bei frischem Fisch. Aber es ist nicht rund, später, als ich so dicht vor der echten Skulptur stehe, wie man darf, sehe ich, daß es ein optischer Effekt ist, das Auge ist hohl, ein goldfarbenes Loch, in das eine scharfe Rändelung geschliffen ist. Die Fotos sind fast alle schwarzweiß, sehr wirkungsvoll. Man sieht die Torsi am Flaschenzug hängen und kann, wie der Chirurg bei einer echten Operation, in sie hineinschauen (*immagio interno*). Der Leib des einen glänzt bereits, der Torso ist in der linken Hüfte leicht eingeknickt, schon jetzt, in diesem Detail, vermittelt das Muskelpaket an der Hüfte den Eindruck von *Macht*.

Das nächste Bild zeigt seine Füße, die eines Toten, mit Wunden übersät, zwischen Plastik, erstarrt im Krampf eines Menschen, der an Tetanus gestorben ist. Mit all diesen Teilen ihrer Körper füllen sie einen kleinen Krankenhaussaal. Zwei Männer gießen eine Flüssigkeit durch einen Trichter in ihre Ohren (*acqua demineralizzata iniectata a pressione*), eine andere Gruppe von

Wundärzten transportiert ein Bein auf einer Trage, noch später liegt einer der Riesen umgedreht in einer Badewanne mit unangenehmem Inhalt, kopfunter, ertrunken.

Folterungen, daran erinnert es. Große weiße Pflaster bedecken die edlen Köpfe und schaffen es nicht, sie lächerlich erscheinen zu lassen, sie haben nicht geredet. Ein quälender Schlauch frißt sich in sie hinein: *immissione di soluzione complessante per la passivazione dei closuri interni residui*, doch was in den Seilen hängt, ist eine bronzene Leiche, Nummer 1837, ein Bein leicht angehoben, unendlich müde von der bösartigen Unruhe einer unbegreiflichen, späteren Welt.

Nun ist der Moment gekommen, da ich sie »leibhaftig« sehen werde. Zusammen mit dem Rest der Menge gehe ich um die Ecke in den Saal, in dem sie, mittlerweile komplett restauriert, aufgestellt sind. Sie dominieren diesen Saal, stehen hoch über den Sterblichen, die dadurch plötzlich wie Sterbliche aussehen, anekdotisch, zufällig und schwach. Die Skulpturen sind mythisch, nicht wir. Wir drängeln, nörgeln, kreisen wie ein langsamer, zähflüssiger Wasserwirbel um diese beiden in ihrer magischen Haltung erstarrten überlebensgroßen Männer. Kraft ist der eine, Kraft und Melancholie der andere. Ihre Größe macht uns zu Zwergen einer niedrigeren Gattung, ihre Ruhe läßt uns stiller werden, je näher wir auf sie zugedrängt werden. Ohne Übertreibung – etwas Flehendes legt sich über unsere flüchtige, touristische Schmuddeligkeit: Das war ganz entschieden eine andere Welt. Was sie im einzelnen beinhaltete, entzieht sich unserer Kenntnis, doch zumindest gab es in ihr eine Vorstellung von uns, die nobler ist als ein zufälliges, verwirrtes Dasein.

Abgesehen von allem anderen sind es zwei wunderbare Männerkörper, die Muskelbündel unter der Bronzehaut leben, und man erkennt an den Augen der Betrachter, wie sie schauen und wieder schauen und wie ihre Blicke über die Gesäßbacken und Schenkel und Schultern wandern: Eine außergewöhnlich starke Anziehungskraft geht von ihnen aus. Man stellt sich vor, wie sie nachts dastehen, in diesem dann leeren Saal, in dem außer ihnen nichts anwesend ist, und mein Kinderhirn will, daß sie sich dann im Griechisch von Zenon und Empedokles über ihre seltsame Verbannung unterhalten.

Wer hat sie geschaffen? Die einzige Auskunft, die es dazu gibt, findet sich in einem Artikel in der italienischen Zeitschrift *Mondo Archeologico*, und der besteht in erster Linie aus Fragen. Vielleicht war es Phidias, vielleicht jemand anders. Stellen sie Götter dar (nein), Helden, Athleten, Krieger? Der romanische Geist knattert wie eine Vespa und behauptet im Tempo seines eigenen Pathos, daß »das einzige, was diesen Skulpturen möglicherweise vorzuwerfen ist, ihre *perfetta bellezza*, weder göttlich noch heroisch ist«. Sie seien »weit entfernt von der Spiritualität oder, besser gesagt, der *theophania*, die aus den strengen, suggestiven Zügen des in Baia gefundenen Apollons oder des Apollons von Chatsworth im British Museum strahlt«.

Letzteren kenne ich, ein Bronzekopf, geheimnisvoll und verschlossen, der mich an frühe Buddhas aus dem

Museum in Ayutthaya erinnerte. Aber dieser Vergleich hier ist völlig aus der Luft gegriffen, ist seine eigene Leugnung. Die beiden Figuren sind keine Götter, es sind Männer, sie lösen keinerlei Drang zum Beten aus, eher eine etwas geheimnisvolle Bewunderung für die eigene Gattung, oder, um mit A. Roland Holst zu sprechen: eine »hohe« Auffassung vom Menschen. Ironisch, sich in unserer Zeit der Namen zu überlegen, daß ein Bildhauer zu jener Zeit, als diese Figuren entstanden, kaum mehr galt als ein Sklave: »Handarbeit wurde in Griechenland hauptsächlich von Sklaven ausgeführt; und Maler und Bildhauer standen kaum höher als Sklaven, da sie wie andere Handwerker für Geld arbeiten mußten. Maler hatten einen sozialen Vorteil gegenüber Bildhauern, weil ihre Arbeit weniger körperlichen Aufwand erforderte.« (Wittkower). Das ist das soziale Argument, doch auch für Platon und Aristoteles waren die visuellen Künste von unendlich geringerem Wert als die Musik und die Dichtkunst.

Mal hierhin, mal dorthin geschwemmt im Strom weichen zeitgenössischen Menschenfleischs, darf ich die beiden Skulpturen von allen Seiten sehen. Er drängt sich förmlich auf, der Vergleich. Ich finde den einen schöner als den anderen, als ob das etwas zu bedeuten hätte. Der eine und der andere, A und B, es gibt keine Namen für sie. Der eine ist geballte, totale Kraft in Ruhestellung. Der andere ist melancholischer, seine Rechte hat etwas – oder alles – losgelassen und hängt locker und kraftlos um den verschwundenen Gegenstand herum. Er lehnt sich vom Becken aus leicht zurück, die vier Kunstsonnen über seinem Kopf brennen über seinem Körper, als stünde er noch in einem arkadischen Sommer.

Langsam werde ich jetzt aus dem Saal geschoben, ich sehe, daß der eine den anderen sehen kann und der andere den einen nicht, daß beide uns nicht sehen können, uns hier nicht und keinen all der vielen sich bewegenden Menschen, die nach uns, in der der Welt noch verbleibenden Zeit, hierher kommen werden, um sie zu betrachten. Dann spuckt das Museum mich auf eine heiße Straße voller Motorroller und Mopeds aus. An der Mauer genau gegenüber hängt ein halb abgerissenes Bild von Teilhard de Chardin, und darauf die Worte »*materia, evoluzione, speranza*«. Warum auch nicht?

Juli 1981

DIE HAUPTSTADT VON KAKANIEN

Städten, in denen die Vergangenheit noch sehr präsent ist, muß man sich behutsam nähern, jedenfalls beim ersten Mal. Sie ertragen es nicht, daß man sich mit einem allzu aufdringlichen Zeitmaß in ihre Trägheit mischt. Oder es ist ihnen gleichgültig, und man selbst erträgt es nicht, auch das ist möglich. Ich bin in München aus dem Flugzeug gestiegen, um meine Reise nach Wien mit dem Zug fortzusetzen. Dort war ich vor langer Zeit schon einmal, aber es war ein eiliger Besuch, der keine Spuren hinterlassen hat, ich erinnere mich an nichts mehr, nur an das Gefühl, in der Mitte Europas gelandet zu sein – Fläche, Landmasse, fern von Wind und Meer. In München erlebe ich einen goldenen Herbstnachmittag und gehe im großen Park rings um die Nymphenburg spazieren, ein ockerfarbenes Schloß in der Sonne, das die Distanz zwischen Herrscher und Untertan betont. Der Bürgerkönig der Niederlande hat seinen Palast mitten im Straßengewirr der Stadt, der bayrische Regent lebte gefangen und abgeschnitten in einem geometrisch gesponnenen Netz aus Gärten, Parks und Alleen – entrückte Majestät.

Österreich kenne ich nicht. Die Landschaft ist grün und lieblich, und so zieht sie vorbei, makellos und ohne bösartige Nebengedanken, vielleicht sogar brav oder scheinheilig in dieser betäubenden Ländlichkeit. Ist das vielleicht der Grund dafür, daß manche österreichische Schriftsteller, wie Handke und Bernhard, ihr Land nicht leiden können? Auf dieser Reise passiert jedenfalls nichts. Die beiden Mitreisenden im Abteil sind Männer, beide haben auf ihre Art etwas Unangenehmes. Der eine ißt auf die falsche Art matschige Butterbrote, der andere ist zu groß und löst Kreuzworträtsel.

Kurz vor Wien verdüstert sich der Himmel und mit dem Himmel auch meine Stimmung. Ich sehe große graue Häuserblocks, frage mich zum x-tenmal, warum man nicht einfach zu Hause bleibt, und nehme mir vor, alles Urteilen bis zum nächsten Tag aufzuschieben. Der Abend setzt früh ein, osteuropäische Düsternis wird auf Häuser und Bäume geschmiert, ich gehe auf gut Glück in die Innenstadt, Richtung Dom, um mich herum die Geräusche des Verkehrs und der Passanten, und ich muß an diesen Satz auf der ersten, glänzenden Seite von Musils *Der Mann ohne Eigenschaften* denken: »An diesem Geräusch, ohne daß sich seine Besonderheit beschreiben ließe, würde ein Mensch nach jahrelanger Abwesenheit mit geschlossenen Augen erkannt haben, daß er sich in der Reichshaupt- und Residenzstadt Wien befinde. Städte lassen sich an ihrem Gang erkennen wie Menschen.« Ich glaube ihm, aber ich kenne Wien nicht, und während ich draußen in einem Straßencafé sitze – es ist noch warm genug –, schließe ich die Augen und lasse die Geräusche auf mich einwirken. Das also ist es, was ein Wiener nach jahrelanger Verbannung sofort als wienerisch erkennen würde. Ich frage mich, ob mir das mit Amsterdam oder Barcelona auch so ginge, und denke, schon, genauso wie ich mit geschlossenen Augen riechen könnte, ob ich mich in der Pariser, New Yorker oder Londoner U-Bahn befände. Die Amsterdamer hat keinen Geruch, sie ist zu klein.

Das Gewirr der Innenstadt treibt mich zum Dom. Er ist nicht erleuchtet, aber ich sehe seine düstere, durch gotische Verzierungen komplizierte Form als Aussparung im übrigen Dunkel, eine umgekehrte Tropfsteinhöhle. Aber warum eigentlich umgekehrt? Wenn die Erde rund ist, wie man behauptet, und außerdem frei im All hängt, dann gibt es kein Oben und Unten, dann hängen die Kathedralen doch mindestens die Hälfte der Zeit an der Erde anstatt auf ihr zu stehen, und dann ist die Turmspitze der letzte Tropfen des Stalaktiten. Ohne kopfunter in die Gewölbe zu stürzen, folge ich zwei Türken in die gottgeweihten Hallen. Auch dort ist es halb dunkel und damit auch halb hell, Kerzenlicht züngelt vor Heiligenfiguren. Einer der Türken sieht von hinten wie eine breitgebaute Frau aus, weil er sich, vielleicht im Glauben, in einem abendländischen Heiligtum gehöre sich das, ein schneeweißes, frisch gebügeltes Umschlagtuch über den Kopf gehängt hat. Sie zögern, als sie die scharfe Stimme mit den österreichischen Konsonanten hören, die den spärlichen Gläubigen eine Predigt verabreicht; ich aber zögere nicht und mache kehrt, es gibt nichts Trübseligeres, als sich eine Kirche während der Abendmesse anzusehen. Die Messe gehört in meinem Buch noch immer zum Licht, nicht zum Dunkel, und außerdem ist diese schneidende Stimme unangenehm.

Spüre ich nun tatsächlich, daß ich in Mitteleuropa bin, oder kommt das durch die Schilder, die ich gesehen habe, auf denen Prag und Budapest steht? Diesen Schildern zufolge muß das alles in der Nähe liegen, nicht nur die geschlossene, verbotene Welt des anderen Blocks, sondern auch die endlose Fläche, die gefühlsmäßig hier beginnt und erst in Asien endet. Oder liegt es eher an Wind und Meeresluft, einer Leichtigkeit, die ich hier vermisse und die einer Schwerkraft gewichen ist, die auch in der Wucht der großen Gebäude, der Breite der Alleen, der Trägheit des Sprechens, ja sogar in der gigantischen Architektur der Torten in den erleuchteten Schaufenstern der Konditoreien steckt. »Ich fühl mich überall ein bißchen ungern«, hat der Wiener Schriftsteller Polgar einmal gesagt, und etwas von dieser Stimmung hat sich aus den großen Dimensionen ringsum in meine Seele geschlichen. Ich trinke ein Viertel, esse einen Tafelspitz und gehe ins Hotel Biedermeier (so heißt es tatsächlich). Auf dem Heimweg denke ich an den Krieg, das läßt sich nicht vermeiden. Hans Moser, Marika Rök, oder schreibt sie sich Rökk? An nichts erinnere ich mich mehr, außer an die dünne, hohe Stimme Hans Mosers. Und an Lieder, »Wien, Wien, nur du allein«. Ich konnte den Akzent ein wenig imitieren, damit erntete ich immer viel Erfolg. Jetzt kommen mir nur noch Bruchstücke davon in Erinnerung... »Dienstmann engagiert...«, »angkaschiert«, so ungefähr mußte man es aussprechen. »Joa, joa der Wein ist gut« und »Im Prater blühen wieder die Bäume ...« Für mich gehört das alles unwiderruflich zum Krieg, zu Meldungen aus dem Führerhauptquartier, zu deutschen Uniformen, denn aus denen kam das Gepfeife. Vielleicht auch zu Bakelitradios, Zuckerrüben und Sondermeldungen. Geschichte ist das, was man von einer vergangenen Zeit noch weiß, wo habe ich das gelesen? *Unheimlich*, so fühle ich mich, und das Wort paßt. Hans Moser, Seyß-Inquart, Stalingrad, Dollfuß, durch die Willkür des Gedächtnisses befindet sich das alles in derselben Archivschublade, es ist wohl besser, wenn ich jetzt schlafen gehe.

Am nächsten Morgen bin ich vergnügt, noch bevor ich weiß, daß die Sonne scheint. Wiener trinken Kaffee aus Schalen, nicht aus Tassen, nicht, weil ich das sage, sondern weil sie es so nennen: *Schalen*. Und man bestellt einen *großen Schwarzen* oder einen *kleinen Braunen*. Das Kaffeehaus ist bereits ziemlich voll, pensionierte Beamte lesen Zeitungen an Stöcken, es ist atemlos still, sehr angenehm. Ich arbeite mich durch die Rubrik »Amtsblatt« der *Wiener Zeitung* und muß an Kafka denken. »B 21.601 Selex Warenhandelsgesellschaft m. b. H. (1020 Wien, Ferdinandstraße 4/3). Die Prokura der Bertha Pelz ist erloschen.« Wohnte ich hier, würde ich anders schreiben. Neben diesen endlosen, in winzigkleinen Lettern gedruckten Mitteilungen bekommen die Weltnachrichten etwas Leichtfertiges, Beliebigeres. Aber ich darf nicht denken, die Welt gäbe mir frei, denn draußen fängt es schon wieder an. Viel Geschichte macht einen klein. Was bin ich denn? Ein kleiner Einsiedlerkrebs, der in die verlassenen Gehäuse anderer Tiere kriecht. Man sieht sie gelegentlich am Strand, die nervösen Beinchen herausgestreckt, wenn man sie aufhebt, Krabbelbeine, die fühlen, ob irgend etwas nicht in Ordnung ist. So spaziere ich hier durch das am Sonntagmorgen verlassene Gehäuse von Wien. Alles ist zu groß, hier herrscht das Maß der Vergangenheit. Ich gehe vorsichtig trottoirauf, trottoirab; Stadtplan in der Hand.

Das Grüne ist der Stadtpark. Ein kleiner Fluß durchfließt ihn, der aus dem Donaukanal kommt. Daneben stehen Bänke und Frauenskulpturen, Skulpturen vom Anfang dieses Jahrhunderts oder vom Ende des letzten, als die Welt in Wien ein paar Zahnräder überschlug und mit ihren Zähnen in etwas Neues biß. Sie haben durchaus etwas Reizvolles, diese Figuren, irgendwie ist die Essenz von Frauen in ihnen bewahrt, Herbstblätter auf den Brüsten, Spuren von Tau in den Augenwinkeln, daneben Vasen, in denen ihre großen Seelen geborgen sind. Ich sitze in der Sonne, höre in der Ferne das Brausen des Verkehrs und dann eine Kirchenglocke. Etwas ruft, und ich gehe hin. Es ist nicht die Kirche, die ich finde, sondern die Welt, Aktualität. In dieser Kirche am Rennweg versammeln sich am Sonntagvormittag polnische Exilanten. Ich bin anders gekleidet, ich gehöre nicht dazu. Ich kann auch die Zettel nicht lesen, die sie auf die Gitterstäbe des Eingangstors gespießt haben. Was beinhalten diese Botschaften? Die Leute stehen davor und sprechen darüber. Ich schaue mir die Zettel genau an und sehe, daß es Polnisch ist, und dann sehe ich auch die polnischen Farben zu beiden Seiten der Kirche. Von drinnen tönt Gesang heraus, heftig und drängend, volkstümlich, das Singen bedeutet mehr als das Lied, in ihm steckt die Wut und die Hoffnung, das Pathos des Exils. Es gibt hier auch zwei Bücherstände, ich sehe die Namen Milosz und Gombrowicz sowie andere, die ich nicht kenne, und überlege mir, daß es auch in London, New York und Paris solche Gemeinschaften gibt, Menschen, die durch einen widernatürlichen Bund zwischen Liedern, Messen und Schriftstellern zusammengehalten werden. Unter den Botschaften an den Gitterstäben lese ich jetzt plötzlich das Wort »Mercedes«, es sind also Anzeigen. Vielleicht auch für Zimmer, Partner, Vorträge. Am unteren Ende der Zettel kleben kleine Papierstreifen mit stets derselben Telefonnummer, zum Abreißen. Als sich die Kirche öffnet, muß ich zurückweichen. Es ist, als sei eine Schleuse gebrochen, ein unaufhörlicher Strom, hauptsächlich Männer, ergießt sich ins Freie, Männer, Männer, Männer. Ärmliche Kleider, und auf den Gesichtern ein Zug, für den mir so schnell kein niederländisches Wort einfällt, *ferveur*. *Sie* befinden sich zwar auf dieser Seite, aber es ist das Europa, von dem Milan Kundera spricht, das Europa, das wir abgeschrieben haben, das nicht mehr dazugehört. Von Wien aus fuhr ich 1956 nach Budapest, wo Menschen, wie ich sie hier aus der Kirche kommen sehe, den Aufstand gewagt hatten. Drei Tage später war alles vorbei. Die Russen machten eine Zangenbewegung, und bevor diese Zange zuschnappte, entkam ich gerade noch nach Österreich und schrieb in den Niederlanden meinen ersten Zeitungsartikel, der mit dem Aufruf endete: »Russen, geht nach Hause!« Sie haben sich nicht daran gehalten, damals nicht.

Geschichte, gleichzeitig Chaos und Reim. Genauso wie ein adliger ungarischer Führer, der bessere Zeiten gekannt hat, einige Tage danach in einem Atemzug gleichgültig erzählt, daß sein Bruder (Offizier bei der Panzertruppe) in Stalingrad geblieben ist (so heißt es, wenn Soldaten sterben: sie »bleiben«), und drei Sätze später, daß er selbst von den Russen befreit worden ist, so gehe ich von den polnischen Exilanten zu einem riesengroßen Denkmal, das die Russen ehren soll. Es ist übersät mit russischen Aufschriften und Namen, der einsame Bronzesoldat zwischen den Namen hat ein Maschinengewehr um den Hals und langt mit seiner Fahne bis in den Himmel. Es ist eine beeindruckende Skulptur, sie erzählt von Menschen, die gestorben sind, um andere Besatzer zu vertreiben. Nach wieviel Jahren werden solche Dinge unerklärbar? Oder, anders gefragt, wann werden sie bedeutungslos? Wenn die letzte Spur des Leidens, das damit verbunden war, verschwunden ist, denke ich, wenn niemand es mehr selbst fühlen kann, wenn sich der letzte, der sich noch daran erinnert, aufgelöst hat. Genauso wie jener Führer vom Bus aus auf das Schlachtfeld von Wagram zeigt und erzählt, daß dort innerhalb von zwei Tagen 57000 Männer (es sind immer Männer) gefallen sind, und niemand im Bus verzieht eine Miene, wohingegen der Bus in helle Aufregung gerät, als er eine halbe Stunde später erzählt, daß Fürst P., Prinz E. und Graf Z. innerhalb von zwei Tagen bei der Jagd 80000 Fasane geschossen haben. Wütende Amerikanerinnen rufen ihn zur Verantwortung, ihn, den alten, ärmlichen Überlebenden des Weltkriegs, dem nichts mehr geblieben ist als sein Name, sein Wappenring und seine Erinnerungen, in denen sehr viele Tote vorkommen. »Was haben sie dann mit den Fasanen gemacht?« Er ist perplex, sein exzellentes Englisch gerät ins Stocken. »I have never given it a thought, dear ladies«, sagt er, »those were other days. I suppose they gave them to the peasants.« »Pheasants to the peasants«, murmele ich und denke an die unbeweinten

Toten Napoleons, die überall in den so atemberaubend grünen Feldern ringsum liegen. Felder, Schlachtfeld.

Auf einer alten Karte von Wien (1844) sieht man ihn, den sanften Schlenker der Donau, an dessen unterem Teil die vielzackige Zitadelle klebt. Um sie herum lag das Glacis, offenes Gelände, das die Stadt hinter den Mauern einst vor den Türken geschützt hat. Andere Städte hätten dieses Gelände längst zugebaut, Wien war dadurch von seinen eigenen Vorstädten getrennt: Leere, Niemandsland. Einst waren die Türken dort angreifbar, nach der Revolution von 1848 fürchtete man einen anderen Feind, das Volk. Noch 1858 verteidigte Generaladjutant Karl Grüne den Fortbestand dieses Ödlandes mit dem Argument, »der kaiserliche Hof (müsse) vor möglichen Angriffen des Proletariats aus den Vorstädten und den sich anschließenden Gebieten geschützt sein«.

Diese Leere bedeutete eine außerordentliche Chance für die Städtebauer. Das Resultat war eine Ringkonstruktion, die die Altstadt einschließt wie einen Edelstein. Um sie herum fließt der Verkehr wie durch eine Herzkranzschlagader, und entlang dieser Schlagader stehen die pompösen, in sämtlichen Neo-Stilen errichteten Bauten. »Dieses Jahrhundert hat keine eigene definitive Farbe«, schrieb Förster 1836 in der *Bauzeitung*, und das stimmt, was hier steht, ist eine Aufzählung, ein Katalog von Stilen; was er aber nicht wissen konnte, ist, daß dies nun gerade die definitive Farbe seines Jahrhunderts werden sollte: Diese Gebäude stammen alle unverkennbar aus dem 19. Jahrhundert mitsamt ihren furiosen, bombastischen Reiterstandbildern, unmenschlich hohen Treppen, tempelartigen Räumen. Die Entfernungen sind auf Menschen zugeschnitten, die sich mit der Kutsche befördern lassen konnten, dem armen Fußgänger, der ich sein möchte, stellen sich die geringen Entfernungen auf der Karte in der Realität als Viertagesmarsch dar, und wenn man das Pech hat, an der falschen Seite eines dieser Mastodonten nach dem Eingang zu suchen, kommt wieder ein halber Kilometer hinzu. Selbst jetzt, da die letzten Kaiser in ihren bronzenen Sarkophagen liegen, bleibt man: Schachfigur zwischen den steinernen Kulissen der Macht. Franz Joseph, der über sechzig Jahre regierte, mangelte es ebensowenig an Raum wie an Zeit.

Aber dort bin ich noch nicht, noch stehe ich vor dem russischen Ehrenmal und rücke dann wie eine kleine Schachfigur zum Palais des Prinzen Eugen vor, hinter dem die Gärten des Belvedere liegen, elysische Gefilde mitten in der Großstadt. Ich gehe einen langsam ansteigenden Weg hinauf mit hochglanzpolierten Rasenflächen und zu Dreiecken gestutzten Zwergbäumchen zu beiden Seiten, die *bêtise* der Symmetrie. Ein gestutzter Baum verhält sich zu einem echten Baum wie ein Pudel zu einem Wolf, und mag die *bêtise* auch noch so beruhigend und der versuchte Ausdruck von Rationalität sein (ein interessanter Gegensatz, aber die Ratio kann dumm sein oder zumindest so aussehen), so ist es doch langweilig, durch einen Wald von Pudeln zu gehen. Um jede Rasenfläche vier Lollys, daneben anmutige Standbilder barocker Frauen, die die Künste und Wissenschaften verkörpern. Vor der schönsten bleibe ich stehen. Trotz des körnigen Steins, aus dem sie geschaffen wurde, hat sie noch etwas Geiles an sich. Mollige Schultern, ich kann es kaum erwarten, bis der erste Schnee fällt. Oder ist es die Kombination aus nackten, nicht allzu pneumatischen Brüsten und dem rationalen Zirkel, den sie zwischen Daumen und Zeigefinger hält? Einer der Finger, die sie übrig hat, zeigt auf die wohltuende Sonne und manchmal, wenn die Tore geschlossen sind, weil es Nacht ist, auf den Vollmond. Frauenverehrung ist nicht mehr »in«, und die Liebe zu steinernen Frauen an einem Sonntagvormittag ist natürlich schon gar verdächtig, aber ich denke an die unvergeßliche Verszeile von Lucebert, »des Abends entlang weiblichen Schiffen ich schlender«, und so ist es: Nicht schwebend, sondern knirschend (der Kies!) schlendere ich an der Frau mit dem Spiegel, dem Schwert und der Maske vorbei, jener mit dem Zirkel und der mit der steinernen Rolle voller unleserlicher Musiknoten. Die Existenz dieser Hälfte der Menschheit hat mich oft mit der Anwesenheit meiner eigenen Hälfte versöhnt. Übrigens, Sphinxe sind vielleicht noch schöner als Frauen. Versuchen Sie mal, eine Sphinx lange anzuschauen. Kannibalismus ist nicht erlaubt, aber darf man die Tierhälfte einer Sphinx (oder einer Meerjungfrau oder eines Zentauren) essen? Und wo genau befindet sich die Trennungslinie? Wo darf der Metzger zuschlagen? Wo schmust man mit einer Frau, und wo kratzt ein Löwe einen von hinten blutig? Ja, für diese Frauentiere nehme ich mir jetzt mal richtig Zeit. Eine amerikanische Touristin stellt sich neben mich, um das Frauentier zu fotografieren, und ich sehe, daß auch sie den richtigen

Winkel sucht, die Brüste müssen mit drauf, aber auch die sich wölbenden, ach so kräftigen Löwenschenkel. Keine Rede davon, daß es die einer Löwin sind, das sieht jedes Kind. Ich sehe sie mit ihrer Knipskiste herumhantieren und denke, daß eine aus dem 20. Jahrhundert stammende, stehende Frau aus Fleisch im Vergleich zu einer liegenden Sphinx aus dem 18. Jahrhundert in jedem Fall den kürzeren zieht. Aber erstere hat ja auch keine hochgezogenen Flügel, keinen Schild mit Zweigen voll überreifer Früchte zwischen den Brüsten, keine Embleme mit Quasten, und, was das Schlimmste ist, ihr fehlt dieser ernste, gerade, starrende Blick. So kann in unserem Jahrhundert keine Frau mehr schauen, und schon gar keine ohne Flügel und Löwenpranken.

Was darf ein Reisender nie vergessen? Daß er sich von Zeit zu Zeit, vielleicht sogar so oft wie möglich, umdrehen muß. Manchmal vergißt man es, und wenn man es per Zufall dann doch tut, kann es sein, daß einem der Teppich unter den Füßen weggezogen wird. So geht es mir jetzt. Ich möchte noch einmal auf das prinzliche Palais schauen und habe vergessen, daß ich zu diesen Sphinxen *hinauf*gegangen bin. Außerdem dachte ich, die Stadt liege vor mir, und auch das stimmt nicht. Sie liegt erst jetzt vor mir, als ich mich umdrehe. Der Palast ist klein geworden und befindet sich unterhalb von mir, und dahinter liegt die Silhouette von Wien, Kirchenkuppeln, die mittelalterliche Himmelssucht des Stephansdoms, die Masse der Innenstadt, die unsichtbare Donau und, weiter entfernt, im bläulichen Dämmerlicht, der Wienerwald. Ich bin unbestreitbar in Wien. Ein Automat neben einer der Sphinxen erklärt mir alles geduldig, Turm um Turm, Kuppel um Kuppel, die quadratischen Pyramiden (ja, ich weiß, daß es so etwas nicht gibt) der Neuen Hofburg und des Kunsthistorischen Museums, die unziemliche Neugotik des Rathauses und der Votivkirche, vor der ein späteres Geschlecht als das unsrige, wer weiß, vor Bewunderung dahinschmelzen wird. Schließlich fand Voltaire die Notre-Dame auch häßlich. Als ich mit dem sanften Schubs der Schwerkraft im Rükken vom Belvedere wieder zum Palast hinuntergehe, entdecke ich an der Mauer des Hauses daneben eine Plakette. »Hier starb Anton Bruckner, 11. 10. 1886.« Ich versuche mir diesen in Stein gehauenen letzten Seufzer vorzustellen, höre aber statt dessen die Klänge der Achten Symphonie, bei der ich immer an eine verirrte Armee denken muß, die, bis zu den Knien im Schlamm, weiterzieht in einer Welt voller Angst und Dunkelheit, jedoch nicht ohne Hoffnung. Diese Art von Gedenkstein stört mich immer. »Hier wurde Rembrandt geboren«, »Hier starb Descartes«. Das waren nun gerade die beiden einzigen Momente, für die sie selbst nicht verantwortlich waren.

»Österreichische Brigg. Bewaffnung bis 18 Kanonen«. Wo bin ich jetzt wieder? Am Standbild von Rudolph Steiner, »Dr. Phil., Philosoph und Anthroposoph, 1861-1925«, vorbei bin ich im Heeresgeschichtlichen Museum gelandet. Es ist Sonntag, der Eintritt ist frei, und den Weg findet man durch ein Vestibül voller goldbestäubter neugotischer Feldherren ganz von allein. Das oberste Stockwerk beherbergt das 17. und 18. Jahrhundert, aber bis dorthin gelange ich gar nicht erst, wo ich mich aufhalte, geht es um die Epoche der Kaiserlich-Königlichen Doppelmonarchie, der k. und k. Monarchie, die Musil so treffend »Kakanien« genannt hat; und Kakanien war groß, ich brauche einen ganzen Nachmittag dafür. Dann aber habe ich alles gesehen, die weiße Totenmaske von »Kaiser Maximilian I., erschossen am 19ten Juni 1867 in Querétaro«, und den »Bruststern zum Großkreuz des Kaiserlich-Mexikanischen Ordens Unserer lieben Frau von Guadelupe, getragen von K.K. Feldzeugmeister Heinrich Freiherr von Handel«, das Porträt von »Vize-Admiral Leopold Freiherr von Jedina-Palombini« und das »Schnittmodell von S.M. Schlachtschiff ›Viribus Unitis‹«, das seinerzeit 160 Meter lang war, 32 Offizieren und 1020 Mann Besatzung Platz bot und im Jahr 1911 67000000 Kronen gekostet hat. Das Modell ist allein schon acht Meter lang, ein Jungentraum, alles im Querschnitt zu sehen bis hin zu den immer noch bedrohlichen Geschützrohren, ein schwimmender Zauberpalast menschlicher Ingeniosität, der den Tod in sich barg. Was aber wollte Österreich mit einem Schlachtschiff? Das sehe ich auf dem Gemälde daneben. Meeresschaum spritzt auf rings um das K.u.K.-Geschwader, das in das Adriatische Meer dampft, *ihr* Meer, oder hatte ich das vergessen? Selbst im 20. Jahrhundert war Österreich noch eine Großmacht, mitsamt seiner »Österreichisch-Ungarischen Donauflottille«, einer U-Bootflotte und einer Armee, in der mindestens sechs Sprachen gesprochen wurden. An ausgestorbene Tierarten erinnert es noch am ehesten, was ich in den Vitrinen sehe, Uniformen, die ich mit Schnitzler, von Horváth und der *Csárdásfürstin* assoziiere, ungültige Banner, überholte Insignien, verflossene Titel. Der »Waffenrock (1871-1886)« von einem »Major d. K. K. Landwehrinfanterie, Bat. 33«, die Uniform von einem Tiroler »Landesschützer zu Pferd«, von einem »Attilaleutnant« von den »Honvedhusaren« oder einem »Dolmanyhauptmann« von der Honved-Artillerie, »Helm, Schwert und Couse eines Angehörigen der Königlich Ungarischen Kronwache«. Im Helm steckt eine riesige Gänsefeder, als wären die Leibwächter zugleich auch die Geheimschreiber. König von Ungarn war Franz Joseph auch, Apostolischer König, König von Jerusalem, König von Böhmen, König von Dalmatien, König von Siebenbürgen, König von Kroatien und Slowenien, König von Galizien und Illyrien, Großherzog von Toskana und Krakau, Markgraf von Mähren, Herzog von Salzburg, Herzog von Bukowina, Herzog von Modena, Parma, Piacenza und Guastalla, gefürsteter Graf von Habsburg und Tirol, Großwoiwode von Serbien und nicht zu vergessen: Herzog von Auschwitz.

Eigentümer des Balkans und der restlichen Welt, könnte man sagen. Kein Wunder, daß seine Heere so viele unterschiedliche Uniformen trugen! Und wie viele Farben? Einhundertzwei verschiedene Farben, ich habe sie gezählt auf dem »Tableau des Couleurs en Usage dans l'Armée i^{le} et r^{ale} [impériale et royale] de l'Autriche-Hongrie. *Pour distinguer les troupes*«, steht ermutigend darunter – ob es geholfen hat? Ich betrachte die 102 Stoffstücke in der Faber-Schachtel und frage mich, wer in der Stunde der Gefahr wußte, welche der 102

Infanterieabteilungen gerade auf ihn zukam. Und außerdem: Die Dragoner allein hatten vierzehn Farben, die Husaren sechzehn, die Ulanen dreizehn! Operette oder richtiges Blut? In einer anderen Vitrine liegt die *Tschapka* (eine merkwürdige viereckige, schwarzlackierte Kopfbedeckung), die Kronprinz Rudolf als »Chef des Preußischen und Brandenburgischen Ulanenregiments« trug, aber daneben liegt das Gästebuch des Museums, aufgeschlagen am »29. Januar 1889, Besuch des Kronprinzen für 13 h. angesagt«. Er erschien nicht, der Kronprinz, und am nächsten Tag wurde die Tragödie von Mayerling bekannt, wo er erst seine Geliebte, die Baronesse Vetsera, und eine unerklärliche Anzahl von Stunden später sich selbst mit einem Kopfschuß getötet hatte, ein Schuß in den Kopf, der zu verwirrt und zu modern war für das erstarrte Jahrhundert seines Vaters, der bis weit in das nächste Jahrhundert hinein regieren sollte.

Ist das alles noch Wien? Ich denke schon. Die Orden des Kaisers sind Wien, sein ebenfalls so merkwürdiger Kugelhelm mit den wallenden giftgrünen Federn ist Wien, und auch der »Militärmedizinische Sprachführer« ist Wien, weil Wien das Zentrum, der Nabel des babylonischen Kakaniens war. »Warum kratzen Sie sich?« fragt dieses Büchlein

Proč se škrabete?
Perché si gratta?
Zašto se češete?
Dlaczego sie drapiecie?
Pentru ce te scarpini?

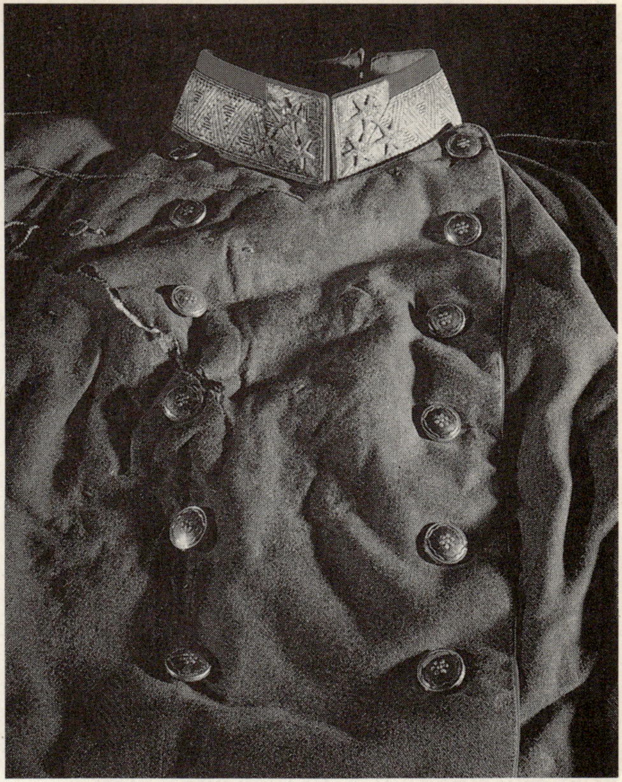

Ohne diesen Mord keinen Krieg:
Uniformjacke Franz Ferdinands

Dlácoho škrobajete sia?
Miert vakarja majat?

aber die Antwort auf böhmisch, italienisch, kroatisch, polnisch, rumänisch, ruthenisch und ungarisch steht nicht mehr dabei. Das Reich kratzte sich, weil es Juckreiz verspürte, den Juckreiz einer tödlichen Krankheit, und die Folgen des Kratzens liegen ebenfalls in einer Vitrine, die durchschossene Uniform des Erzherzogs Franz Ferdinand, der Mord in Sarajevo, der Ausbruch des Ersten Weltkriegs. »Das« Auto steht ebenfalls da, das Auto von dem Foto, aufgenommen von Graef & Stift. Der Uniformkragen ist noch schmutzig, altes Blut, nie richtig rausgegangen. Ein Riß in Höhe der oberen Knöpfe, die erste Leiche in Uniform, die Millionen anderer Leichen mit sich locken sollte. Ohne diesen Mord kein Krieg, ohne diesen Krieg kein Versailles, ohne Versailles kein Hitler. Oder läuft es nicht so? Ich sehe mir noch einmal dieses Auto an, die Fotos dieses dicklichen Habsburgers in seiner Uniform eines Generals der »Kavallerie«, lese die Speisenfolge jenes Tages: »Truites au beurre, Bœuf Bouilli aux légumes, Poulets à la Villeroy, Bombe à la Reine«, aber der Koch war es nicht.

Nun verspüre ich selbst Hunger und überlasse die übrigen Jahrhunderte ihrem Schicksal. Im selben Gebäude, dem Arsenal, versteckt sich ein Restaurant. Auch hier bin ich wieder zu klein unter den Gewölben. Im Raum neben der Küche rast Niki Lauda über den Fernseher, ich kann das aber zum Glück nicht sehen. Wo ich sitze, bin ich allein, und das gefällt mir. Ich buchstabiere die

Zauberformeln auf der Speisekarte und entscheide mich für eine *Wildpureesuppe* und ein *Beuschel*. Kurz darauf weiß ich auch, was das ist: ein Ragout aus Milz, Herz und Lungen. Es schmeckt köstlich. Das Bier, das mir dazu serviert wird, hat die Farbe von dunklem Honig, dieselbe Caféfarbe, die am Wiener Himmel hängt, als ich wieder ins Freie trete. Es ist kühl geworden, die Kälte einer großen Fläche, die, als der Honig aus dem Himmel verschwunden ist, die Stadt wie mit einer Klammer umschließt. Vielleicht ist deshalb die Musik hier so sonderbar fröhlich.

Januar 1983

DIE DAME AUF DEM FOTO

Ich bin noch in Wien, nun aber zweifach. Ich habe einen Bildband gekauft, so groß wie ein Atlas, mit Fotos von 1870 bis 1920: »Unbekanntes Wien«. Das Wien Freuds, Mahlers, Schönbergs, Klimts – das ist doch nicht unbekannt? Warum wird die Vergangenheit, über die man doch recht gut Bescheid weiß und die noch immer ein agierender Teil deines täglichen Lebens ist, plötzlich *unbekannt*? Daran ist, paradoxerweise, gerade das schuld, was sich zum Ziel gesetzt hatte, jene Zeit zu bewahren: die Fotografie.

Hätte ein heutiger Fotograf mit der heutigen Stilauffassung und den heutigen Mitteln diese Fotos damals gemacht, sie sähen völlig anders aus. Es ist nicht das Wissen, daß die Menschen auf diesen Fotos tot sind, es sind auch nicht ihre verschwundenen Kleider, die diese Fotos so *alt* und damit so unzugänglich machen, es ist die Art des Fotografierens. Das erkennt man am besten an den Gebäuden. Nehmen wir den Dom. Der stand schon Hunderte von Jahren da, bevor dieses Foto gemacht wurde, und er steht jetzt auch schon wieder fast hundert Jahre, seit der Fotograf durch sein Objektiv blickte, und trotzdem sieht er auf diesem Foto hoffnungslos nach 19. Jahrhundert aus, Neugotik, eine Kirche von Cuypers, und das liegt nicht an den mit Bierfässern beladenen Pferdewagen, nicht an den Frauen mit Sonnenschirmen und langen Kleidern, nicht an den fehlenden Autos, sondern an der Technik. Mahlers *Zweite Symphonie* kann nie so altmodisch und antiquiert wirken wie dieses Foto, das nichts anderes bewahrt hat als seinen eigenen Mangel an Möglichkeiten, wodurch aus dem lebendigen mittelalterlichen Dom ein mageres, bleiches und provinzielles Gebäude wurde, in dem zweifellos die falsche Religion ausgeübt wird, eine unangenehme Art von engherzigem und scheinheiligem Katholizismus, der zum Ende jenes Jahrhunderts gehört, aus dem die Zeitgenossen unseres Fotografen mit solcher Leidenschaft ausbrechen wollten.

Bei Menschen ist das anders. Von ihnen haben wir nur dieses eine Bild, sie können uns nicht entwischen. Sie demonstrieren mit allem, was sie haben, ihr Da-Sein, doch ein geheimnisvoller Zaubertrick hat die Erstarrung ihrer Umgebung auf sie übertragen: Je mehr von der Umgebung zu sehen ist, desto stärker werden sie von ihr in der Beklemmung der Datierung gefangengehalten. Man sieht, daß Fotografieren etwas Besonderes war, sie mußten stillsitzen und vor allen Dingen warten. Auf einem der Fotos ist eine Frau abgebildet. Sie trägt ein weißes Kleid, ihr Haar ist zu einer Art üppigem, massivem Wulst frisiert, *ein* glänzender Schuh ist zu sehen, ein glänzender Oberarm liegt auf ihrem Schoß, die Brüste wölben sich vor, sie verbirgt eine geheime Weiblichkeit unter all diesen baumwollenen Panzern, sie schaut ins Objektiv. Neben ihr liegt ein aufgeschlagenes Buch, womöglich von Dr. Freud. Alles in ihrer Umgebung, dieses Buch, der Puff, die zahllosen reglosen Perser, die Jugendstillampen, der Leuchter, die traditionellen Porträts in schweren Rahmen, all das kann heute bei einem Wiener Antiquitätenhändler stehen, sogar dieses

Zimmer könnte so, wie es ist, noch irgendwo existieren, nur die Frau und ihre Blumen nicht. Sie ist fort, aber ist sie auch verschwunden? Nein, das nicht. Wenn ich den Band zuklappe und aus meinem Hotelzimmer hinausgehe, zu Sacher, ins Café Demel oder in die Oper, dann treffe ich sie. Nicht sie, aber doch sie. Es gibt sie noch, ihre Essenz einer Wiener Dame liegt wie unsichtbarer Puder in der Wiener Luft, so leicht war sie nun auch wieder nicht wegzubekommen. In Schnitzlers oder Horváths Stücken wird sie wieder sichtbar, in der Kasuistik von Freud; das Genre Wiener Dame aus der Zeit der Jahrhundertwende hat sich in der Literatur und in den Bildern von Klimt und Schiele eingenistet, sie gehört zum Kanon, ohne sie gibt es das frühere Wien nicht, und ohne das frühere Wien gibt es das Wien nicht, in dem ich mich jetzt befinde, ich stoße mich den ganzen Tag an ihren Atomen. Das ist nicht unangenehm, denn nun kann ich mich auf sie beziehen. Mit der Mühelosigkeit der direkten Reinkarnation ist ihr Wesen in die Damen in meiner Loge gefahren, die sich noch immer mit heiligem Schauer die moderne Horrorgeschichte *Lulu* anschauen und in der Pause Halt finden an der schwülstigen Ausstattung des Foyers, am süßen Sekt und am Bild ihrer langen Röcke in den Spiegeln. Während der Arien, wenn Alban Bergs Musik zu schrill oder zu bizarr wird, rücken die Damen etwas näher zusammen, schieben das Opernglas auf der rotplüschenen Balustrade hin und her und trotzen gemeinsam den gesungenen Schrecknissen bis hin zu dem grausigen Moment, da Lulu und die Gräfin Geschwitz in der Kammer tot auf dem Boden liegen.

Aber stimmt es denn wirklich, daß das Wesen der Dame im Foto (ja, sie befindet sich darin, nicht darauf) in die Damen in meiner Loge übergesprungen ist? Vielleicht doch nicht. Meine Damen flirren nicht, sie konsumieren. Das war um die Jahrhundertwende anders, damals war ganz Wien ein Treibhaus neuer Ideen, die Elite war nicht, wie in vielen anderen Städten, in Teile und Splitter zerfallen, denn so hoch die Elite auch aufstieg, als Ganzes konnte sie am höheren Hofleben doch nicht teilhaben, das sich mit all seinen äußerst bizarren protokollarischen Ritualen rund um das lebende Götzenbild, den Kaiser, etabliert hatte. Die Bourgeoisie hielt selbst hof in Café und Salon, ebensolchen Salons wie dem der Dame auf meinem Foto. Dort verkehrten Künstler mit höheren Beamten und Bankiers, dort wurden neue Ideen ausgetauscht und erörtert, dort sprach man von Schnitzler und Hofmannsthal, Klimt und Schiele. Carl Schorske analysiert das in seinem Buch *Wien. Geist und Gesellschaft des Fin de Siècle* sehr deutlich. Die Entfremdung der Künstler von anderen Teilen der Elite trat in Wien später ein als sonst irgendwo in Europa. Aber welch eine eigenartige Mischung! Provinzialismus und Kosmopolitentum, Avantgarde und Tradition, jüdisches Genie und ordinärer Antisemitismus, erstarrter Katholizismus und die ersten Regungen der Psychoanalyse. Eine Wiener Schule nach der anderen machte von sich reden, und noch immer ist dieser Glanz nicht verblaßt, etwas davon sieht man noch oder will man sehen im heutigen Wien, so beängstigend bieder es auch auftritt: Die Wandelgänge und Treppen der Oper sind bevölkert mit Publikum aus der Zeit, als noch keine

Tomaten auf die Bühne flogen, Männer im Smoking, viel zu gebräunte Frauen in langen Roben und mit Pelzstolen – die Uniformen, die Bürger anlegen, um sich zu Höherem aufzumachen, die Bergsteigertracht von Menschen, die wissen, daß sie sich der Gefahr unverständlicher Sätze und Kakophonien nähern, aber auch wissen, daß sie in der Pause mit dem Anblick Gleichgesinnter belohnt werden.

War es damals anders? Äußerlich nicht, zumindest liefern die Fotos keine Anzeichen dafür. Doch unter diesem soliden Äußeren, in diesen steifen Salons, bei mit »Schlagobers« überhäuften Törtchen und den ewigen Schalen Kaffee, zwischen den Zeitungen, die Meldungen über das Hofleben absonderten, das heute exotischer erscheint als das Reich der Mitte, und den nicht weniger geheimnisvollen Reiseberichten, die Sigmund Freud von seiner Entdeckungsfahrt durch die gefährlichen Abgründe der menschlichen Seele nach Hause schickte, wußten einige Wiener sehr genau, daß die äußerlich so solide Welt im Begriff war, zu zersplittern, zu zerbrechen, zusammenzukrachen, daß nichts so war, wie es schien, und daß auch ihr eigenes Schicksal davon nicht ausgenommen sein würde. Noch immer, und schon solange sie sich erinnern konnten, regierte der Kaiser, aber die politischen und kulturellen Gegensätze verschärften sich, das Spukbild des unausweichlich heraufziehenden Chaos, die Demontage der Gesellschaft, die sie bisher gekannt hatten und die nach Franz Joseph explodieren sollte, ließ sich nicht mehr ignorieren. Die Dame, die da so ruhig sitzt und ins Objektiv schaut, hat an diesem Nachmittag vielleicht eine Ausstellung besucht, die sie aufregt oder die sie nicht versteht, oder sie hat zufällig ein Pamphlet von den Alldeutschen oder den antisemitischen Christlichsozialen gelesen. Vielleicht hat sie auch mit ihren frisch geprägten Neurosen in der Berggasse auf der Couch gelegen oder den Schauer der Neuen Zeit gespürt, als sie in der linken Wienzeile an der nackten Funktionalität des von Otto Wagner gebauten Hauses Nr. 40 vorbeiging. Die Libido von *Anatol*, die niederschmetternde, unheilverkündende Introduktion von Mahlers *Zweiter*, der provozierende Anblick von Klimts neuer *Athena* mit dem Ungeheuer, das seine bösartige Zunge bis zu ihrer gepanzerten Brust herausstreckt, die geile Insichgekehrtheit seiner *Danae*, all das stürmte auf sie ein. Man sieht es ihr nicht an. Wer sie war, ist in dem Bildband nicht angegeben, wahrscheinlich weiß es niemand. Damit wird sie so etwas wie ein Pendant zum Unbekannten Soldaten, wenngleich *sie* ein Gesicht hat. Die Unbekannte Wiener Dame. Wenn ich an Wien denke, dann denke ich an sie, wenn ich durch Wien gehe, dann gehe ich durch ihre Hinterlassenschaft. Man hat sie aus diesem Foto hinweggezaubert, aber so ganz verschwindet niemand. Auch wenn sie selbst unsichtbar geworden ist, ihrem Geist begegne ich in Kaffeehäusern, Foyers und Galerien, vielleicht geht sie ja die ganze Zeit neben mir her.

Warum trägt ein König eine Krone? Um größer zu wirken, ganz einfach. Und weil er dann mit Hilfe eines Stücks Gold und einiger Edelsteine übermenschlich geworden ist, muß er auch in einem übermenschlich großen Haus wohnen. Ein solches Haus nennt man Palast. Eine Krone ist eine Kopfbedeckung, schützt aber nicht gegen Regen. Ähnlich verhält es sich auch mit Palästen. Sie sind dazu da, etwas zu demonstrieren, und trotzdem sind es auch Häuser. Diese etwas simplen Gedanken kamen mir, als ich auf Schloß Schönbrunn zuging, ein Haus, in dem man einen Dynastosaurier schlafen legen kann. Die Dynastosaurier sind (fast) ausgestorben, ihre Nester gibt es aber noch, und jeden Tag wuseln lange Ameisenprozessionen hindurch, die sehen wollen, wie die Giganten früher gelebt haben. »Millionenzimmer, Gedenkzimmer, chinesisches Rundkabinett, Roter Salon, Wildschweinzimmer, Vieux-Laque-Zimmer«, 42 Zimmer insgesamt, an denen wir vorbeiziehen und uns ergötzen dürfen. *Vorbei*, denn es scheint, als ob die Apostolische Majestät in einem Schausaal gelebt hat, als ob man schon immer damit gerechnet hat, daß diese Prozession, zu der ich jetzt auch gehöre, hier vorbeiziehen wird. Der Teil des Raumes, in dem wir stehen, ist von jenem, den wir uns anschauen, durch ein geflochtenes rotseidenes Seil getrennt, die Führerin wagt sich knapp dahinter, und eigentlich kann man sich nicht vorstellen, daß dieses Seil oder Edeltau früher nicht da war. Die Phantasie bevölkert die leeren Stühle mit kaiserlichen Personen, und die leben, während wir zuschauen, einfach in ihren vergoldeten, lackierten, verschnörkelten, seidenbespannten Kulissen weiter. Hier ist höherer Wahnsinn am Werk, überdrehte goldene Rokokoschnörkel winden sich an den Wänden empor, es schwindelt einen vor lauter Ornamentik. »Weißgoldene Lambris, darüber altrosa Brokatbespannung an den

Wänden …«, die Führerin gurgelt es herunter mit ihrer sanften österreichischen Stimme, sie erzählt, was wo geschah und warum, aber ich bin mit meinen Gedanken woanders. Das Gold, der Lack, die gepuderten Perükken und kalbfleischrosa Dekolletés auf den Familienporträts, der Schreibtisch der armen Marie-Antoinette, das Riesenbett der ermordeten Sissi, das Parkett, auf dem entschwundene adelige Füße sechzigmal den Umriß Afrikas zu Walzerklängen getanzt haben, die seidenen Stickereien mit den orientalischen Motiven, die pompösen Vasen ohne Blumen, was wollen sie bloß sagen? Die beabsichtigte Botschaft war: Macht und Majestät. Woran erinnert das? An Flugreisen. Man hat es sich gerade bei einem Whisky gemütlich gemacht, da erzählt einem die Stimme einer unsichtbaren Frau, daß es draußen, außerhalb der Maschine, 54 Grad unter Null sind. Man blickt hinaus und kann es nicht sehen, und damit sind die beiden Welten, die da draußen und die hier drinnen, unwirklich geworden. So ähnlich ist es auch hier. Für diejenigen, die hier gelebt haben, muß die Außenwelt völlig unwirklich gewesen sein, als ob sie in einem Raumschiff durch eine unbekannte Galaxie schwebten. Keiner, der nicht dazugehörte, konnte die Sprache, die innerhalb dieser glänzenden Wände gesprochen wurde und die genauso verschnörkelt und schwülstig war wie die Formen der Stühle, Leuchter und Spiegelrahmen, verstehen oder sprechen, und so war die Innenwelt dieser Schlösser für denjenigen, der von draußen kam, genauso fremd wie der Blick von drinnen nach draußen. Und daran hat sich nichts geändert, ich sehe es an den Gesichtern rundum, am *Gaffen*. Ich bin in einer Gruppe von Gymnasiastinnen gelandet, während die nachrückende Gruppe aus Japanern besteht. Der Ausdruck auf allen Gesichtern ist freilich der gleiche: *Ehrfurcht*, als wäre es eigentlich nicht möglich, was hier zu sehen ist, als könnten es keine menschlichen Wesen gewesen sein, die hier gewohnt haben, sondern schon eher eine Rasse von außerhalb dieser Erde fabrizierten, nachgeschliffenen, polierten und durch die Idiotie des Schicksals in die österreichische Sprache eingetunkten Daseinsformen mit dem Sammelnamen Kaiserliche Familie.

Ich habe sie sofort gesehen, draußen auf dem Kies, wie sie zu den steinernen Gestalten am Dachrand hinaufspäht, deren steinerne Mäntel sich im Wind des Barocks bauschen. Zählt sie sie oder schaut sie nur? Sie gefällt ihr nicht ganz, denke ich, diese Phalanx regloser Tänzer, die sich dort totenstill im *Zeitgeist* wiegen. Sie hat ein blasses Gesicht, schieferfarbene Augen, mit denen sie spotten kann, eine Krone, auch sie, aus rotem feingewelltem Haar. Ich bin in ihre Klasse geraten, weil ich von den Japanern ausgestoßen wurde, und darüber müssen wir beide lachen. Jetzt bin ich also ein Mädchen und gehe auf ein Gymnasium. Genausogut hätte ich ein Japaner sein können, dann hätte ich diese abgehackten, kollernden und in jähen Rutschpartien abwärts stürzenden Laute verstehen können, in denen immer wieder die Namen Flans Joseph und Erisabeth wie Tauchenten auftauchen. Über diese Namen muß auch sie lachen, wie ich im Spiegel sehe. Die Führerin erklärt, daß der Kaiser wie seine Soldaten schlafen wollte, und deutet auf das einsame Fürstenbett aus schlichtem Holz, und ich sehe in den Augen der Rothaarigen denselben Gedanken, der auch mir durch den Kopf geht – daß der Kaiser dann besser alle Soldaten zu sich ins Haus hätte holen sollen. Sie wandert zu denselben Ausstellungsgegenständen, läßt den grauen Blick rasch über die vergoldeten Schnörkel wandern, um zu überprüfen, ob es stimmt, daß Rokoko asymmetrisch ist und Barock symmetrisch, steht für einen Moment versunken vor dem brütenden Porträt des Selbstmörders Rudolf. Arme Habsburger, immer umringt von ihren eigenen, blutsverwandten Gespenstern, Geistern, Ahnen, niemals allein, jede Tat oder Untat festgehalten in Büchern. Hier empfing Maria Theresia den Kanzler zu geheimen Besprechungen, und wir spähen in das leere, ach so chinesische Zimmer, das einst ihre voluminöse Gestalt, die sechzehn Kinder gebar, beherbergt haben muß. Aber sie ist nicht da, weder sie noch der Emporkömmling Napoleon, der hierher kam, um eine Habsburgerin zu heiraten, wie auch sein junger Sohn hier lag, um zu sterben, erstickt am Luftmangel einer zu alten Familie. Die Rothaarige und ich haben mittlerweile eine lange, taubstumme Ehe hinter uns, Blicke, die sich im spiegelnden Glas begegnen, wortlose Übereinstimmung, absichtliches Zurückbleiben, als der Rest der Klasse weiterschlendert, vorgetäuschtes Interesse für ein Detail, das allen anderen entgangen ist; ja nichts sagen und sich der sanften, himmlischen Marter durch die unbeweisbare Provokation des anderen hingeben, die bittersüße Qual des einsamen Reisenden, der weiß, daß er diese Zazie nie aus ihrer Klasse wird loseisen können, und auch ganz genau weiß, daß sie die extreme Flüchtigkeit dieses Moments ebensowenig vergessen wird wie er selbst. Weiß er das wirklich genau? Gibt es keine Spiegel, in die er schauen kann? Nein, er weiß es genau, denn als er, nachdem er ein letztes Mal zurückgeblieben ist, aus dem Schloß ins Freie tritt und durch die Klasse hindurchwaten muß, die sich in der Sonne auf den Stufen ausgebreitet hat, da hört er auf einmal eine klare, unverkennbar mädchenhafte Stimme den nun gerade so unmöglichen Gruß aussprechen: »Auf Wiedersehen.« Das wird nicht gehen, denkt er und sieht sich um, sieht genau in die schieferfarbenen Augen, die darauf gewartet haben. »Auf Wiedersehen«, sagt er und spaziert, vorübergehend untröstlich, in den Park. Nicht er, ich.

Zuerst ist alles gerade und flach. Der Landschaftsarchitekt hat die Natur in abgezirkelte Formen gezwängt. Die Hecken sind gestutzt, das Gras endet am Lineal auf dem Zeichentisch, gelbe und rote Blumen schreiben seltsame, rundliche Runen auf den Rasen, auch hier dienen geknechtete Pflanzen der Idee der Majestät. Man herrscht über alles, folglich auch über das Gras. Die malträtierte Fläche endet an einem Springbrunnen, auf dem bemooste Figuren wohnen und das Wasser denselben Zwangsmaßnahmen unterworfen ist, es darf zwar fließen, muß aber gleichzeitig einem Zweck dienen, den Glanz eines Namens unterstreichen, sogar jetzt noch, wo es diesen Namen gar nicht mehr gibt. Dahinter schließt sich, ansteigend, eine weitere gefangene Grasfläche an, auf der nicht geweidet wird. Zickzackwege führen dort hinauf zur *Gloriette*, einem leeren Denkmal, gekrönt von dem emblematischen Raubvogel, der seinen verkrampften, geschlossenen Schnabel zur einen Seite hin dreht.

Von allen Dingen ist Leere wohl am schwersten zu beschreiben. Ein Gebäude, das von keinerlei Mauern umschlossen ist, in das man hineingehen kann und dabei trotzdem im Freien bleibt, ist etwas Merkwürdiges. Einzig eine gewisse Form von Heiligkeit verhindert, daß ein solches Gebäude lächerlich wirkt. Der Tempel der Segesta und die Akropolis haben ihre sakrale Funktion verloren, und trotzdem hat man, obwohl man draußen bleibt, das Gefühl, irgendwo einzutreten. Es gibt zwar keine Tür, aber man ist dennoch in einem anderen, nicht recht benennbaren Element. Die einzige Erklärung, die ich dafür liefern kann, ist: Man *weiß*, daß es für die alten Griechen ein heiliger Raum war und daß es ihnen gelungen ist, dies im Bau auszudrücken. Es gibt kein Entkommen, zumindest für mich nicht, ich kann nicht »einfach« zwischen den Säulen der Segesta herumspazieren, ich weiß, daß ich irgendwoanders bin, daß die Außenluft, in der ich herumgehe, die gleiche Zusammensetzung hat wie die Außenluft drei Meter daneben, daß sie jedoch durch einen unsichtbaren Bestandteil, der mit Physik nichts zu tun hat, anders auf mich einwirkt.

Bei der *Gloriette* ist das anders. Hier ist etwas imitiert worden, gestohlen. Jemand hat eine Antiquität gewollt, als es sie nicht mehr gab. Das Wesentlichste, das sakrale Element, fehlt, es ist einfach ein Gebäude mit Säulen, das nach allen Seiten hin offen ist, es ist, wieder, die Bestätigung hohler Majestät, die mit der Majestät verschwand und als leere Hülse zurückblieb, die nichts mehr ausdrückt als sich selbst, poströmischer, triumphaler Kitsch. Erst wenn man sich das alles überlegt hat, wird die *Gloriette* wieder schön. Kitsch ist eine Form von Ironie, die ohne Ironie betrieben wird, ungeachtet ihrer selbst, die Ironie entsteht vielmehr gerade durch den Ernst. Allen Ernstes hat jemand hier ein Denkmal erbauen wollen, freilich mit Attributen und Paraphernalien, die zur Zeit des Bauens jegliche Symbolfunktion und damit auch jede Gültigkeit verloren hatten. Dagegen die Trophäengruppen, zwei auf jeder Seite, insgesamt vier. Einen ganzen Tag lang könnte ich sie betrachten, diese geharnischten Brüste ohne Mann, Riesenhelme ohne den Kopf des Helden.

Das erste, woran ich denken muß, ist die Erzählung *Der Ritter, den es nicht gab* von Italo Calvino. Eine Rüstung, in der kein Ritter steckt, die aber trotzdem einen Namen hat. Der Ritter, den es nicht gab, lebt am Hofe Karls des Großen und kämpft in dessen Heer, doch wenn man das Visier seines Helms hochschiebt, sieht man lediglich ein gähnendes Loch. So ist es auch bei diesen Kriegern. Umgeben von Standarten, bekrönten Stäben, Reichsäpfeln, Schwertern, Medaillons, Riesenhörnern, aus denen Riesenfrüchte quellen, Faszes und Fabeltieren stehen sie da, leere Hüllen. All diese Gegenstände haben irgendeine Bedeutung in irgendeinem vergessenen Buch, von manchen weiß ich den Namen nicht, kann sie nur stupide umschreiben als »Stab mit Schellen und Medaillon mit einer Eule obendrauf« – denn trotz ihrer ehrfurchtgebietenden Größe weigern sie sich, eine andere Bedeutung herzugeben als die von Gepränge und Sieg, Beute. Von hinten sind die Skulpturen noch schöner, ich komme auch besser an sie heran, indem ich die Treppe ein Stück hinaufgehe. Der Rücken ist breiter als der eines Mammuts, die einzelnen Panzersegmente sind handgroße, sich schuppenförmig überlappende runde Scheiben, dicke steinerne Federn fluten aus dem Federbuschhelm, der Rock schwingt auf über der breit ausladenden Gesäßpartie, die von Löwenpranken umfaßt wird, so kann ich schreiben und schreiben, doch in meiner Phantasie träume ich einen surrealen Traum, in dem sich dieser leere Panzer aufrichtet und als der Kommandeur aus *Don Giovanni* in den leeren Raum der *Gloriette* tritt und von dort auf den mathematischen Garten blickt, in dem die Gestalten der Besucher auf dem Kies aussehen wie Puppen, zerstreut, verkleinert, anonym im berechneten, geradlinigen Netz der Majestät gefangen. Untertanen.

Menschen können sich ändern, daher muß man ihnen manchmal entfliehen und Zuflucht bei unveränderlichen Tieren suchen. Tiere sind geeichte Wörter, sie verändern sich erst durch die Syntax ihrer Umgebung. Menschen können Hofsprache sprechen, mit kahlem Kopf in das eine Jahrhundert hineingehen und im anderen mit gepuderter Perücke wieder hervorkommen, sie können sich größer machen und sich mit bunten Federbüschen bestücken und fünfzig Jahre später so grau und ärmlich sein, daß nicht einmal ihre Paläste ihnen mehr stehen, daß sie in ihrer Unansehnlichkeit in der Pracht ihrer früheren Umgebung unangenehm auffallen. Tiere haben damit keine Probleme, der Elefant auf einer Zeichnung von Rembrandt sieht noch genauso aus wie der Elefant im Tiergarten von Schönbrunn. Mir gefällt das. Das Wort Tiger bedeutet hier dasselbe wie im Urwald, und darum stehen Gitter um ihn herum, weil er Gefahr bedeutet, er ist nur durch diese Gitter ungefährlich, nicht aus sich selbst heraus.

Vor mir geht wieder eine andere *Fauve*. Sie ist schlank und groß und hat wildes blondes Haar. Nicht aus Seide, sondern aus Flachs. Sie bleibt stehen und schreibt. Ich möchte wissen, was, werde sie aber nicht fragen. Ich schreibe selbst auch, sonst stünde das jetzt nicht hier. Schreibt sie dasselbe? Vielleicht ist es ja nur Unsinn, was sie schreibt, doch das tut der Rührung keinen Abbruch. Menschen, die schreiben, haben etwas Rührendes an sich, die Tat als Symbol. Es geht nicht darum, was im einzelnen zu Papier gebracht wird, es geht um das Schreiben selbst, die Handlung. Eine Form von Ordnung suchen oder schaffen, die stets eine Form von Meditation ist. Notieren, assoziieren, katalogisieren, das alles gehört zum Gedanken, zur Reflexion. Sie ist dabei, etwas zu sichten, festzuhalten, zu formulieren, und das tut sie allein. Daher muß sie allein bleiben – ich gehe an ihr vorbei und bilde den Satz, in dem sie vorkommt und den ich erst zu Papier bringen werde, wenn sie mich nicht mehr sehen kann.

Jetzt begegne ich noch jemand anderem, einer Krähe. Sie sieht aus wie eine Krähe auf einem mittelalterlichen Schlachtfeld, wie eine Krähe aus einem persischen Gedicht, wie eine Krähe im kollektiven Gedächtnis eben auszusehen hat; sie hat uns einen Dienst erwiesen, indem sie sich nicht verändert hat, wir können uns auf sie beziehen. »Krähe«, sagen wir dann, und da steht sie, so schwarz wie eine Krähe, mit stechenden Augen und hartem Schnabel. Diese Krähe steht nicht, sie läuft oder, besser gesagt, kommt auf mich zu, stakst mit ihren gehärteten Plastikbeinen durch die dürren Blätter, als kratze eine altmodische Feder auf Papier, sie schreibt, auch sie. Das habe ich sonst nie, aber plötzlich denke ich, daß sie eine Reinkarnation sein muß, und zwar nicht, wie bei allen anderen Tieren, ihrer selbst, sondern eine Wiedergeburt von jemand anderem. Sie paradiert, diese Österreicherin, sie schreibt mit ihren militärischen Füßen. Ich höre das Gemurmel von Titeln und Paragraphen.

Warum wollen wir es nicht noch etwas komplizierter machen? Ich bin jetzt beim Panther, aber auch dieser Panther ist aus Papier und Tinte. Rilke hat ihn geschrieben, und Borges. Es ist ein anderer, der gleiche Panther. Immer ein anderer, immer der gleiche. Tiere sind ihre eigene platonische Idee, daher können sie auch ihre eigene Reinkarnation sein. Jeder Panther ist alle Panther. Rilkes Panther drehte seine nervösen Runden hinter den Gittern des Jardin des Plantes in Paris.

Sein Blick ist vom Vorübergehn der Stäbe
so müd geworden, daß er nichts mehr hält.
Ihm ist's, als ob es tausend Stäbe gäbe
und hinter tausend Stäben keine Welt.

Der weiche Gang geschmeidig starker Schritte,
der sich im allerkleinsten Kreise dreht,
ist wie ein Tanz von Kraft um eine Mitte,
in der betäubt ein großer Wille steht.

Nur manchmal schiebt der Vorhang der Pupille
sich lautlos auf. – Dann geht ein Bild hinein,
geht durch der Glieder angespannte Stille –
und hört im Herzen auf zu sein.

Der Panther illustriert das für mich, er beendet seine Runde, legt sich wie die Katze, die er ist, in der einzigen Ecke hin, in die ein wenig Sonne fällt, und schaut durch seine tausend Stäbe zu mir auf. Sieht er mich? Dringt mein Bild in ihn ein wie sein Bild in mich? Wenn es so ist, dann wird es da drinnen verschwinden, wie man Fussel fortpustet. Er weiß nicht, daß ich ihn zu Papier bringe, er bewahrt mich nicht. Er rutscht weiter in die Sonne, um Borges' Juwel zu werden, und wird im selben Moment eine Frau. Seltsame Alchimie der Sprachen, die aus dem weiblichen französischen Tod einen deutschen Mann macht (*la mort, der Tod*), aus der Sonne einen Transvestiten (*le soleil, die Sonne*) und aus diesem im Deutschen männlichen Fabeltier eine spanische Frau (*la pantera*), genauso wie im Deutschen jeder Mensch ein Mann ist.

Tras los fuertes barrotes la pantera
Repetirá el monótono camino
Que es (pero no lo sabe) su destino
De negra joya, aciaga y prisionera.

Hinter den starken Stäben wird der Panther
den eintönigen Weg stets wiederholen,
der (doch weiß er es nicht) sein Schicksal ist
des schwarzen Juwels, unselig gefangen.*

Er sieht mich an und leckt sich die Pranken, faul, wie eine Katze. »Borges spricht von dir, du Lümmel«, sage ich, ein Mensch, der mit einem Tier spricht, aber diese Frau dreht mir den samtenen Rücken mit den Hoden zu und leckt sich die Füße, mit denen sie ihre eintönige Runde bis an ihr Lebensende fortsetzen wird, und während ich mich umdrehe, frage ich mich plötzlich, mit jener boshaften Erkenntnis, die einem bisweilen blitzartig kommt, wenn man *eine* Sache lange betrachtet hat, ob mein Gang aus dem Zoo, am Schloß vorbei, zur U-Bahn, in die Wiener Innenstadt, ob dieses eine winzige Teilstück meiner Reise, die so sehr nach Freiheit aussieht, manchmal nicht auch ein Schritt in einem ähnlichen, genauso erzwungenen, unabwendbaren Rundgang ist. Der Reisende als gefangener Panther, das Gitter das Ausmaß der Welt. Warum, denke ich, um diesen Gedanken zu beenden, ist ein gefangenes Kamel soviel weniger exemplarisch? Aber wer will denn schon

* Die Übersetzung stammt von Gisbert Haefs (aus: J.L. Borges, Schatten und Tiger, Gedichte 1966-1972, Frankfurt am Main 1994)

mit einem Kamel verglichen werden? Ich nicht, und so kehre ich wieder zu dem Panther zurück, der sich in den hinteren Bereich des Käfigs verzogen hat. Er steht im Schatten, ich kann seine Augen nicht richtig erkennen, aber für einen ganz kurzen Moment scheint es, als schaue er wie die Dame auf dem Foto. Ich weiß noch immer nicht, was sie denkt.

Mai 1985

DIE DAME MIT DEM EINHORN

Das Musée de Cluny befindet sich an einem der belebtesten Punkte von Paris, an der Kreuzung des Boulevard Saint Germain mit dem Boulevard Saint Michel. Wenn man die Tür öffnet, tritt man auf einen Innenhof. Der Lärm der Welt draußen verebbt, übrig bleibt eine schwache barbarische Brandung, mit der man nichts mehr zu tun hat. Dann betritt man ein zweites Mal einen Innenraum, und ein drittes Mal. Jetzt steht man in einem runden Saal, und die vergessene Außenwelt ist zu einem Seufzer geworden: Hier ist man in anderen Regionen. Beim ersten Mal war ich allein. Allein in einem gewirkten Wald, allein mit sechsmal einer anderen, rätselhafterweise jedoch immer derselben Frau, mit stets demselben Einhorn, jenem geheimnisvollsten aller Tiere. Allein im 15. Jahrhundert, zwischen dieser Bild gewordenen Allegorie, zwischen fünf Sinnen und einem Rätsel. Seitdem gehe ich jedesmal hin, wenn ich in Paris bin, so wie man jemanden besucht, den man liebt. Ich bleibe da einige Zeit, umschlossen von den sechs großen Teppichen wie eine Jungfrau in einem *hortus conclusus*, den Mulisch mit einem abweichenden Schuß ins Schwarze einmal einen konkludierten Garten genannt hat. Von Mal zu Mal sehe ich mehr. Die eigenartige Seele, die ich bin, nährt sich von Gegensätzen, und davon gibt es hier genug.

In der Form ist es einerseits jene merkwürdige Starre, die Tapisserien nun einmal eigen ist, als wäre die Darstellung abrupt zum Stillstand gekommen, das Bild plump eingefroren in diesem so materiellen Gewebe – und in flagrantem Gegensatz dazu sieht man, wenn man einen Schritt zurücktritt oder die Augen halb schließt und aus den Wimpern einen Schleier macht und damit die scheinbare Starre verwischt, das Fließende, Leichte, Bewegliche der Darstellung.

In der Bedeutung ist es der Gegensatz zwischen Mittel und Zweck, denn wie soll ich mich aus der Sklaverei befreien, in der meine Sinne mich gefangen halten, wenn ebendiese Sinne auf so reizvolle Weise dargestellt werden? Und außerdem gibt es da noch dieses Einhorn, das das Gute sein kann und das Böse, die Keuschheit und der Tod, das, wenn die wilde Jagd eröffnet wird, mit einer Jungfrau als Lockmittel gefangen wird, andererseits aber, wenn es selbst der Jäger ist, zu einer Scheingestalt des Todes wird, die den Menschen verfolgt. Mit seinem Horn wird es »die Völker stoßen, an allen Enden der Erde«.

Nun aber will ich wieder zu Sinnen kommen und dieselben beschreiben, wie die oder der Unbekannte sie gewoben hat.

Das Sehvermögen. Vor einem Hintergrund, rot wie die Farbe getrockneten Blutes, sitzt die junge Frau auf einer dunklen, wogenden Insel mit vielen Blumen und Tieren. Rechts von ihr hockt der Löwe, der sie nicht ansieht und in seinen Vorderpranken das blaue Banner mit dem Emblem der Familie le Viste hochhält, drei zunehmende silberne Monde auf einem Grund aus demselben toten Rot. Das weiße Einhorn hat seine Hufe in den Schoß der Frau gelegt. Sie hält ihm einen Spiegel hin, in dem wir das Tier zwar sehen, es sich selbst aber nicht gespiegelt sieht. Dabei hat er ihr Oberkleid etwas hochgeschoben, der schwere blaue Stoff des Unterkleids fällt in Falten von einem dunkleren Blau über ihre unsichtbaren Füße herab. Ihr Blick ist nicht auf das Einhorn gerichtet und nicht auf uns, es ist ein nach innen gekehrter melancholischer Blick, der schaut, aber nichts sieht. Wenn ich *meinen* Blick vor allem verschließe außer den Hufen in diesem Schoß, dann sehe ich, daß sie da wie in einer dunklen Öffnung stehen oder liegen. Auch das Einhorn sieht die Frau nicht an. Seine Augen sind weit geöffnet, dabei aber beseligt. Es hat sich ihr anheimgegeben. Der Gedanke, daß dieses geheimnisvolle einsame Horn eine bestialische Waffe sein muß, ist verflogen.

Das Hörvermögen. Derselbe Bildgrund, eine Insel mit Blumen und Tieren, der Löwe mit einem sich wie eine stilisierte Pflanze aus der linken Flanke emporrankenden Schweif. Sein Maul ist seltsam verzogen. Auch das Einhorn hält jetzt ein Banner, ist hier jedoch zum Dekorstück geworden. Die Frau spielt auf einer kleinen Orgel, auf der Löwe und Einhorn noch einmal als handgroße Ornamente vorkommen. Die Flechten ihres blonden Haars sind zu einer Aigrette hochgebunden. Eine Dienerin tritt den Balg des Instruments. Die Töne, die aus den hohen, dünnen Pfeifen der Orgel dringen, werde ich nie hören, aber es ist eine träge, ergebene, traurige Melodie. Das erkenne ich an den Augen der Frau. Das Kaninchen, der Hund, der Fuchs hören nicht, wie echte Tiere, Töne, sondern sie hören eine Melodie. Das ist unmöglich, aber es ist so.

Der Geschmackssinn. Diese Frau ist die schönste, ihretwegen komme ich immer wieder hierher. Die Insel ist jetzt breiter, die Frau von hoher Gestalt, ihr Schleier weht auf in einem Wind, der die Bäume nicht berührt. Auch das Einhorn steht hoch aufgerichtet da, etwas von seiner Macht wird hier erkennbar. Der Löwe brüllt, seine Zähne sind gefährlich, die Zunge böse. Beide Tiere tragen das Banner jetzt wie ein Kleidungsstück. Die Frau tastet mit abgewandtem Gesicht in einer goldenen Schale mit *friandises*. Auf ihrer linken Hand ein Sittich, der sich flügelschlagend im Gleichgewicht hält: Er steht auf nur einem Bein und wird gleich in die Zuckermandel beißen, die seine rechte Kralle zum Schnabel führt. Ich stelle mir das Geflatter seiner Flügel vor, und das tue ich mit meinem Gehör. Auch das Äffchen zu ihren Füßen führt eine rote Nascherei zum Mund, und die Reihe wird länger: Ich werde diese Orgel nicht hören, die Bonbons nie schmecken, die Frau nie berühren. Ich bin in eine spätere Zeit verbannt. Aber ich habe ihr Bild: die Augen in einer anderen Welt, der unsichtbare Gedanke in einem Zug um den kleinen Mund verborgen, der ein Lächeln sein könnte, das offene goldfarbene Haar.

Der Geruchssinn. Die Frau ist größer, von höherem Wuchs als ihre Dienerin. Behutsam hält sie einen Blumenkranz fest, der auf einen Menschenkopf passen würde, aber sie riecht nichts: Der Affe muß den Geruchssinn darstellen. Er hat eine große, volle weiße Blüte aus einem kleinen Korb genommen und riecht sinnend, mit runden starrenden Augen daran, gespannt, als wäre er ein Schriftsteller, der einen Geruch beschreiben will. Alles ist Duft an diesem Teppich, doch meine Verbannung dauert an. Auch diese Blüte werde ich nie riechen. Was ist das, ein gewirkter Duft?

1 Newtons rosiger Apfel: Andrea Mantegnas Deckenfresko in der »Camera degli sposi«

2 Europa: Detail aus dem monumentalen Deckenfresko Tiepolos in der Würzburger Residenz

3 Pieter Bruegel, Die Dulle Griet, 1561

4 Leonardo da Vinci, Studien von fließendem Wasser, um 1510

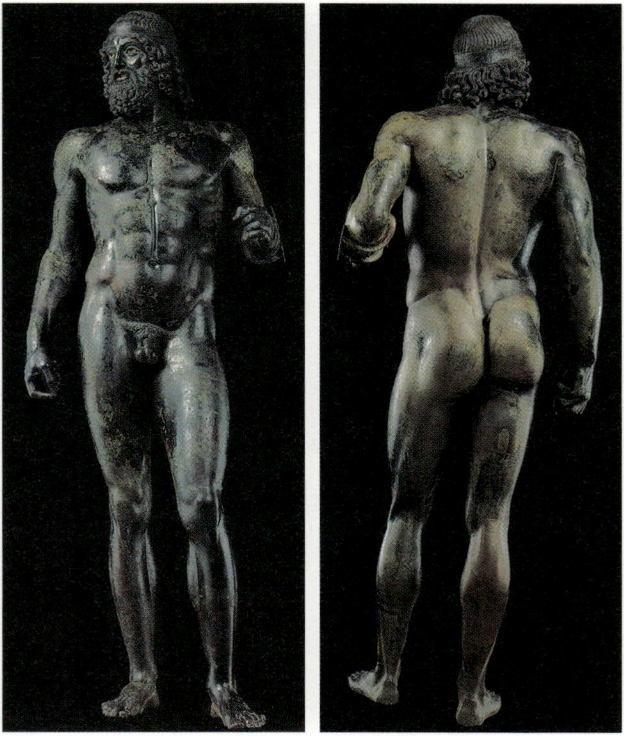

5 Muskelbündel unter Bronzehaut:
Einer der beiden Krieger von Riace

6 Tote Flugzeuge: Anselm Kiefer (geb. 1945), Mohn und Gedächtnis

Der Tastsinn. Dieses Einhorn ist weit entfernt von jenem ungezähmten, das Plinius beschreibt als »Pferd mit dem Kopf eines Hirsches, den Beinen eines Elephanten, dem Schwanz eines Wildschweins und *einem* schwarzen, drei Fuß langen Horn. Es heißt, es sei unmöglich, dieses Tier lebend zu fangen.« Da steht es, berührt – und das an seinem Horn – von der Unberührten. *Rinoceron si virgini se inclinare valet, cur verbum patris celici virgo non generaret?* heißt es im *Defensorum Immaculatae Virginitatis.* »Falls das Einhorn sich vor einer Jungfrau neigt, warum sollte eine Jungfrau dann nicht das Wort des himmlischen Vaters gebären?« Hier ist es keine Frage mehr. Das »proud rebellious Unicorn« aus *The Faerie Queene* ist so zahm geworden wie ein Schaf. Nun hält die Jungfrau selbst das Banner, und wieder blickt sie nicht auf das, was sie tut. Mit unendlich leichter Gebärde faßt ihre offene Linke an das gedrehte Horn, sichtbare Keuschheit, unsichtbare Wollust. Das ockerfarbene Bocksauge mit der starren schwarzen Pupille blickt verzückt zu dem langen, zu ihm herabfallenden Haar – ein Strom. Der Affe ist angekettet, der Schneeleopard trägt ein Halsband, der Löwe duldet ein weißes Kaninchen neben seinen Pranken. Die Natur ist unterworfen, und sie mit der goldenen Halskette, sie, eingeschnürt in schwarzblauen Samt, sie, die eine Landschaft sieht, die ich nicht sehe, sie hält mit ihrer schuldlosen Schuld das jetzt senkrecht aufragende Horn dicht über der Stelle fest, die man als Wurzel bezeichnen könnte, dort, wo ein Einhorn wohl am empfindlichsten ist: dicht über den Ohren, dicht über den Augen. Wieder fällt es mir schwer, zu glauben, daß das,

Der Tastsinn

was ich sehe, *Stoff* ist, etwas, was von verschwundenen Händen gesponnen, gefärbt, gewoben worden ist. Ihre Zeit und die meine schließen sich gegenseitig aus, ich bin durch ikonographische Deutung vergiftet, ich weiß, daß das Einhorn der Tod ist und auch Christus und dann sein eigener Tod, daß die Jungfrau sein Köder ist und daß außerhalb des Bildes die Jäger mit ihren Pfeilen warten, und dann weiß ich schon zuviel und will mich nicht mehr an der Suche nach des Rätsels Lösung auf dem letzten Teppich beteiligen, dem einzigen, auf dem Worte zu sehen sind. *Mon seul désir*, die Zeit hat diese drei Wörter nicht verformt, nicht verändert, ich kann sie aussprechen, ich kann sie exakt so schreiben, sie sind immer noch gültig.

Was aber bedeuten sie über ihre eigentliche Bedeutung hinaus? Legt die Jungfrau das Kollier zurück oder nimmt sie es aus ihrem Schmuckkästchen? Verzichtet sie auf alles oder ergreift sie davon Besitz? Und wer war sie, die jetzt niemand mehr ist? Ich weiß es nicht oder will es nicht wissen, ich will, bevor ich Paris, der Straße und meinem Jahrhundert wieder verfalle, träumen, daß dies ein Traum ist, in dem ich Geduld haben muß, still sein und warten muß, bis ich in diesem Wald der Erwartung die Blumen riechen, die Frau sehen, die Beeren schmekken und dann in der Stille, die aus Träumen besteht, das imaginäre, näher kommende Geräusch seiner Hufe hören kann und, wenn es durch ihren Anblick verloren ist, zu ihm hingehen, sein Horn anfassen und so in ein Bild verwoben werden kann, das es nicht gibt.

1983

An dem Tag, an dem ich in den Süden aufbrechen will, ist dies das letzte Bild von Amsterdam, das mir in Erinnerung bleibt: eine Nutte, die in ihrem kleinen Zimmer ein Buch liest, weltverloren. Der Titel: *Victorian murderesses*, und weiß der Himmel, was sie im Schilde führt, denn draußen herrscht mörderisches Wetter. Der Rhythmus meiner Scheibenwischer fördert die Nachdenklichkeit. Während ich durch das leise Klickklack und den stets von neuem beschriebenen Halbkreis vor meinen Augen in leichte Hypnose gerate, füge ich mich fast wie ein Automat in den übrigen verregneten Verkehrsstrom auf der Schnellstraße ein, doch meine Gedanken sind woanders. Oder, besser gesagt, sie sind am selben Ort, allerdings in einer anderen Zeit, und zwischen damals und jetzt hat sich das Aussehen dieses Ortes verändert. Ist es dann trotzdem derselbe Ort?

Früher (früher, das war vor fünfundzwanzig Jahren, und das ist eine lange Zeit. Was ist lang? Lang her bedeutet, daß viele Menschen schon tot und viele Orte nicht wiederzuerkennen sind). Früher begann ich meine Fahrten per Anhalter immer in Breda. Das war ein Luxus, den ich mir gestattete. Ich fuhr mit dem Zug nach Breda und dann mit dem Bus bis an den Stadtrand. Die Verbindung mit dem Rest der Welt bestand damals aus einer zweispurigen Straße nach Antwerpen. Ich weiß nicht einmal mehr, wie die Orte an dieser Straße hießen.

Es war eine fürchterlich befahrene Strecke, der gesamte Frachtverkehr quälte sich durch die Dörfer, die Menschen, die dort lebten, haben viel gelitten.

Ein Merkmal der Unschuld ist, daß das Fremde noch fremd ist. Hein Donner* hat einmal gesagt, daß die Niederlande Gott auf bloßen Knien dafür danken müßten, daß Deutschland *willens* war, sie im Zweiten Weltkrieg zu überfallen – sie entrannen damit endgültig dem spießigen Provinzialismus der Zwischenkriegszeit. So dürfen wir auch überglücklich sein, daß es Flandern gibt: Es hat immerhin ein Element der Fremdheit ins eigene Sprachgebiet gebracht – ein Ausland im Inland. Umgekehrt dürfen sie auch froh sein, daß es uns gibt: Wäre ich ein flämischer Schriftsteller, führe ich regelmäßig nach Groningen. Es ist ein Merkmal großer Länder, andere Kulturen innerhalb der eigenen Sprachgrenze zu haben. Sizilien hat die Lombardei, und das Kempenland hat Terschelling. Immerhin etwas. Man muß diese Dinge hegen und pflegen. Daß man bei Menen Frankreich verläßt und daß jemand mit einer ganz fremden Mütze auf dem Kopf einen in der eigenen Sprache anspricht, ist eine Steigerung. Das Exotische so nahe zu finden – und das wechselseitig –, ist ein Geschenk.

In Flandern entrinnt man zweierlei, der Anonymität und der Rechtgläubigkeit. Die Niederlande sind auf dem besten Wege, eine Stadt zu werden. Das geschieht auf Kosten des Landes. Stadt ist Regierung und Sprachgemeinschaft. Fernsehen und Zeitungen sind fast im-

* Jan Hein Donner (1927-1988), niederländischer Schachgroßmeister und Publizist (Anm. d. Ü.)

mer Stadt. Stadt bedeutet Liberalität, aber auch Anonymität. Van Agts* Sieg, das haben die Progressiven (die Stadt) noch immer nicht begriffen, ist neben mancherlei anderen Dingen *auch* die verspätete Rache des Landes an der Stadt. Im Vergleich zu Frankreich und Deutschland scheinen die Niederlande progressiver und liberaler zu sein, weil die großen Länder mehr Land haben, und Menschen, die auf dem Land leben, sind häufig Konservative. In Flandern gibt es Städte, aber es ist noch lange keine Stadt. Es ist also weniger progressiv, aber auch weniger anonym. Je nachdem. Und was die Rechtgläubigkeit (egal, um welchen Glauben es sich handelt) anbelangt, die werden wir immer haben. Wir sind ein Land der Schuld und der Sühne, das ist die Strafe, die wir geerbt haben. Tragisch ist, daß, wie es scheint, unsere schlechtesten Eigenschaften in Flandern allmählich in Mode kommen. Niemand kann sagen, ich hätte nicht gewarnt.

Dabei muß man mit derlei Aussagen auch noch höllisch aufpassen, denn manche Menschen fassen »ländlich« als Beleidigung auf. Gent ist für mich bis ins Innerste seiner mittelalterlichen Seele eine Stadt, eine Polis, hat aber zugleich etwas Ländliches. Der Gradmesser dafür ist der Umgang der Leute miteinander. Ich fühle mich äußerst heimisch in der Metropolis, wo niemand den anderen kennt, doch zwischen der Stadt, in der man noch Umgang miteinander pflegt, und der, in welcher das gar nicht mehr geschieht, gibt es für mich nichts, abgesehen von der einen absoluten Aus-

* A. A. M. van Agt, christdemokratischer niederländischer Politiker, Ministerpräsident 1977-1982 (Anm. d. Ü.)

nahme, der Amsterdamer Innenstadt, aber die ist ein Haus.

Der letzte große Roman von Hugo Claus, *Jakobs Verlangen*, kombiniert und illustriert die Dinge, von denen ich hier spreche, optimal. Die Kneipe, in der die Geschichte geboren wird, ist ein Dorf in der Stadt mit eigenem Drama und eigener Folklore. Die Geschichte selbst ist erkennbar und damit ganz nah, die Kulisse jedoch ist Gent und damit exotisch. (Es ist ein stupider Irrtum, daß nur, was wirklich weit weg ist, auch exotisch wäre. Exotisch ist das, woran man im Prinzip nicht teilhaben kann.) Das Meisterhafte dieses Buches besteht darin, daß es regional und zugleich kosmopolitisch ist – Claus bringt seine Figuren direkt aus der Abgeschlossenheit der Genter Spielkneipe in die gräßliche Offenheit der größten Spielkneipe der Welt, Las Vegas, und auch bei dem Anschlag, den die »große Welt« auf ihre Helden verübt, bleibt ihre Genter Eigenart völlig intakt, und das sagt sowohl etwas über deren unverfälschte Eigenart aus wie über die Könnerschaft des Autors, der ein Genter Drama in zehntausend Kilometer Entfernung seinem Ende zuführt.

Paris. Regen. Es regnet in ganz Europa, überzeugen Sie sich selbst anhand alter Zeitungen. Nur im Norden von Norwegen laufen die Leute nackt über die Felsen, dafür fällt in den spanischen Badeorten der erste Schnee, der Ebro ist gefroren, der Wetterbericht bekommt die Allüre eines griechischen Dramas, wenn das so weitergeht, kommen Regierungen zu Fall, und ich frage mich jeden Tag, ob ich einen Regenschirm kaufen soll. Ich habe etwas mit Regenschirmen, denn ich kaufe sie immer einen Tag, bevor der Regen aufhört, und lasse sie dann irgendwo stehen: Ich könnte den Weg zu meiner Wiege entlang einer surrealistischen Spur dieser schwarzen, mit Totentuch bespannten Stöcke finden, die auf der ganzen Welt meine Rückkehr erwarten wie die des Messias – nach fünfundvierzigjähriger Rückreise (und dabei war die Hinreise schon so schlimm) würde ich mich, in Gesellschaft Tausender von Regenschirmen, am Ende ihrer Schwangerschaft wieder bei meiner Mutter zur Stelle melden.

Was ich, abgesehen von einem Schirmsammler, noch bin, ist ein Sammler jener dicken Bücher, die anläßlich großer Ausstellungen herausgegeben werden. Oft habe ich mich im Verdacht, nur deshalb Ausstellungen zu besuchen, um den Katalog kaufen zu können. Aber *warum*? Als Beweis, daß ich da war? (Ich sammle auch alle Theaterprogramme und stopfe sie dann in einen großen Karton auf dem Dachboden.) Um, wenn ich alt und hilfebedürftig bin, anhand all dieser bis dahin vergilbten Druckerzeugnisse noch einmal zu leben? Wenn ich etwas freundlicher zu mir bin, dann könnte es natürlich auch deshalb sein, weil auf diesen Ausstellungen oft mit viel Aufwand und Wissen Dinge zusammengetragen werden, die man in diesem Zusammenhang so bald nicht mehr sehen wird – und davon ist der Katalog ein Abbild, im Grunde eine hochspezielle Studie. Wie dem auch sei, es treibt mich jedenfalls (Büchernarr, der ich bin) zu einer großen Zahl von Ausstellungen, und in diesem Fall – Cézannes letzte Jahre – ist es nichts, was man hinterher bereuen würde. Aber merkwürdig, wenn ich an diese Ausstellung zurückdenke, kommt mir als erstes nicht ein Gemälde in Erinnerung, sondern ein Foto, auf dem der alte Maler in seinem letzten Lebensjahr irgendwo unter freiem Himmel arbeitet. Das Foto ist komisch und tragisch – und somit rührend. Etwas, das nur tragisch ist, kann nie rührend sein. An dem fernen Ort, an dem ich dies schreibe, habe ich das Buch nicht zur Hand, das mir sagt, ob komisch von Komödie kommt, aber jedenfalls ist dieses Foto komisch, weil es Elemente der Komödie in sich trägt: ein Standfoto aus einem der allerersten Filme wie *L'Arroseur arrosé* – Herr in schwarzem Tuchanzug und halbhohem Seidenzylinder steht im hellen Sonnenlicht in Angriffspose vor der Leinwand. Er hat einen weißen Spitzbart, und sein vornehmer Anzug ist mit Farbe beschmiert. Auf dem nächsten Foto ist das Bild fertig, und er stellt es, seine Palette in die Sonne haltend, an eine aus groben Steinen aufgeschichtete Mauer. Tragisch ist, daß es sich bei diesem einsamen alten Herrn auf verlassenem Feldweg um jemanden handelt, der kurz danach sterben sollte, der im Begriff war, das Gesicht der Malerei definitiv zu verändern und den Weg für Braque, Picasso und damit für die Malerei frei zu machen, wie wir sie heute kennen. Jemand, der etwas sah, was niemand sonst sah – eine besondere Form von Einsamkeit –, und der in der Zeit kurz vor seinem Tod, als dieses Foto entstand, schrieb: »Werde ich das Ziel, nach dem ich so lange gesucht und das ich so lange verfolgt habe, erreichen? ... ich *fahre daher mit meinen Studien fort* ... ich studiere stets nach der Natur, und es *scheint mir, daß ich langsam vorankomme* ...«

Ker-Xavier Roussel, Paul Cézanne
am Chemin des Lauves, 1906

Was er suchte, nannte er selbst »eine Harmonie, parallel zur Natur«, was er fand, führt die Einleitung zum Katalog rund siebzig Jahre später mit der absoluten Sicherheit des Rückblicks in dieser lebensgefährlich hypomanen Prosa auf, zu der Romanen greifen, wenn sie etwas sehr ernst meinen.

»Cézanne ist der große Bruch in der Geschichte der ›spatialen Komposition‹«, er hat (Bazaine zufolge) »den Raum demontiert«, etcetera, etcetera; sein Name hat jetzt das Recht erworben, mit dem man südlich unserer Sprachgrenze so großzügig umgeht, wenn es sich um Genies handelt: Er darf nach Herzenslust adjektivisch benützt werden und wird demzufolge auch ständig so benützt: der cézannsche Raum, und so weiter. Der Umstand, daß ich gegen diese Art von Prosa allergisch bin, will jedoch nicht sagen, daß in dieser Einleitung nichts Interessantes stünde, wenngleich ich doch immer das am interessantesten finde, was Cézanne selbst in seinen geradlinigen Sätzen (Zitate aus seinen Briefen) sagt, vor allem wo er von der Grenze spricht, bis zu der er gehen will, von den nächsten Schritten (die andere tun werden), die er verwirft, wie zum Beispiel »Landschaften wie Spielkarten« oder Figuren »wie chinesische Spielkarten« (»die Natur liegt mehr in der Tiefe als an der Oberfläche«).

Doch was empfinde ich nun selbst, wenn ich an diesen Gemälden entlanggehe? Wenn ich diese verdammte Einführung nicht unter dem Arm trüge, könnte ich sie zum Beispiel einfach schön finden. Das schon mal als Anfang. In einigen Bildern ist die Natur auf beängstigende

Weise präsent, das läßt sich nicht übersehen. Doch das ist ein sehr zahmer Gedanke, wenn man einen Führer neben sich hat, der einem ständig zuflüstert, das, was ich dort sähe, bedeute den totalen Bruch mit den vier vorangegangenen Jahrhunderten der Malerei. Der Führer führt das aus und untermauert seine Ausführungen mit Argumenten. Das hat zweifellos alles seine Richtigkeit, nur, ich SEHE es nicht. Ich kann Cézanne nie mehr ein erstes Mal sehen, er hing sozusagen bereits als Reproduktion über meiner Wiege, ich habe ihn hundert- oder tausendmal in allen Museen gesehen, in die ich einen Fuß gesetzt habe, und ich habe ihn immer durch den Nebelvorhang dessen gesehen, was nach ihm kam und was er ermöglicht hat. Ich sehe, kurzum, keinen Bruch, ich sehe Tradition, ich sehe eine akzeptierte Form des *Sehens*, ich weiß, er war der erste, der so sah, aber ich empfinde nichts dabei. Ich bewundere es, weil ich es weiß, nicht, weil ich je noch einmal so *zum ersten Mal* sehen könnte, denn ich kann (dank Cézanne) schon lange so sehen.

Octavio Paz nennt das in einem langen Essay über die moderne Poesie »die Tradition des Neuen« und sagt dazu, daß die Gesellschaft, die diesen Ausdruck erfunden hat, eine eigenartige Gesellschaft sei, da sie ihr Fundament nicht in der Vergangenheit und auch nicht in irgendeinem anderen unveränderlichen Prinzip suche, sondern in der Veränderung.

Doch was für einer ist das, der diese Veränderung bewirkt? Das frage ich mich, als ich nun an den Gemälden entlanggehe und mir mit Eifer und Beharrlichkeit vorzuhalten versuche, daß ebendiese Gegenstände die Menschen noch in *unserem* Jahrhundert blamierten, weil sie nicht wollten, daß man die Natur oder die Menschen auf diese Weise betrachtete. Was sieht jemand, der trotzdem so schaut, oder, besser gesagt, wie schaut jemand, der als erster und einziger so schaut, wenn diese Art des Schauens später völlig normal werden wird. (Ich gehe davon aus, daß das Malen erst nach dem Schauen, nach der »Sicht«, kommt.) Harry Mulisch hat einmal gesagt, wir würden einst so aussehen, wie Picasso uns malte, und das ist, was Cézanne betrifft, bereits eingetroffen: Die Natur sieht schon lange so aus, wie Cézanne sie malte. Aber *als* er sie malte, sah sie nur für ihn so aus. Eine merkwürdige Art von Einsamkeit, aber *was ist das*? Eine Anomalie? Hellseherei? Das ist natürlich Blasphemie, aber ist *Genie* denn eine so gute Erklärung? Jemand, der früher als andere etwas sieht, entsprechend arbeitet und seine Sicht den nachfolgenden Generationen zwingend aufzuerlegen versteht, ist ein Genie. Aber was ist das? Ist es eine »logische« Evolution des Schauens, die parallel zur übrigen Evolution verläuft und die gesellschaftlichen und wissenschaftlichen Veränderungen und Entwicklungen begleitet? Und muß es dann einfach jemanden geben, bei dem das als erstes »anbricht«, was dann eben ein einsamer französischer Herr aus der Bourgeoisie war, der zu Beginn unseres Jahrhunderts im schwarzen Anzug auf einem verlassenen Feldweg in Frankreich, irgendwo auf dem Land, *seine evolutionäre Pflicht erfüllte*? An den Rand des Katalogs habe ich an diesem Nachmittag geschrieben: »Ist es eigentlich etwas anderes als eine Prophetie, eine Gabe des

Voraussagens, wenn man voraussagt, wie *man in Zukunft sehen wird*, und: was für ein Verdienst ist das?« Jedenfalls das Verdienst der Ausdauer, denke ich heute, und in gewisser Weise der Treue. Aber wenn man nun mal so schaut, *kann* man dann überhaupt noch anders? Und so weiter, bis hin zu der wunderbaren Gewißheit, der Feuerprobe des Verkanntwerdens, des Leidens, des Van-Gogh-Komplexes. In der Tat, und so weiter. Wahrscheinlich ist die Tatsache, daß ich das nicht mehr nachempfinden kann, die größte Bestätigung dafür, daß er recht hatte. Ich mußte einfach so schauen, und er wußte es, und darum stehe ich hier jetzt neben einem japanischen Mädchen und weiß nicht, was sie sieht (was *sie* sieht), aber sie schaut sehr andächtig, und mich sieht sie nicht.

Man hat die Zeichen zu verstehen: Ich habe jetzt innerhalb von drei Tagen drei Filme gesehen (*Mysteries, An Unmarried Woman, Rève d'un Singe*), in denen insgesamt fünf Männer zugrunde gehen, einer, weil zwei Frauen ihn (wie es aussieht, zu Recht) auf die Schnauze fallen lassen, einer wird von einer Frau vergewaltigt (das geht) und kommt am Ende der darauf folgenden schicksalhaften Ereignisse um, und drei begehen einfach Selbstmord. Den Frauen geht es am Ende von zweien dieser Filme ausgezeichnet, die Frau aus dem dritten Film überlebt, wenn auch mit versehrtem Antlitz, aber diese Geschichte wurde schließlich auch schon im vorigen Jahrhundert geschrieben. Es ist also offenkundig – meiner Gattung hat das letzte Stündlein geschlagen oder, besser gesagt, meiner Gattung in ihrer bisherigen Erscheinungsform, denn ganz untergehen werden wir nun auch wieder nicht gleich, auch wenn man täglich um sich herum wankende Opfergestalten beobachten kann.

An dem Tag, bevor ich weiter in den Süden fahren werde, besuche ich den Jardin des Plantes, wo sich (der Name sagt es schon) hauptsächlich Tiere aufhalten. Wer zu viele Menschen sieht, muß sich ab und zu unter Tiere begeben. Auch hinter Gitterstäben sind sie einfach sie selbst. Ein paar Pfaue liegen wie gestrandete Zierschiffe auf einer Sandbank, ein Watussi wartet mit seinen seitwärts gereckten Hörnern auf Zeichen aus dem All, niemand sagt etwas, sie verbringen die Zeit damit, zu leben und sich möglichst wenig zu verändern. Zum Glück sind wenig Menschen da (es regnet noch immer), ich stehe still vor den Eulen, die Eulen sitzen still vor mir, ich sehe die Eulen an, und die Eulen sehen mich an. Wie lange sehen sie (der *Bubo ascalaphus*, der *Bubo lacteus*, der *Bubo bubo*) schon so aus? *Bubo bubo*, le grand duc, hat ockerfarbene Ringe rund um zwei schwarze Löcher, und damit schaut er mich an, aber das ist schon kein Schauen mehr, das ist Zielen. Tausend Jahre lang sehe ich schon so aus, sagen diese Augen, und dann noch einmal tausend und noch einmal. Tiere verändern sich nicht (zumindest nicht in unserem Beisein), und so repräsentieren sie die Kontinuität. Ist es deswegen so beruhigend, sie anzuschauen? Sie verändern sich nicht, sie haben nichts erfunden, aber auch nichts vernichtet. Wir, brillant wie wir sind, haben sogar unsere eigene Vernichtung erfunden. Und die ihre, denn wenn wir gehen, nehmen wir alles mit, auch, was wir nicht selbst gemacht haben, so lautet die Abmachung. Ein merkwürdiges, aufrecht gehendes Tier in blauen Farben ruft mit hohen Tönen, daß die Tore geschlossen werden. Der Großherzog blinzelt *ein*mal mit seinem doppelläufigen Gewehr, und ich wandere langsam durch den mittlerweile schleierartigen Regen zum Tor hinaus Richtung Seine, die sich grünlich und träge zwischen hohen weißgrauen Kaimauern Rouen und dem Ozean entgegenschiebt, noch ein langer Weg.

Dezember 1978

PARISER TAGE I

Älterwerden ist eine Form des Sterbens. Das meine ich natürlich nicht im tragischen Sinn, sonst würde ich bestimmt schweigen. Ich will damit eher etwas über Veränderung sagen, in diesem Fall der Skyline von Paris. Wir haben dafür kein besseres Wort, es sei denn Silhouette, aber das drückt nicht aus, was Skyline ausdrückt: den Anblick einer Stadt von ferne. Stadtansicht also, sagt der Purist, doch das ist ja gerade das Problem, man *sieht* gar keine Stadt mehr, wie man einst Delft, Bern oder Tours gesehen hat, man sieht nur noch die Skyline. Etwas ist noch, wie es immer war: Wenn man aus den Niederlanden kommt (was bei mir meist der Fall ist), erlebt man einen merkwürdig *leeren* Moment, den Moment, kurz bevor man Paris vor sich liegen sieht. Das ist bei jeder Stadt seltsam, ebenso seltsam, wie wenn das Meer, nachdem es Tausende von Kilometern lang nichts als Meer gewesen ist, plötzlich an Land stößt. Kornfelder und Wiesen prallen auf ein Neubauviertel, und das war's: Hier fängt die Stadt unwiderruflich an. Und das sieht man schon aus der Ferne. Nur, je länger man lebt, desto kleiner wird diese Ferne, weil die Stadt ständig wächst. Daß diese Behauptung kein Unsinn ist, wird sich zeigen, wenn Amsterdam und Den Haag Seite an Seite liegen. Irgendwann …

Was das mit Altwerden als Form des Sterbens zu tun hat? Daß es einmal ein mythisches erstes Mal gegeben hat, daß man Paris vor sich liegen sah, und daß man sich, fünfundzwanzig Jahre später, nicht mehr vorstellen kann, wie das aussah. Dieses Bild ist fort, für immer verschwunden, überwuchert von späteren, stets anderen Bildern, und mit diesem Verschwinden ist auch derjenige verschwunden, der es gesehen hat, also ich. Es ist, als stünde, wie in einem Film von Woody Allen, ein verzweifelter zwanzigjähriger Anhalter neben mir, der versucht, den immerzu Älteren, der ich bin, beiseite zu schubsen, weil er etwas sehen will. Doch was er sehen will, existiert nicht mehr. Armer, magerer Zwanzigjähriger. Kein Geld in der Tasche, schlecht gekleidet, Rucksack auf dem Rücken. Die Reise dauerte lang, denn es gab noch keine Autobahn, und weil es für ihn ein großer Augenblick war, hat er gefragt, ob er kurz aussteigen dürfe. Da lag es nun also, Paris. War das dort die Kuppel von Sacré Cœur, auf die die Sonne schien? Ja, und dieser Dunst, der alles so weich umhüllte, so daß es den Anschein hatte, die ganze Stadt schwämme in einem hellfarbenen Dämmerlicht, das war der Gestank von Autos und Fabriken, schon damals, aber das wußtest du noch nicht.

Wie oft hat sich dieser Augenblick, diese Grenzüberschreitung, diese Annäherung wiederholt? Fünfzigmal, hundertmal, noch öfter? Langsam, wie auf einem futuristischen Gemälde aus den zwanziger Jahren, auf dem die Figuren in einer langen Reihe immer weiter auseinanderfallen, um schließlich am Fuße der Treppe anzukommen, sehe ich, wie er sich verändert, dieser frühere Reisende, und mit Hilfe der Erinnerung lasse ich ihn dicker und dünner werden, ärmer und reicher, jünger und älter und wieder zurück. Da macht er sich, mit seinem Rucksack, zum erstenmal in die Metro auf. Er weiß nicht, wie das vor sich geht. Sein Französisch riecht noch nach Schule, und er weiß nicht, wie er es anwenden soll. Kein Mitleid, du wolltest doch unbedingt hin. Jemand hat ihm erklärt, daß man besser ein *carnet* mit zehn Fahrscheinen kauft als einen Einzelfahrschein – es ist viel billiger. Zum erstenmal riecht er den Geruch der Metro, süßlich, etwas faulig, als wohne hier eine Tierart, die über der Erde nicht vorkommt. Er erschrickt vor dem Kontrolleur, der plötzlich in der weißgekachelten Nische vor ihm steht, und hält ihm fragend das ganze Päckchen gelber Fahrscheine entgegen. Der Mann zögert nicht eine Sekunde und knipst sie gierig auf einen Schlag, die Rache von Angestellten. Als mein früheres Ich protestieren will, hagelt es französische Schimpfworte auf dem Bahnsteig. Dem hatte er nichts entgegenzusetzen, im wahrsten Sinne des Wortes, und ich sehe, wie er dort und dann beschließt, so gut Französisch zu lernen, daß er im gleichen Ton zurückschreien kann. Das hat mir später viel Spaß gemacht.

Alte Fotos, immer derselbe Junge, derselbe Mann, die Gesichter darauf sind zwar erkennbar, aber nicht mehr als Gesichter im Spiegel erinnerbar, als jemand, der »ich« dachte, wenn er dieses Gesicht sah. Schuhe mit dicken Sohlen, dünnen Sohlen, Boots, spitze italienische Schuhe, Wildleder. Hosen mit Aufschlag, und dann ohne, und dann ganz schmal, und dann wieder mit Aufschlag, und dann wieder weit. Kurze Haare, Frisur ohne Scheitel, lange Haare, sehr lange Haare, zum Glück noch Haare. Kein Rucksack mehr, ein Koffer. Mehr

Pariser Tage: Der Autor bei einer Demonstration
im Mai 1968

Fleisch. Mehr Falten. Ein Motorroller. Ein 2 CV. Ein Mini. Ein Renault. Ein Volvo. Jemand Schwarzhaariges neben ihm, jemand Blondhaariges. Eine Irre mit Schnürschuhen. Jemand Namenloses, Name verloren in der großen weggeworfenen Namenskartei. Der Krieg in Vietnam – der französische. Die Niederlage in Diên Biên Phu. Paris in Trauer. Der Krieg in Algerien. Folterungen, Demonstrationen. Streiks, Wahlen, ich sehe ihn durch all dies gehen. Da sitzt er, picobello gekleidet, auf einem goldenen Stuhl im Élysée-Palast bei einer Pressekonferenz de Gaulles und erlebt es als Geschichte. Ein Parteitag der Sozialisten – Guy Mollet spricht. Auch er bereits tot. Und wieder Streiks, wieder Demonstrationen, wieder Wahlen. Die OAS. Terror, Bombenanschläge, blaue Überfallwagen an allen Straßenecken, oder war das schon immer so? Das rüde Auftreten der CRS bei einer Identitätskontrolle. Und dann der Mai '68. Das Unzerbrechliche schien zu zerbrechen und zerbrach doch nicht. Nicht, weil de Gaulle es nicht wollte, sondern weil die Kommunisten es nicht wollten. Die Gesellschaft, die dort, damals, für einen Moment in Erscheinung trat, war das letzte, was Kommunisten damals wollten oder heute wollen würden. Ungeachtet dessen, was sie sagen, oder, besser ausgedrückt: was sie lügen.

All diese Menschen, die »ich« schrieben, wenn sie über diese Dinge schrieben, habe ich, wieder einmal, nach Paris mitgenommen. Wir sitzen hier alle gemeinsam an diesem Tisch und schreiben diesen Text, irgendwo in einem Zimmer im fünften Arrondissement, an dem alle diese früheren Ichs so oft vorbeigegangen sind, ohne zu wissen, daß sie hier einmal wohnen würden. Wenn ich aufhöre zu tippen, verteilen sie sich im Haus. Einer liegt auf dem Sofa und liest, *Les blocnotes* von François Mauriac auf der letzten Seite des *l'Express*. Mauriac ist tot, und aus *l'Express* ist ein Magazin geworden. Einer ist in den Kings Club (gibt's nicht mehr) tanzen gegangen, und einer kauft etwas zu essen auf dem Markt in Les Halles (dem Erdboden gleichgemacht). Einer trinkt einen Aperitif im Royal St. Germain (heute das Drugstore), und ein anderer geht mit einem Freund, der nicht mehr lebt, an der Seine spazieren. Die Zeit heilt alle Wunden, und die Erinnerung kratzt sie wieder auf. Aber die Zeit existiert nicht, es sei denn, um zu verschwinden, und die Erinnerung schiebt den Fuß in die Tür.

Noch einmal zur Zeit und zur Erinnerung. Denn wenn für manche die Erinnerung die *Arbeit* ist, die die verlorene Zeit zurückholen und bewahren soll, dann ist für andere, die im Gegensatz dazu die Zeit oder bestimmte Zeiten *nicht* bewahren wollen, die Erinnerung der große Feind. Denn wie kann die Zeit Wunden heilen, wenn die Erinnerung sie wieder aufkratzt? Ein schönes Beispiel dafür gab es gestern (11. Oktober): eine Debatte im Fernsehen zwischen alten Herren, müden Helden, ehemaligen Widerstandskämpfern. Der Anlaß dazu ist ein Film über den legendären Jean Moulin, vom Namen her zu vergleichen mit unserem Gerrit van Veen*, obwohl er eine völlig andere Funktion hatte.

* Gerrit van Veen (1902-1944), niederländischer Bildhauer, der von den Deutschen zum Tode verurteilt und erschossen wurde. (Anm. d. Ü.)

Während des Krieges kämpften in den Niederlanden Evangelisch-Reformierte und Kommunisten aufgrund sehr unterschiedlicher Überzeugungen für dasselbe Ziel. Heute sehen sie sich meist nur noch bei Beerdigungen, und für einen Moment vereint der Tod eines gerade verstorbenen ehemaligen Mitstreiters eine Reihe von Menschen, die nach dem Krieg gesellschaftlich und politisch wieder völlig unterschiedliche, oft feindliche Wege eingeschlagen haben. Hier ist es offensichtlich genauso. Einer der Herren, Henri Frenay, hat ein Buch geschrieben, in dem er behauptet, Moulin sei de Gaulle gegenüber nicht so loyal gewesen, wie jeder denke, sondern habe ein viel weiter gestecktes, moskauorientiertes Ideal verfolgt – im Grunde habe er verhindern wollen (er wurde vor Kriegsende gefoltert und getötet), daß de Gaulle im Nachkriegsfrankreich an die Macht käme. Die Wogen der Erregung schlagen hoch, und die Herren schießen scharf. Briefe, die bislang niemand lesen durfte, werden aus Innentaschen hervorgeholt, einer nach dem anderen fällt über den Verfasser des Buches her, bezichtigt ihn des Verrats, der Treulosigkeit gegenüber dem Toten, der Geschichtsfälschung – und das alles mit einer derart tödlichen Eloquenz, daß man meinen könnte, die ganze Debatte sei von einem Großmeister als Fernsehdrama geschrieben worden. Franzosen sprechen so, wie sie Auto fahren, das fällt bei allen Fernsehdebatten auf: mit Vollgas drauflos, und zwar solange, bis man ganz genau weiß, daß der andere nicht ausweicht – erst dann wird gebremst. Ich sitze wie gebannt vor dem Fernseher. Auch hier wird Vergangenes und Vergessenes wieder ausgegraben, was jeder als sein persönliches Eigentum betrachtet und, mit der Waffe der eigenen Erinnerung in der Hand, zurückerobern will. Acht Männer sitzen da, jeder in einem für die anderen unsichtbaren, selbstgefertigten *Bild* der Vergangenheit, das sich nicht mit dem Bild deckt, das die anderen von denselben Jahren haben – und gerade mit dem gemeinsamen (»Wir haben da zusammen gekämpft, aber ...«, oder: »Ich kenne Henri schon seit vierzig Jahren, und wir sind immer ..., aber ...«), und nach dem *aber*... folgt eine neue Litanei der Verbitterung und Enttäuschung, bis sich der Älteste zur Kamera dreht und die »Helden ohne Rang und Namen«, die sich jetzt ihre ehemaligen Anführer ansehen, um Verzeihung bittet, Verzeihung für die unwürdige Scharade, die sie da aufführen. Nein, wenn die Erinnerung sie aufkratzt, heilt die Zeit nicht alle Wunden.

Wie extrem förmlich die Franzosen im Fernsehen sind! In einer ebenfalls hitzigen Debatte zwischen Wirtschaftsexperten, von denen jeder ein Buch geschrieben hat, in dem er die Theorien der anderen zerfetzt, spricht der (gewitzte) kommunistische Senator den (boshaften und sehr gewitzten) gaullistischen Präsidenten der Nationalversammlung, Edgar Faure, stets mit »Monsieur le Président« an. An sich nicht weiter verwunderlich, doch die musikalisch anmutende Schönheit, mit der dieser servile Einwurf im wahrsten Sinne des Wortes immer wieder eingeworfen wird, ist bewundernswert. Förmlich, ja, und hierarchisch, und voller Ehrerbietung vor Institutionen und Obrigkeit. So sitzt Faure denn auch etwas abseits vom Gewühl, eine onkelhafte, maliziöse Schildkröte auf einer unsichtbaren kleinen Insel der Macht, die wahrscheinlich gewaltige Körpermasse eingemauert in einen doppelten Panzer. Der Kopf ist weiß und sehr kahl wie eine massive Kugel, die Augen hinter der ebenfalls panzerähnlichen Brille halten die Runde scharf im Auge, und wenn der Mund spricht, verstummen die anderen Münder. Den gleichen Formalismus, die gleiche Ehrfurcht vor Macht und Autorität erlebt man auch bei den Nachrichten. Sofern nicht gerade Rom brennt, bekommt man allabendlich Raymond Barre und Giscard d'Estaing vorgesetzt. Sollten die Kommunisten hier je an die Macht kommen, brauchen sie in diesem Punkt gar nicht mal so viel zu ändern: Die Franzosen sind bereits daran gewöhnt! Und auch dann wird der Interviewer zu jedem Oberst noch immer »mon colonel« und zu jedem General »mon général« sagen. Als wären es wirklich *seine*.

Es ist sehr spät in der Nacht und sehr früh am Morgen, die graue Stunde, die nirgendwohin gehört, die Stunde, da man entweder zu Bett hätte gehen oder aufstehen müssen, und ich habe keines von beiden getan. Vor der Notre-Dame ist zu dieser Stunde niemand zu sehen, der Morgenwind wedelt ein wenig durch die toten Blätter hinter der Kirche, und auf dem Gehweg vor dem Haupteingang stehen drei sehr große halluzinierende Abfalleimer. Gott hat den Hausmüll vor die Tür gestellt. Wer wird sich trauen, ihn abzuholen?

Es ist fast November, aber der Sommer will noch nicht wanken und weichen. Ich sitze im Taxi, auf dem Weg zum Tour Montparnasse, um mir Paris bei diesem strahlenden Wetter von oben anzuschauen. Wir biegen um das Champ-de-Mars, und plötzlich steht, hoch zu Roß, wie eine Vision, die Garde Républicaine in vollem Ornat vor uns. Die Sonne fängt sich glitzernd im schimmernden Kupfer der Helme und Kürasse, ein alter Marschall aus dem Osten kommt zu Besuch, und Frankreich führt dieses seine Wirkung nie verfehlende Märchen auf: Prunk, der der Macht Glanz und Nachdruck verleiht. Bis zum Tour Montparnasse steht alle paar Meter ein Gendarm, Polizeiautos und Polizisten auf Motorrädern fahren ständig hin und her, und als ich oben angelangt bin, im angsteinflößenden 58. Stockwerk, sehe ich, daß sich der Polizeikordon bis zu den Stadttoren fortsetzt, durch die Tito kommen muß. Irgendwo unter Frankreich befindet sich noch ein frankreichförmiges Land, in dem nur Polizisten wohnen, die sich mit Polizisten paaren, um neue Polizisten auszubrüten, das Reservoir muß unerschöpflich sein, soviel Polizei gibt es nirgendwo sonst. Ich postiere mich an einem Fernrohr, und indem ich es immer wieder mit einem Francstück füttere, kann ich, Jakhals und Oswald in einer Person, die Ankunft des Marschalls aus unendlicher Höhe beobachten. Die Straßen werden saubergefegt und liegen da wie fremde, tote Dinge, und dann nähert sich, geheimnisvoll still in meinem allesvergrößernden Auge, die lange, schleichende Schlange schwarzer Autos. Als sie in der Nähe des Dôme des Invalides angekommen sind, sehe ich, wie die Garde sich in Bewegung setzt – die Sonne blitzt und glänzt in diesen Bewegungen, als rollten Diamanten über die Straße – und über den Pont

Alexandre in Richtung Élysée-Palast verschwindet. Abends sehe ich den alten Marschall im Fernsehen, schwer und mächtig, aber ein französischer Fotograf zerstört später meine Illusionen: Der letzte der großen Überlebenden, der Urvater aus vergangenen Zeiten, der Churchill, Nehru, de Gaulle und Stalin beerdigt hat, ist leicht geschminkt und hat gefärbtes Haar. *France-Soir* berichtet einige Tage darauf, wie man so alt wird. Tito hält sich zu diesem Zeitpunkt in Eugénie-les-Bains in den Pyrenäen auf, im berühmten Gasthof von Michel Guérard, dem Großmeister der »mageren Küche«. Von einer mageren Küche will der Marschall jedoch nichts wissen. Er verspeist morgens um halb sieben zum Frühstück einen Teller Kohlsuppe, Wurst, gesottenes Fleisch und gebratenes Huhn. Dann um ein Uhr acht bis zehn verschiedene Gerichte, ein wenig Käsegebäck am späten Nachmittag und zum Diner »ein Festival gebundener Suppen«.

In einer Welt, in der man genau weiß (es ist weniger *jemand*, der es weiß, sondern es ist vielmehr gespeichertes Wissen: man weiß), wieviel Quecksilber ein Einwohner von Minnesota durchschnittlich im Jahr aufnimmt, wie hoch die Überlebenschancen eines 69jährigen Bewohners von Urk sind und um wieviel höher die Zahl der Selbstmorde in Ungarn im Vergleich zu Österreich ist, muß es irgendwo auch eine Akte über die Todesstunde des Pariser Hundes geben. Wann tritt sie ein? Manchmal sehe ich sie, die knöchel-, waden- oder kniehohen, mittels einer Lederleine mit ihren Besitzern verbundenen Wesen, wie sie warten, bis die Ampel auf

Grün springt. Ich vermute, daß die durchschnittliche Hundeschnauze sich exakt in Höhe des Auspuffrohrs der meisten Autos befindet. Sie bekommen folglich die volle Ladung ab, und das ist hier, in Paris, die vollste Ladung, die man sich nur vorstellen kann. Hunden sieht man natürlich nie so recht an, wie sie sich fühlen, aber wenn ich mir überlege, wie *ich* mich manchmal fühle, wenn ich einen Tag lang in der Stadt herumgegangen bin, dann kann es nicht berauschend sein. Gut, sie rauchen nicht, und sie rennen auch nicht, wie ihre Herrchen, alle naslang in eine Kneipe, um sich einen *coup de rouge* zu bestellen, aber dafür laufen sie den ganzen Tag ohne Maske in dieser öffentlichen Gaskammer herum, und zudem mit der Nase ganz dicht an der Quelle. Mir hat mal jemand erzählt, warum die Narzissen in Amsterdam am Weteringplantsoen früher blühen als die im Vondelpark: Das kommt von den *warmen* Abgasen. So läßt die Natur sich reinlegen. Aber wie sich diese Brutkastennarzissen fühlen, hat noch nie jemand gefragt. Ich jedenfalls fühle mich in Paris nicht wohl. Ich kann das Herumstreunen nicht lassen, komme abends aber nach Hause, als hätte ich den ganzen Tag in einem Schwefelbergwerk gearbeitet. Man gewöhnt sich daran, sagen die Leute, die hier wohnen. Aber am Ende der Saison sprechen die Pariser nur noch von Urlaub, Bergen, See und Wäldern. Sie begeben sich ausschließlich im Rettungswagen durch den Stadtverkehr oder kriechen auf Händen und Füßen die Stufen zu ihrer Wohnung hinauf, die Polizisten regeln den Verkehr auf Krücken, und der Präsident regiert das Land vom Sauerstoffzelt aus. Es müßte spezielle Fördergelder für

Menschen geben, die bereit sind, in Großstädten zu wohnen. Aber statt dessen ist dort alles teurer.

Hartnäckigkeit ist der Hauptcharakterzug der menschlichen Rasse. Wenn man die Evolution als *Tat* betrachtet, kann man zu keiner anderen Schlußfolgerung gelangen. Ich kann mir nie merken, wie das Universum entstanden ist oder wer es gleich noch mal war, der es geschaffen hat, aber die Willenskraft, die wir bereits besaßen, als wir noch nicht auf der Welt waren, muß angesichts der Tatsache, daß es uns inzwischen gibt, schon gewaltig gewesen sein. Schließlich hat niemand auf uns gewartet: In einem Universum ohne Menschen gab es keinen Menschen, der uns hätte vermissen können – genausowenig wie es demnächst im Weltall irgend jemanden geben wird, der an uns denkt, wenn wir es nach Gebrauch leer zurücklassen.

Nirgendwo ist diese Hartnäckigkeit, am Leben bleiben zu wollen, besser zu erkennen als in einer Großstadt. Auf dem Land oder an der Küste hat schließlich alles noch den Anschein von Selbstverständlichkeit – die Sonne geht auf, der Hahn kräht, der Bauer steht auf, der Jäger nimmt sein Gewehr, der Fischer fährt hinaus, und abends wird gegessen. Wenn dagegen in der Stadt eines deutlich wird, dann ist es die »Vereigentümlichung« des menschlichen Lebens. Denn wenn man abends zur Hauptverkehrszeit in der Metro diese malträtierten, gequälten, müden, blassen Gesichter sieht, dann kostet es Mühe, in ihnen jenes atavistische Phänomen wiederzuerkennen: ein Mensch, der morgens das Haus verlassen hat, um für sich oder seine Familie Brot zu beschaffen.

Huren, Lehrer, Priester und Leute, die in den Höhlen der Metro Flöte spielen, haben noch ein mehr oder weniger deutlich umrissenes Dasein, doch das Leben der meisten anderen Menschen kommt mir – und anscheinend auch ihnen selbst – unaussprechlich geheimnisvoll vor. Das Bewachen steinerner Pfeilspitzen aus dem Pleistozän, das Trällern eines Werbeslogans für wieder ein neues gräßliches Waschmittel, das Knipsen von Sexfotos mit mehr als drei unattraktiven Personen gleichzeitig, das Am-Leben-Erhalten Toter, das Schminken von Hunden, das Anbringen von Plastikschildern sowie ganz allgemein das Erfinden, Entwerfen, Herstellen und Verkaufen völlig unnützer Gegenstände – all diese Dinge, die vor allem in Großstädten vonstatten gehen und so unendlich weit entfernt von der Idee *Brot* sind, obwohl die Betroffenen trotzdem ihr Brot damit verdienen müssen, sind schuld daran, daß manche Menschen das Leben in Großstädten als unmenschlich bezeichnen. Das riecht nach Moralismus, sagt mein Freund, der Statistiker, aber er muß doch zugeben, daß immer weniger Brot gegessen wird. Nicht nur, daß das auf Umwegen meine These untermauert – aber was sollen die Bäcker demnächst tun?

Magst du Großstädte denn nicht, fragt jemand, der bei mir vorbeischaut und dies liest. Ich liebe Großstädte leidenschaftlich. Darum kann ich sie manchmal so schlecht ertragen.

Auf Dörfern, auf ländlichen Gebieten in alten Ländern wie Frankreich (Unsinn, alle Länder sind gleich alt!

Stimmt das?) lastet die allgemeine Menschheitsgeschichte, Zeit ohne Namen und Jahreszahlen, die große Geschichte des Säens, Jagens, Erntens, der Jahreszeiten, die Geschichten von Lebenden und Toten. Auf Städten wie dieser (Paris) lastet die *spezifische* Geschichte: Namen, Jahreszahlen. Mit fast allem ist eine deutliche Erinnerung verbunden: Der und der hat dies und das getan, dies hat dem gehört, das hat jener getan, der wurde dort verurteilt, jener erbaute dies, und der starb da. Es gibt Tage, an denen das erstickender ist als Auspuffgase.

Die Art und Weise, wie Frauen in der Metro oder in Bussen eine andere Frau anschauen, die gerade einsteigt. Sie mustern sie von oben bis unten und starren dann noch eine Zeitlang auf einen einzigen Punkt, die Hände, das Gesicht, einen Gürtel oder die Schuhe. Wenn die andere den Blick erwidert, wendet die erste den Kopf ab. So sehen sich Männer nicht an. Manchmal ist es so intensiv, daß ich selbst, peinlich berührt, nicht weiter hinschauen kann.

Großstädte: all diese Opfer ohne Verbrechen. Penner, Leute, die ständig vor sich hin murmeln, Clochards – Menschen, so verschieden, daß die Welt ihnen eins geworden ist. Jeden Tag taucht in der Eckkneipe eine etwa fünfzigjährige Frau auf, die aussieht wie hundert oder eine hundertjährige Frau, die aussieht wie fünfzig, das läßt sich nicht mehr feststellen. Sie schwankt etwas, ihr spärliches Haar ist blond gefärbt, sie ist sehr sorgfältig, aber etwas albern geschminkt, und sie bestellt ihre vielen Kognaks mit hoher Kinderstimme. Und jeden Tag trägt sie einen frischen Verband um die Handgelenke.

Manchmal, wenn ich an der Sorbonne oder am Théâtre de l'Odéon vorbeigehe, kann ich mir kaum noch vorstellen, daß ich hier den Mai 1968 miterlebt habe – die Menschenmassen, die Spannung, die Transparente, den Humor, die Hoffnungen und die enttäuschten Hoffnungen. Eine gewaltige Welle des Widerstands gegen eine rigide, veraltete zentralistische Gesellschaft hatte sich an der Macht und der Angst ebendieser veralteten Strukturen totgelaufen. Der Widerstand war spontan, idealistisch, geistreich und naiv. Er hatte ein allzu menschliches Gesicht, daher versprachen sich die Kommunisten auch nichts davon. Wo ist diese Generation geblieben?

1968 schrieb ich: »Gut, Abschied von den wilden Tagen, die Revolte begibt sich in den Brutkasten und wir uns ins Wartezimmer.« Aber mir fällt der Abschied davon noch nicht leicht. Man wird gefragt: »Aber was war daran denn so besonders?« und das Besondere war, weiß ich heute, daß ich nicht nur bei so vielen anderen, sondern auch bei mir selbst ein Heimweh verspüre, nicht nach Barrikaden oder Polizeiangriffen, nicht nach ellenlangen Erklärungen und politischen Schikanen, nicht nach der Aufregung der Aufregung, nach den selbst miterlebten Nachrichten oder der in Erfüllung gegangenen Unheilsprophezeiung, sondern nach diesem seltsamen, unerklärlichen Prickeln in der Luft, der fast greifbaren Erwartung, der totalen, rührenden Offenheit aller gegen alle, der Mischung aus Hoffnung, Naivität,

Taktik und Ehrlichkeit, alldem, was jetzt, da die Welt wieder aussieht wie die Welt, unsichtbar geworden ist. Wer »diese Bewegung« erlebt hat, weiß, daß sie das nicht verdient hat. Sie hat nicht nur begonnen, ein Unheilszeichen an die Wand des Élysée-Palasts und der technologischen Gesellschaft zu malen und danach wieder in einen schweigenden Sumpf des Abwartens zurückzusinken, bis es der Geschichte behagt, ihren Aposteln recht zu geben in ihrer Forderung nach einer möglichen Gesellschaft.

Und heute? Die meisten, die damals debattierten und auf den Straßen kämpften und sangen, sind mit einem Kater in der Anonymität verschwunden. Wer sucht, kann sie auf Anzeigen wiederfinden, am Strand eines Club Méditerranée, auf Martinique, in einer Kommune oder in den verschossenen Uniformen nicht existierender Armeen, in irgendeinem solitären Arkadien, beim Yoga oder einfach in irgendeinem Büro... Das System, das besteht, um das System fortbestehen zu lassen, hatte gewonnen. Andere haben sich aus Verbitterung, Verzweiflung und Haß radikalisiert. Der Terrorismus der siebziger Jahre kommt nicht von ungefähr. Und die gesprächigeren Mitglieder dieser fließenden Gemeinschaft, die der Mai '68 war, wie etwa die »neuen Philosophen«, haben sich von ihren hochfliegenden maoistischen Ideen abgewandt und ihr Mißtrauen gegen die etablierte Macht in einem Mißtrauen gegen *jede* Macht institutionalisiert, die sich etablieren könnte, da jede Macht und jede Ordnung in eine absolute Macht mit einem Bedürfnis nach absoluter Ordnung ausarten, in der diejenigen, die wir oder die sich selbst dazu berufen haben, es gut mit uns zu meinen, uns das Gute zwingend verordnen werden, notfalls bis zum bitteren Ende. So sieht es also, sofern es sichtbar ist, inzwischen aus. Asphalt auf den Straßen, die früher gepflastert waren, so daß niemand mehr Pflastersteine ausgraben kann, um sie auf irgendwen oder irgendwas zu schleudern. Und noch immer sieht man in diesem Staat, in dem so mancher Bewohner nicht eben wenig am deutschen Staat auszusetzen hat, an allen Straßenecken des Quartier Latin – und nicht nur dort – Busse und Überfallwagen voller Polizei und überall postierte Polizisten verschiedenerlei Art auf den Gehwegen. Alte Zeiten, neue Zeiten. Nur daß die Polizeiautos nicht mehr blau sind, sondern grau. Dahinter wird wohl ein Psychologe stekken.

Oktober 1977

PARISER TAGE II

Dunkle, dumpfe Schläge reißen mich aus einem ohnehin nicht besonders fröhlichen Traum. Eine Totenglocke läutet, aber ich weiß noch nicht, ob sie zu dem Traum oder zum Tag gehört – in diesem Niemandsland stehen keine Grenzwächter. In meinem Bett im dunklen Zimmer stelle ich mir vor, daß irgendwo draußen eine Sanduhr steht, so groß wie eine Kathedrale. Das bronzene, sich stets wiederholende Geräusch ist das Fallen ungeheuer großer bronzener Sandkörner, eines nach dem anderen. Mit jedem Schlag brechen sie ein kleines Stück von der Zeit ab, und nur Narren glauben, davon gäbe es noch genug.

Das Läuten dauert sehr lange, es erfüllt die Straßen, die Plätze, die Häuser, die Flure, die Zimmer. Es kommt von der Notre-Dame, in deren Nähe ich wohne, und es ruft auf zum Gedenken der Toten. Wir haben den ersten November, zum erstenmal ist es kalt, der Wind rennt im Regenmantel durch die Straßen. In der Kirche ist es voll, das Kirchenvolk, diese austauschbare, immergleiche Menge wie vor zwei-, fünf- und siebenhundert Jahren, füllt den Raum unter den hohen Bögen, singt, betet und gedenkt der Entschwundenen. Der Kardinal besteigt die Kanzel. Er ist gerade aus Rom zurückgekommen und grüßt das Volk im Namen des Papstes. Uralte Bräuche sind hier im Schwange, ich habe das Gefühl, eine Zeitreise zu machen, aber so ist es nun mal, wenn solche Gebäude noch stehen, und schon gar, wenn man sie betritt.

Am Tage des Todes haben die Lebenden etwas Wuselndes an sich. Ein anderes Wort dafür fällt mir nicht ein. Sie wuseln auf Plätzen und Straßen herum, machen sich, große Sträuße vergänglicher Chrysanthemen unter die noch lebenden Arme geklemmt, auf den Weg zu den Gräbern verstorbener Vorfahren. Ich selbst habe hier niemanden liegen, doch für mich ist ein Friedhof genauso reizvoll wie für andere ein Nachtclub oder ein Fußballplatz, daher nehme ich die Metro bis zur Station Père Lachaise. Wie schön Atavismen doch sind! Man baut dunkle Tunnel unter der Erde, man läßt Tausende von Zügen hindurchjagen, darüber läßt man Millionen Menschen in Steinblocks wohnen, man taucht sie in die Medien, macht eine Masse aus ihnen, und trotzdem steigen sie auf ihren menschlichen Beinen die Treppen ihrer Häuser hinunter, lassen sich mechanisch befördern, um irgendwo inmitten dieser Steinwüste den *Totenacker* zu besuchen, wo sich an diesem Tag, wie vorhin in der Kathedrale, uralte Rituale abspielen. Witwen kratzen die Gräber frei, hochbetagte Kinder vernichten das Unkraut rund um Vaters fast eingestürzten Grabstein, einsame Männer stellen weiße Blumen in einer Vichy-Plastikflasche, deren Hals sie abgeschnitten haben, auf das Grab ihrer entschwundenen Geliebten, es wird gemurmelt, gehackt, geweint und der Toten gedacht. Der Friedhof ist unendlich groß, ich habe eine Karte gekauft, auf der steht, wer wo liegt, und habe mir eine Route zusammengestellt: Balzac, Nerval, Proust, Eluard.

Was treibt Menschen dazu, sich selbst solch schauderhafte Mordsbrocken *real estate* errichten zu lassen? Je größer das Monument, um so toter derjenige, der darin liegt. All die armen Duponts, die glaubten, sie könnten dem Tod auch nur einen Millimeter abringen, indem sie einen Wolkenkratzer aus Quadersteinen für ihre Gebeine errichten ließen, wie sind sie doch angeschmiert! Der Samt des Betstuhls angeschimmelt, das eiserne Tor verrostet, die Plastikblumen herausgefallen, das Emailbild gesprungen, auf diese Weise wird man viermal so tot und dadurch viel toter als ein anonym Beerdigter. Der eisige Wind rüttelt an den Gittern, pfeift in den Ritzen der Gräber, bläst die Blütenblätter von den Blumen wie Konfetti.

Die Bestsellerliste des Todes wird von Balzac angeführt: Er hat vier Chrysanthemensträuße und zwei brennende Kerzen. Proust muß sich mit zwei schlichten rostfarbenen Asternsträußchen begnügen. Gérard de Nerval mit einem ganz kleinen, rührenden Sträußchen blauer Blumen. Balzac und Nerval liegen sich schräg gegenüber an einer schmalen Straße, für Proust muß man, ebenso wie für die Piaf, den Weg verlassen – ohne die Landkarte dieses Totenreichs würde man sein Grab nicht finden. Als ich davorstehe, weiß ich nicht recht, was ich denken soll. Natürlich ist es verwirrend – denn unter dem Schein einer Anwesenheit (da *steht* ein Name, da *liegt* ein Toter) bekundet ein Grab natürlich ausdrücklich jemandes Abwesenheit: Proust *ist* nicht mehr, folglich ist er auch hier nicht. Und dennoch, die konkrete schwarze marmorne *Form* dieses Grabes erzeugt für einen Moment die Illusion, man befände sich in seiner Gegenwart, in seiner *Nähe*, wohingegen er mir natürlich viel näher ist, wenn ich ihn lese. Trotzdem drängt sich das Gefühl, daß dieser schwarzglänzende Sarkophag bis zum Rand mit geballter Zeit gefüllt ist, weiter auf, wiedergefundene Zeit, die der Schriftsteller von der verlorenen Zeit zurückerobert hat, ein Paket, ein Volumen an Zeit, das er der Welt in Worten hinterlassen hat, Zeit, die für jeden existiert, der ihn liest. Sein Bruder, sein Vater, seine Mutter liegen bei ihm im Grab, und es ist unaussprechlich geheimnisvoll – zwischen den Tausenden und Abertausenden Toter, die hier liegen, sind dies die einzigen Toten, die ich *kenne*, und das auch nur, weil ihr Leben zweimal bestanden hat, einmal gelebt und einmal beschrieben. Zum erstenmal verstehe ich die tatsächliche (nicht karrieristische) Bedeutung des Ausdrucks »sich einen Namen machen«. Wenn Proust nicht geschrieben hätte, dann wären diese vier Namen Laute ohne Sinn für mich gewesen, wäre ich hier gedankenlos vorbeigegangen, hätte ich diesen Laut allenfalls für einen Moment durch meine Augen ziehen lassen. Am Grab bildet sich eine kleine Gruppe, und für kurze Zeit bleiben wir alle, herbeigewehte Fremdlinge, so stehen: eine kleine Brüderschaft in einer leicht verschmitzten Stille, Menschen, die einander nichts zu sagen haben und doch etwas voneinander wissen.

Bei der Piaf geht es anders zu. Das Grab liegt ebenfalls etwas abseits, nicht an einem Weg, was bedeutet, daß es zwischen den angrenzenden Gräbern ständig zu einem Stau kommt. Eine große Gruppe hat sich gebildet, so als

Marcel PROUST
1871 · 1922

stünden sie noch nach Eintrittskarten an. Was wollen die, denkt man dann – dieser Spatz wird nie wieder seinen Kummer hinausschreien –, aber als man näher kommt, sieht man, was sie wollen: schauen, starren, in der Nähe sein, berühren, auf etwas warten, wovon sie wissen, daß es nicht geschehen wird. Das Grab selbst ist eines dieser ziemlich hohen, aus Quadersteinen errichteten Dinger, die man auf allen französischen Friedhöfen findet, ein normales Grab für jemanden aus dem Volk. Darauf sind zwei von diesen Emailfotos zu sehen (wenn Fotos sterben, verwandeln sie sich in Email), auf denen sie und ihr jugendlicher Geliebter abgebildet sind, der ihr ins Totenreich nacheilte. Eine alte Frau schlägt ein paarmal mit der flachen Hand gegen den Stein, ein Mädchen trocknet seine Tränen, *was bedeuten diese Dinge?*

Das schönste Grab auf dem Père Lachaise ist das von Victor Noir. Ich hatte noch nie von ihm gehört, habe das freilich nachträglich korrigiert. Sein Sarkophag (auf dem er liegt) befindet sich wieder an einem Hauptweg, zwei Deutsche filmen hier und verursachen einen großen Stau. Ein schönes Bild: Der Tote liegt zu Boden geschmettert da, in Bronze. Infolge vieler heidnischer Berührungen glänzt seine Gestalt an drei Stellen in greller Kupferglut – an den beiden Schuhspitzen und an der sehr naturalistisch ausgeführten Beule an seiner Hose. Michel Dansel, der Verfasser des Buchs *Au Père Lachaise*, das sich jeder Liebhaber von Friedhöfen, jeder an Nekrophilie Leidende und jeder sonstige Totenkopfschwärmer unbedingt zulegen muß, spricht hier von »la

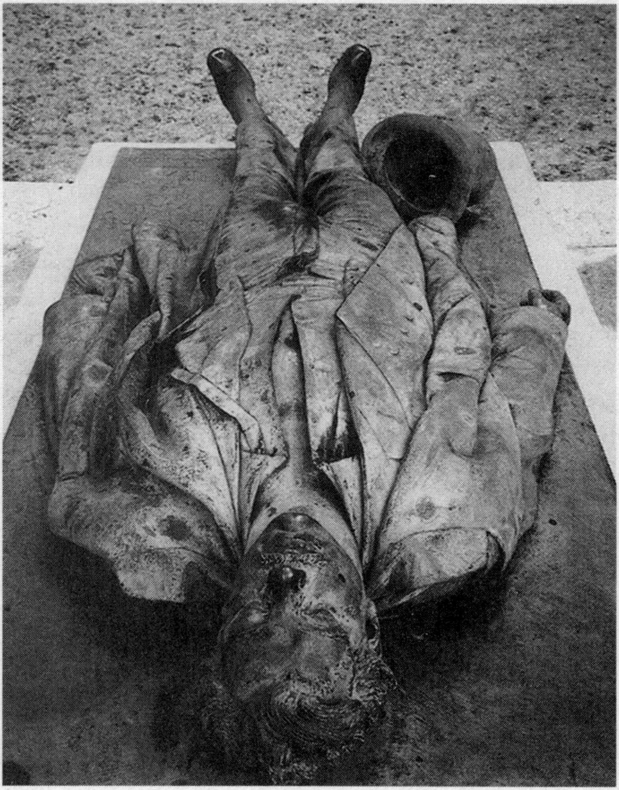

Jules Aimé Dalou (1838–1902), Grabmal von Victor Noir

proéminence de son pantalon«. Nur der große Zeh des heiligen Petrus im Petersdom glänzt genauso schön durch all die Küsse und all das Gestreichel, und der befindet sich drinnen. Tausende von Mädchenhänden und Frauenmündern müssen hier am Werk gewesen sein, bei dieser letzten Fruchtbarkeitsfigur der westlichen Welt. Der republikanische Pamphletist Pascal Grousset lebte in einer politischen Fehde mit einem Cousin Napoléons III., Prinz Pierre Bonaparte. Er schickte zwei Sekundanten zum Prinzen, der prompt einen von ihnen erschoß, den zweiundzwanzigjährigen Journalisten der *Marseillaise*, Victor Noir. Die Empörung war groß, das Volk böse, Victor Hugo kam zur Beerdigung, Noir aber war tot und liegt da nun für alle Zeiten als hingestreckte Männlichkeit in Bronze, mit totem Hut und totem Spazierstock, dahingerafft in der Blüte seiner Jahre. Manchmal wird er noch in schwülen Sommernächten von berauschten Bacchantinnen bestiegen, aber wenn man tot ist, hat man nicht mehr viel davon.

Es beginnt zu regnen, die Gräber werden gewaschen, Blumen begossen. Regenschirme öffnen sich, die Menschen gleichen schwarzen Engeln. Die Karte des Totenlands ist durchweicht, ich gehe jetzt einfach auf gut Glück einen breiten Weg entlang, der nach unten, zu einer Ecke führt, an der viele rote Blumen liegen. Dort liegt der Dichter Eluard zwischen den Gräbern kommunistischer Größen wie Duclos und Thorez. Auch die Mahnmale für die Opfer der Konzentrationslager befinden sich dort, jeder Name darauf wiegt Kilos an Leid, die Lebenden machen sich zwischen den toten Namen mit Blumen und mit Gedanken zu schaffen. Die Witwe des kommunistischen Transportministers (Frankreich *hatte* bereits einmal eine Regierung mit kommunistischer Beteiligung) jätet die Erde auf seinem Grab. Daneben liegen sechs Mitglieder des Zentralkomitees der Partei, alles Männer. Leben ihre Frauen denn noch alle oder dürfen sie hier nicht liegen? Ich gehe den kleinen Waldweg hinunter zur Mur des Fédérés, an der die letzten 147 Angehörigen der Pariser Kommune im Mai 1871 erschossen wurden. Feuerrote Blumen, feuerrote Kränze. Während ich hier im Regen entlanggehe, denke ich, daß das Gedenken Toter etwas Verzweifeltes hat. Was ist es denn nun im Grunde? Für wen sind diese Blumen? Die Lebenden, die diese Blumen niederlegen, sind die einzigen, die sie sehen – und sie wissen es auch. Trotzdem müssen sie niedergelegt werden, auf das Nichts. Ich sehe, wie ein alter Mann auf die Mauer zugeht, einen kleinen Strauß auf die Erde legt, ihn etwas zurechtrückt. Keinen einzigen dieser Toten kann er gekannt haben, warum legt er hier Blumen hin? Wegen ihres Mutes, ihres tragischen Schicksals, für sich selbst, seine Ideen? Ich denke, es ist anders; was wir auch »oben« denken mögen – in uns, tief unten in längst vergessenen Minen, leben Menschen, die glauben, daß es den Tod nicht gibt. Unsinn, ich werde leugnen, dies je geschrieben zu haben, ich glaube es selbst nicht. Und dennoch habe ich bei vielen Beerdigungen mich ähnlich sinnlos gebärdet und immer das Gefühl gehabt, etwas zu *tun*. Aber was? Trauern und gedenken, sagt der Verstand. Aber warum dann immer dieses schreckliche Gefühl des Verrats, wenn man durch das Friedhofstor hinausgeht und den Toten allein läßt in seiner Grube zwischen den anderen Toten?

Eine der liebsten Erfindungen der Franzosen ist das Kleinformat. Le petit marc, le petit cognac, le petit calva. Die Gläser sind so klein, daß man meinen könnte, sie stammen aus einem Puppenhaus. Häufig haben sie einen ganz feinen Goldrand. Sie werden mit großem Ernst so eingeschenkt, daß das Auge glaubt, der Inhalt sei höher als das Glas. Ich bin vor dem Regen in die Kneipe neben dem Friedhof geflüchtet und starre im Spiegel auf meine verregnete, aber lebende Gestalt, die dieses winzige Gläschen anhebt, mir zuprostet und es leert. Wir leben, also haben wir etwas zu feiern. Ich mag mich, wie ich da stehe, ein Bursche im nassen Regenmantel zwischen anderen lebenden Burschen in nassen Regenmänteln. Bald liegen auch wir unter den Lilien, jetzt aber stehen wir in einer französischen Kneipe, und wir stehen nicht schlecht. Darauf noch einen, heute ist Feiern angesagt, und nicht nur eine Feier für die Seelen. Und außerdem – Leben ist auch nicht so leicht. Wer *en première ligne* auf dem Père Lachaise beerdigt werden will, also sozusagen zur Straße hinaus, der muß 14 286,71 Francs bezahlen. Dafür darf man einen flachen Stein auf den Boden legen – bei allem, was man darauf errichtet, Engel, Häuser, Kreuze oder Standbilder, muß man für jeweils zehn Zentimeter Höhe draufzahlen. Zwischen 1804 und 1972 wurden über 900 000 Tote auf dem Père Lachaise beigesetzt. Wenn die sich alle aus dem Grab erheben, dann haben die Restaurants einen guten Tag. Auf dem Friedhof rauschen 12 000

Bäume, darunter Zypressen, Platanen und schwarze Nußbäume. Fasane, Wachteln und fünf seltene Enten haben sich hier ebenfalls häuslich eingerichtet, und das Ganze wird verwaltet von einem Konservator, einem Regisseur – was immer das heißen mag –, fünf Verwaltungsangestellten, zwei Polizeihauptwachtmeistern, zwei Polizeiwachtmeistern, einunddreißig Aufsehern, zwei Obertotengräbern und einundzwanzig gewöhnlichen Totengräbern. Nach dreißig Jahren ist die Ewigkeit für die meisten Toten vorbei, es sei denn, die Lebenden sind bereit, noch einmal zu zahlen. Kaum liegt man bequem, muß man schon wieder weg.

Von Niederländern bekommt man immer zu hören, das niederländische Fernsehen sei schlecht, von Franzosen bekommt man folgerichtig zu hören, das französische Fernsehen sei schlecht. Wahrscheinlich ist das ein *Gesetz*: Alle Bewohner aller Länder sind unzufrieden mit ihrem eigenen Fernsehen. Selbst schuld, sie brauchen ja nicht zu gucken. Tatsache ist aber, daß ich, der ich in den Niederlanden so gut wie nie fernsehe, hier jeden Tag wie der Pawlowsche Hund sabbernd zum Apparat eile, sobald ich die Erkennungsmelodie der Nachrichtensendung bei den Nachbarn höre. Es *ist* aber auch ein perfider elektronischer Klang, man muß ihm einfach folgen. Die Nachrichten selbst sind viel besser, knapp und wirkungsvoll. Man hat nicht nur das Gefühl, daß gleiche zu einem sprechen und nicht brave Realschüler, sondern denkt auch, daß man mit den Leuten, die sie präsentieren, gern über die Nachrichten diskutieren würde, *weil* man das Gefühl hat, sie begreifen die Tragweite dessen, was sie da sagen, auch wirklich, keiner hat es ihnen aufgeschrieben, der gerade mal um eine Spur gebildeter ist als sie selbst. Und dabei weiß man genau, daß man dieselben Bilder im Verlaufe des Abends nicht *noch* ein- oder zweimal in einer der Nachrichtensendungen sehen wird, mit denen das niederländische Fernsehen so reich gesegnet ist. Obwohl die französischen Nachrichten eine halbe Stunde dauern, scheint es ihnen zu gelingen, darin die gesamte politische Situation des Tages zu verpacken. Französische Freunde sagen, die Opposition komme viel zuwenig zu Wort, und wenn ich auch kein besonders großes Vertrauen in die demokratischen Instinkte mancher französischer Politiker habe, so glaube ich doch, daß die Opposition nicht schlecht wegkommt. Ich habe nie mit der Stoppuhr vor dem Bildschirm gesessen, aber ich habe (wir schreiben jetzt Dezember 1977) in den vergangenen Wochen viele Kommunisten und Sozialisten gehört und gesehen, die erklärten, warum sie keine weitere Zusammenarbeit mehr wünschten. Meist waren dies außerordentlich scharfe und brillante Debatten, und auch darin zeigt sich die völlig andere Auffassung von Nachrichten als *Programm*: Der Nachrichtensprecher ist selber wer, debattiert mit, zieht einen Experten hinzu, hat, kurz gesagt, eine Nachrichtenshow: Nachrichten sind, zu Recht oder zu Unrecht, Unterhaltung. Dagegen kann man zwar sein, aber dann muß man *Le Monde* lesen oder, besser gesagt, dann muß man auch *Le Monde* lesen. Alles, was auf dem Bildschirm erscheint, ist per definitionem eine *Form* von Amüsement, auch die Information. Und wenn man von diesem Standpunkt ausgeht, kann man seine Rolle als Informant erheblich besser erfüllen.

Wenn Franzosen ihre besten Eigenschaften kombinieren – über das Essen meckern und über die Politik meckern –, dann wird es richtig gemütlich. Die Regierung hat sich an den Preis für Croissants gewagt, und jetzt wollen die Bäcker keine mehr backen. In einem solchen Moment wird das Croissant zu einer Persönlichkeit der Gegenwartsgeschichte und erscheint in den Nachrichten. Im gleichen todernsten Ton, in dem über Mitterand und Giscard gesprochen wird, geht jetzt dieses kleine Backwerk über die Zunge und über den Bildschirm. Zunächst das Ding an sich: Wie es in schwarzer Nacht im Hause des Bäckers geboren wird. Dann der Erschaffer: tiefsinnige Gespräche mit Bäckern aus Stadt und Land. Nun ist das Croissant Mensch geworden, und man kann über sein Schicksal und seine Beziehungen sprechen, seinen Vater, den Bäcker, und all die Gläubigen, die es morgens konsumieren, weil sie den Tag sonst nicht beginnen können. Wer das Croissant auf diese Weise zur Nachricht erhebt, *weiß*, daß jeder Franzose sich davon höchstpersönlich betroffen fühlt, und auch der Premierminister weiß das und erscheint folglich selbst auf dem Bildschirm, um dem Volk seine Politik zu erklären, und auch er tut das in einem Ton, als hätte er sich für einen neuen Versailler Vertrag zu verantworten. Hier sind Politik, Alltagsleben und Wirtschaft miteinander verflochten, und im Fernsehen geht es nicht nur um Begriffe und Prinzipien, sondern auch um *Dinge*, erkennbare Gegenstände. Einige Tage darauf geht es um Fleisch und Fisch: Die Kameras stürzen sich in die Läden, die freundlichen Gesichtszüge eines Kalbssteaks werden auf dem Bildschirm sichtbar, das *Ding* ist Bild geworden. Warum auch müssen *Menschen* das Fernsehen ständig monopolisieren? Es gibt viel mehr Dinge als Menschen. Wer das zeigt, erhöht die Sichtbarkeit von allem, auch der Politik.

Eines der größten Vergnügen besteht darin, sich nachmittags gegen vier *Le Monde* zu kaufen. Das Format ist perfekt für volle Straßencafés und Metros: so klein, daß man seinem Nachbarn damit nicht ins Gesicht fährt. Und dann das Datum – immer das des nächsten Tages, was einen ganz besonderen Reiz hat –, ringsum lebt alles noch im Gestern, man selbst ist bereits auf Flügeln vorausgeflogen, in die Zukunft hinein. Oft sehe ich erst unter der Rubrik Ausland nach, aber nein, wieder nichts, nicht ein Wort über die Niederlande auf all diesen kleinbedruckten Seiten. Von Zeit zu Zeit ruft unsere archaische Mutter wieder einmal einen Herrn mit einem zusammengescrabbelten Namen zu sich in den Palast, damit er ein Kabinett bilde, und dann stehen wir wieder drin, aber es scheint nicht zu klappen mit diesem Kabinett, irgendwas Schreckliches muß da vor sich gehen, im Hohen Norden.

Kindliche Gemüter kommen aus dem Staunen nicht heraus. Und so ein Gemüt habe ich. Diesmal gilt das Staunen nochmals der Tatsache, daß sich manche uralten Lebensformen inmitten der dreisten Gewalt des Neuen so lange behaupten, daß Leute aus ihren Löchern hervorkommen und kilometerweit durch den Abend fahren, um irgendwo in einem Raum einen Mann zu sehen, der singt. Er singt Lieder, er singt allein, er singt über sich selbst, und die Leute kommen und hören zu, wie vor dreitausend Jahren um ein Feuer geschart, wie dreitausend Kilometer weiter auf einem afrikanischen Markt. Nicht kleinzukriegen, steht da einfach und singt, mit der eigenen Stimme, vor Menschen, die zwischen Maschinen leben, in Türmen wohnen, Computer füttern, durch die Luft fliegen, sich einen Krebs anrauchen. Zwei Stunden sitze ich auf einem unbequemen roten Plüschstuhl im Bobino und lausche den melancholischen, vibrierenden Lauten Serge Reggianis, Sarkasmus, Selbstironie eines über fünfzigjährigen Mannes, pathetisch und voll bitterer Dehnlaute, ein Herr, der etwas zu erzählen hat und das singend tut. Wunderbar.

Poesie in der Zeitung. Ein Bericht in der *France Soir*: »Es war so kurz, so unwahrscheinlich und so kurz wie ein Traum ...« Und das auf der ersten Seite. Nein, es geht nicht um eine unmögliche Liebe zwischen zwei Filmstars, sondern einfach um Kommunisten und Sozialisten. »Ein paar Minuten (!) lang konnte das politische Paris gestern am späten Nachmittag glauben, die Union der Linken ließe sich wiederherstellen. Vertreter beider Parteien hatten sich heimlich getroffen. Das dauerte eine Viertelstunde, danach ›trat alles wieder in Unordnung‹ (tout rentra dans le désordre). Das Treffen war gescheitert, der Krieg begann von neuem zu wüten (la guerre faisait rage à nouveau).«

Der Bericht darunter handelt von fünf Homosexuellen, die in den Pariser Gemeinderat wollen, ihr Gesicht aber erst drei Wochen vor den Wahlen »der Öffentlichkeit zeigen möchten«. Wenn das alle Kandidaten bei allen Wahlen in allen Ländern täten, dann bliebe der Welt viel Elend erspart.

Wo man sich auch in Paris bewegt, überall hört man das leise Klicken von Fotoapparaten, das Surren von Kameras. Wenn man all diese kleinen, leisen Geräusche gleichzeitig hören könnte, dann wäre es, als würde man den ganzen Tag von Salutschüssen begleitet. Fotografieren heißt bewahren. Es impliziert natürlich noch hundert andere Dinge, aber für die meisten Menschen bedeutet es einfach: bewahren. Sie bewahren sich selbst und sie bewahren sich gegenseitig. Fünf Nonnen aus Minneapolis bewahren sich vor der Sacré Cœur. Zwei alte englische Damen aus den Vororten des Todes bewahren sich vor dem Standbild Guy de Maupassants. Der Vater bewahrt sich für die Mutter (an der Seine), die Kinder für die Eltern (vor dem Louvre), der Freund für den Freund (auf den Champs-Élysées). Da stehen sie, auf der Brücke am Wasser, im Park, auf dem Gehweg, vor dem Sockel eines scheußlichen Denkmals, und lassen diesen lebendigen Augenblick von der Kamera schlucken. Später, in Dublin, Göteborg, Memphis oder Delft, kommt er wieder heraus. Ein in der Zeit tatsächlich geschehener Augenblick, nie mehr ungeschehen zu machen, eine totenstille, gemeißelte Sekunde, Wahrheit und Wirklichkeit. Aber warum? »Eine Erinnerung«, sagen sie dann, doch damit können merkwürdige Dinge passieren: Die Zeit, was immer das ist, vergeht, *sie* sind verschwunden, stehen aber noch immer vor diesem Denkmal oder auf dieser Brücke: Ihr Augenblick ist noch immer gültig, es ist noch immer diese eine wahre, wirkliche Sekunde, doch sie sind nicht mehr da, um sie wiederzuerkennen, und für denjenigen, der zehn Jahre, fünfzig Jahre später dieses Foto in der Hand hält, ist es bereits etwas anderes geworden, bewahrte Zeit anderer Menschen, Unbekannter. Und dann, durch die merkwürdige chemische Verbindung zwischen Vergänglichkeit und Bewahrsucht, ist etwas ganz anderes entstanden. Derjenige, der sich hatte bewahren wollen, ist im Gegenteil viel nachdrücklicher verschwunden. Auf dem Flohmarkt findet man ein Foto, und an der Mode, der Verfärbung, der veränderten Technik erkennt man, es wurde vor so langer Zeit gemacht, daß die darauf abgebildeten Menschen nicht mehr leben können.

Hätten sie sich nicht fotografieren lassen, hätte niemand mehr an sie gedacht, niemand hätte sich gefragt, wer sie waren. So aber hält man ihr Foto in der Hand und überlegt sich, daß sie gerade *nicht* bewahrt sind: Sie haben nur diese eine, gültige, da *geschehene* Sekunde hinterlassen, das Licht hat sie aufgezeichnet, nie mehr können sie dem Gefängnis dieses Moments entrinnen, in dem sie namenlos festgeschweißt sind, für alle Zeiten sind sie fremden Augen ausgeliefert, die *sie* nie gesehen haben – sie haben lediglich den Fotografen gesehen –, und was damals ihre Vergänglichkeit war, das, was sie zu beschwören suchten, ist jetzt Zeugnis ihres Vergehens. Man sollte sich also besser nicht fotografieren lassen.

Wie immer, wenn ich eine Zeitlang in einer Großstadt verbracht habe, kommt tiefe Sehnsucht nach der Provinz in mir auf. Bilder von leeren winterlichen Hotels in kleinen Provinzstädten, Regen in den Bergen und auch sonst viel verzaubernde Einsamkeit. Have car, will travel. (Froh, daß ich fahren kann.) Am selben Abend noch verlasse ich die Stadt und fahre Richtung Tours. Abergläubische Franzosen haben mir erzählt, daß man nirgends so gut Fleisch essen kann wie im 19. und im 20. Arrondissement, da sich dort die Schlachthöfe befinden (oder befanden?). Die Restaurants in dieser Gegend heißen folglich Au Bœuf Couronné, Le Bœuf Gras, Au Cochon d'Or, La Pièce de Bœuf, Le Veau d'Or, Bœuf Gros Sel. Da es schon ziemlich spät ist, esse ich noch, bevor ich auf den Boulevard Périphérique fahre; nicht sehr vernünftig, denn eine Stunde später fädele ich mich singend, eine große Zigarre am Kopf, in die wild gewordenen Lichter des wahnwitzigen Freitagabendverkehrs ein, achtspurige Straßen, Tunnel, Schlangen, Schemen von Wohntürmen zu beiden Seiten, man könnte meinen, in New York zu sein. Am späten Nachmittag des nächsten Tages stehe ich auf der großen Fähre, die in einer halben Stunde die Gironde-Mündung zur Nordspitze von Les Landes überquert. Ich habe in Tours übernachtet, einen Schlummertrunk im »Baudelaire«, einer schwarzen Spelunke mit tödlich glänzendem Resopal und Plastikpalmen, getrunken, angestarrt von Einheimischen mit Revierangst, bin aber gerade noch um eine Tracht Prügel herumgekommen, bin im Hotel de Bordeaux von einem Greis zu Bett gebracht worden, der soeben aus zehnjähriger grauenvoller Nachtruhe erwacht war, habe den Regionalboten mit all seinen Katastrophen und Vergewaltigungen gelesen, als erster Kunde im Kaufhaus zu den Klängen von Jacques Brel in der allgemeinen Verwirrung des Tagesbeginns eine Tube Rasiercreme geklaut (vier Francs), im eiskalt durchwehten La Rochelle an einem mittelalterlichen Kai sechs Sorten Fisch, auf einem Lauchbett gedünstet, gegessen, habe gesehen, daß die hiesigen Austern an einem Wagen draußen einen Gulden pro Kilo (!) kosten, und stehe jetzt auf der Fähre in einem Sturm, der den Ozean leerfegt und graue Wolkenheere aufeinander jagt, als sollten sie sich gegenseitig rammen.

In der Mitte des Flusses ist das Land vor und hinter uns nahezu unsichtbar, graue, sich bewegende Tücher, lose aufgehängt im Nichts. Drinnen ist alles genauso wie auf allen Fähren. Die Frau mit dem Kaffee, die Wasserstände, ein verliebtes Paar, ein alter Mann mit einem Hund und all die anderen Mitglieder des Cast, die sich ebenfalls völlig grundlos an Bord befinden. Die Schiffssirene jault wie ein Hund, der sein Haus nicht finden kann. Ich gehe wieder an Deck und sehe, daß beide Ufer in einem plötzlichen Regenschauer verschwunden sind. Ich komme also nirgendwoher und fahre nirgendwohin. Unter mir auf dem Achterdeck steht die brave Form meines treuen Autos. Das Schiff schlingert sacht, und ich bin ziemlich glücklich.

Dezember 1977

PARISER TAGE III

Es gibt zwei Arten von Hotelzimmern – die, in welche man nur einmal kommt, und die, in welche man, warum auch immer, stets wieder zurückkehrt. In der ersten Kategorie sind die anderen Besucher übermächtig anwesend, eine unsichtbare, unabsehbare Menschenmenge liegt koitierend, schnarchend, weinend, lesend, sich herumwälzend, masturbierend, rauchend, denkend in deinem Bett, das deswegen auch nie *dein* Bett wird. Du gehst auf ihre Toilette, wäschst dich unter ihrer Dusche und drückst deine Kippen in ihrem Aschenbecher aus. Du *darfst* da sein, das ist alles.

Das Hotelzimmer, in dem ich jetzt sitze, gehört der zweiten Kategorie an. Ich bin mehrere Male im Jahr hier, ich weiß, daß der Boden neben dem Fußende des Bettes knarrt und daß sich die Schiebetür des Kleiderschranks sanft, aber unerbittlich zurückschiebt, sobald man sie öffnet. In diesem Zimmer ist der Gedanke an andere Menschen völlig verschwunden, es ist *mein* Zimmer, unvorstellbar, daß hier jemand anders schlafen könnte. Wenn ich aufstehe und den Vorhang öffne, sehe ich die Place de l'Odéon mit dem wunderbaren Théâtre de France, ich sehe den Platz leer, ich sehe ihn voller altmodischer Autos, ich sehe ihn mit roten Transparenten, vor zwanzig Jahren, vor zehn Jahren, jetzt. Nachts zeigt das dünne, zarte Geräusch der Uhr des Senats, hinter mir, im Jardin du Luxembourg, an, wie spät es ist, ich höre den ersten Bus, ich sehe, wie der *écailleur* des großen Restaurants auf der gegenüberliegenden Straßenseite seine ersten Austern öffnet, ich erkenne Françoises Stimme auf den Fluren, wenn sie die Zimmer macht und meines vorläufig noch ausläßt. Manchmal, wenn ich irgendwoanders bin, sehe ich diesen Raum ganz deutlich vor mir, leer und wartend, ein Teil meines Territoriums, das ich dem Rest der Welt entrungen habe: die geblümten Vorhänge, die zuviel Licht durchlassen, das beige Telefon, das zu hoch über dem Bett hängt, so daß man aufstehen muß, wenn es läutet, das verschlissene, blutige Rot des Teppichbodens, der schwarze, mit Kunststoff bekleidete Stuhl, auf dem man nicht sitzen kann, die Zeitungen auf dem Fußboden, mein Zwillingsbruder, der Koffer, schlafend in seiner Ecke, der kleine Tisch, auf dem meine Bücher liegen, immer derselbe kleine Tisch, immer andere Bücher. Die Fenster, von denen die weiße Farbe abblättert, schließen nicht ganz, ich höre die unsichtbaren Stimmen meiner stets anderen Nachbarn, es gibt hier kein Radio und keinen Fernseher.

Unten am Empfangsschalter sitzt der junge Herr Mouton. Früher saß dort der alte Herr Mouton, aber die Begrüßung ist die gleiche geblieben: »Bonjour, Monsieur Buhm!« Damit kann ich jederzeit den Tag beginnen. Jemand, der Buhm heißt, geht beschwingten Schrittes auf die Straße hinaus, und auch die Straße gehört mir, es sind meine Buchhandlungen, meine Kneipen, wo all die Menschen, die gleichzeitig mit mir alt werden, zu denselben Zeiten hinein- und hinausbummeln. Den Wettstreit zwischen London und Paris hat Paris für mich längst gewonnen. Zum einen bleibt man hier von dieser gräßlichen englischen Freundlichkeit verschont, und zum anderen kann man hier zu jeder Tages- und Nachtzeit tun, was man will. Man kann mitten in der Nacht noch Bücher und Zeitungen kaufen, und man kann sich auch noch irgendwo hinsetzen, um sie zu lesen. Man wird nicht mit Kaffee vergiftet, der im Totenreich gebraut wurde, kein Unbekannter sagt »dear« oder »love« zu einem, niemand schließt den Alkohol weg und niemand zwingt einen, zu unseliger Stunde ins Bett zu gehen oder zusammen mit anderen Verlorenen in der leeren Empfangshalle eines Hotels den letzten verbotenen Drink zu sich zu nehmen, bis man von einem schwermütigen Pakistani mit dem Staubsauger weggefegt wird. Um vom Essen schon ganz zu schweigen.

Es ist erst Januar, aber die Wahlen vom März hängen wie eine große Wolke über dem Land. Premier Barre ist bis nach China gereist, um an der chinesischen Mauer französische Stimmen zu gewinnen, Mitterrand prangt mit Kehllappen und Hahnenkamm auf der Titelseite von *l'Express*, Giscard ruft zur Einheit auf, und alle anderen zur Uneinigkeit. Wie aber wird die Stimmenverteilung ausfallen? Wenn der Bruch in der Union der Linken eine List war, so wäre es eine geniale. Keiner spricht mehr von etwas anderem, und in diesem Gespräch rückt das, was jetzt noch »die Mehrheit« heißt, deutlich in den Hintergrund, was sämtlichen Untersuchungen und Meinungsumfragen zufolge der Linken Vorteile bringt. »Wenn du die Franzosen verstehen willst«, sagt einer meiner Freunde mutlos, »dann mußt du dies hier lesen.« Frage: »Sind Sie mit der Situation in Frankreich zufrieden?« Die Mehrheit sagt: »Ja.«

Zweite Frage: »Geben Sie folglich bei den nächsten Wahlen Ihre Stimme für diese Regierung ab?« Antwort: »Nein.« »Zufrieden, aber doch dagegen stimmen, so sind wir.« Und ein Taxichauffeur drückt es noch besser aus. Er erzählt, daß er und seine Mutter gesehen hatten, wie de Gaulle im Fernsehen erschien und sagte, daß er, sollte die Mehrheit der Franzosen mit »Nein« stimmen, der Politik für immer den Rücken kehren würde. »Das wollen wir doch mal sehen«, hatte seine Mutter daraufhin gesagt, und Mutter wie Sohn hatten »Nein« gestimmt. Als de Gaulle am Tag danach seinen Koffer packte und nach Irland reiste, hatten sie gemeinsam geheult. »Denn, monsieur«, sagte er, »das haben wir nicht gewollt.«

Es ist Sonntagmorgen und es schneit. Nasse, kalte Fussel mit automatischer Steuerung landen auf meinem Haar, meinem Gesicht, meinem Mantel, als ich aus der Metrostation Les Halles herauskomme. Die ganze Welt ist hier inzwischen eine Baugrube, für immer vorbei sind die mittelalterlichen Zeiten, da man hier in den allerfrühesten Morgenstunden zwischen den Lastwagen umherstreifen konnte, die aus allen Teilen Frankreichs Gemüse, Fisch, Ochsen und Schweine herankarrten. Nutten, die letzten Säufer und die ersten Lastenträger mit Karren voll betauter Porreestangen, Bettler und Nachtschwärmer in Abendkleidung bei Austern und Champagner, alles in den schwankenden Stunden zwischen Nacht und Tag, unvergeßlich. Man befand sich zwar in der Stadt, aber der Anblick all dieser Holztische mit Thunfisch, Schollen und Flundern, Kisten mit Tomaten, Zwiebeln, Salat, Obst und weißgekleideter Träger mit den Blutflecken von Ferkeln und Lämmern machte aus der Stadt doch ein Dorf, das einen Markt hatte wie andere Dörfer. Jetzt ist auch das verschwunden – im geheimen Dunkel wird die Nahrung für acht Millionen Menschen zu den zentralen Markthallen in Rungis, weit außerhalb der Stadt, gebracht, zu weit, um hinzufahren, zu weit, um zu sehen, zu befühlen und zu kaufen. Am Ausgang der Metro hängt das Wahlplakat einer linksradikalen Partei: »*Gegen* die alte Rechte von Chirac und Giscard, *gegen* die neue Bourgeoisie von Mitterrand und Marchais, *gegen* die Kriegshetzer in Rußland und Amerika.« Also gegen alles, und warum auch nicht? An der Kirchentür hängen andere Parolen: »Kein Gott, kein Meister, keine Klasse.« Ich gehe hinein und bekomme einen Umschlag mit einem kleinen Bleistift darin. Ein Priester in Grün legt vor dem Altar dar, daß zwischen den Häusern der Menschen ein Haus Gottes erbaut werden müsse und ich daher mit dem Bleistift auf dem Formular in dem Umschlag ausfüllen solle, wieviel ich dazu beisteuern wolle. Den Bleistift habe ich noch. Im Haus Gottes schneit es nicht, aber es ist kalt. In einer Nische steht ein Opferstock mit einem großen Pappschild: »Für die Seelen im Fegefeuer«. O, wie gern würde ich noch glauben, daß der Franc, den ich hineinwerfe, tatsächlich direkt ins Fegefeuer überwiesen wird! Dann doch lieber wieder in den Schnee hinaus. In der schmalen Straße hinter der Kirche gibt es doch noch einen ganz kleinen Markt. Stockfisch, schwarze Speckseiten, ein Mann mit nichts weiter als ein paar Zitronen und etwas Knoblauch, Frankreich am

Sonntagmorgen. Ein alter Mann steht hinter einem Holztisch, und darauf zwei schwarze Schuhe, die sich langsam mit Schnee füllen. Wer die wohl kauft?

Hinter den Bombenkratern der ehemaligen Hallen sehe ich das Centre Beaubourg. Darüber ist viel Häßliches geschrieben worden, aber ich liebe es. Wenn irgendwo irgend etwas von den Ideen des Mai '68 übriggeblieben ist, dann hier. Ein Museum ohne Treppen, ein Ort, wo man einfach hineingehen und Musik hören, lesen, sich eine Ausstellung ansehen, Konzerte und Theatervorstellungen besuchen, diskutieren oder auch nur herumgehen und sich umsehen kann. Am schönsten finde ich die Abteilung, in der man Musik hört. Dort stehen in langen Reihen Kästen mit Schallplatten. Man sucht sich eine aus und setzt sich auf einen der vielen mit Kopfhörern ausgerüsteten Stühle. Die Platte wird für einen aufgelegt, und lauschend sitzt man zwischen den anderen, von denen jeder etwas anderes hört. Alle bewegen die Köpfe zu verschiedenen Rhythmen, lesen, schlafen. Kinder rennen dazwischen durch, können die Zuhörer jedoch nicht stören, sie sind durch ihren Kopfhörer mit einem anderen Universum verbunden, und so sitzen sie da, eine willkürliche Gruppe von Menschen, denen man ansehen kann, was sie gerade hören. Es ist natürlich albern, sich in einem fort darüber zu wundern, aber hat die unvorstellbare Fähigkeit des Menschen, an etwas zu glauben, wohl irgendwann einmal ein Ende? Vor einer Stunde las ich ein politisches Statement gegen Giscard *und* gegen Marchais, vor einer halben Stunde wurde ich um eine Spende für Seelen im Fegefeuer gebeten, und

Piano & Rogers, Centre Pompidou, 1971-1977

jetzt stehe ich mit einer Platte in den Händen da: »Stalinistische Lieder Frankreichs«. Ich bezähme meine unbezähmbare Lust, mich damit, Kopfhörer auf dem Kopf, zwischen die Menge zu setzen, und gehe statt dessen zu einer Ausstellung über die Albigenser. Menschen sind leere Flaschen, man kann alles in sie hineinschütten. Die gleiche Bauweise, die gleiche Leber, die gleiche Pumpe, Autos mit einer Meinung. Warum haben Autos und Kühlschränke eigentlich kein Wahlrecht? Oder, falls jemand dies für ein Sakrileg hält, warum sind Menschen Kopfjäger, Katholiken, Feueranbeter, Stalinisten oder Ballettänzer? Um die Möglichkeiten des menschlichen Computers auszuprobieren, die Elastizität der Reihen zu dehnen, oder steckt doch ein System in diesem Wahnsinn?

Einige meiner besten Freunde sind Tierfreunde, aber das war Hitler auch. Ich bin kein Tierfreund in dem Sinn, daß ich je Tiere *haben* wollte, aber ich sehe sie gerne. Schließlich sind alle Tiere Kollegen im Seienden (Steine und Pflanzen übrigens auch), und häufig sind sie auch bedeutend schöner als wir. Das einzige Tier, das mein Leben teilt, ist eine Katze, aber die hat man nicht, die hat einen. Ansonsten genügt mir der Zoo, und ohne den halte ich es nicht lange aus, vor allem nicht, wenn ich wieder mal eine Zeitlang viel mit Menschen zu tun hatte. Ein paar Tage Mitterrand, Marchais und Barre, und ich bin wieder reif für die Pinguine und Eisbären. Maarten 't Hart, der wirklich etwas von Tieren versteht (und wie neidisch bin ich darauf!), sagt in einem Essay in seinem Buch *De kritische afstand* (»Der kritische Abstand«), der Unterschied zwischen Mensch und Tier beruhe auf der Tatsache, daß der Mensch die einzige Tiergattung sei, deren Aussterben ein gewaltiger Segen für alle anderen Tiergattungen bedeutete. Ich höre aus diesem Satz ein großes Heimweh nach dem Paradies heraus, denn wo wir nicht sind, da muß das Paradies sein. Nur, dann gäbe es uns auch nicht, um die Tiere zu sehen, und *einander* »sehen« sie auch nicht, was auch nicht recht vorstellbar ist. So böse unser Auge auch ist, das Seiende ist darin. Gäbe es uns nicht, um die Tiere zu sehen, dann gäbe es sie wahrscheinlich trotzdem, aber niemanden, der sie sieht, und damit gäbe es sie doch eigentlich wieder nicht. Es gibt ein wunderbares Gedicht von Auden, in dem er zu den Tieren spricht. »Wenn ihr auch keinen Mozart hervorbringen könnt, so könnt ihr zumindest die Erde auch nicht mit brillanten Narren wie Hegel und klugen Scheusalen wie Hobbes strafen. Von Geburt an habt ihr bereits gute Manieren, und wie herrlich ist es zu wissen, daß es euch gibt, auch wenn ihr es fast nie der Mühe wert findet, uns anzuschauen, es sei denn, wir kommen euch zu nahe ...« Pures Heimweh also, Heimweh nach einem Zustand der Unschuld, und darauf gründen Zoos.

Meine Lieblingstiere im Zoo von Vincennes sind die drei Königspinguine. Im Amsterdamer Zoo Artis haben wir auch Pinguine, aber nicht so schöne. Der Zoo hier beginnt mit einem Riesengehege voller Geier und sonstigem bösartigem Volk, auf das ich nicht böse werden kann. Einige sitzen mit weit ausgebreiteten Schwingen da, totenstill, andere unternehmen eine verzweifelte

Flucht in die Ferne, prallen aber an den trügerisch dünnen Drähten ab, aus denen ihr vergitterter Käfig besteht. Gleich danach kommen die Pinguine. Beim ersten Mal, als ich sie sah, stiegen mir Tränen in die Augen. Ihr Bereich mit dem kleinen Teich davor war leer, aber die Tür stand offen, und nachdem ich eine Weile gewartet hatte, trat der erste alte Herr heraus, die Hände auf dem Rücken. Ratsherren am preußischen Hof, damit haben sie die meiste Ähnlichkeit, denn nach einer Weile kamen die beiden anderen aus der Sitzung, und dann standen sie zu dritt vor ihrer Wohnung, alt, vornehm, etwas mitgenommen vom Gewicht der Staatsgeschäfte, die blaugelbgoldenen Insignien ihrer hohen Orden um die feisten Hälse, und ohne das geringste Interesse an mir und meiner vulgären, leicht betränten Anwesenheit. Es war ein klarer Tag, die Sonne schien, sie machten einen Schritt nach links, einen Schritt nach rechts, einer ließ sich wie ein hilfloser Torpedo fallen, schwamm eine Runde im froschgrünen Wasser und kletterte wieder ans Ufer – und so standen sie da, von keinem einzigen Gedanken in Anspruch genommen, Mitglieder keiner einzigen Kirche, vorbildliche Wesen in Harmonie mit dem Universum.

In diesen Tagen lese ich eine der letzten Publikationen von André Malraux, *Les chênes qu'on abat* (*Eichen, die man fällt*) – ein Bericht über die Gespräche, die er mit de Gaulle auf dessen isoliertem Landsitz in Colombey geführt hatte. Es ist Prosa, bestimmt für die höchsten Regionen der großen Welt, in denen nicht im eigenen Namen, sondern im Namen der menschlichen Rasse gedacht wird, aber fällt das denn noch unter die Rubrik menschliches Tun? Halbgötter sind da am Orakeln, irdisch und gleichzeitig doch über die Sterblichen erhaben. Sie fügen steinerne Teile des Puzzles der Geschichte und des Daseins mit Riesenhänden zusammen und enden doch mit Fragezeichen. Es ist wie bei französischen Chansons, wenn man sich daran macht, sie zu übersetzen, erschrickt man manchmal zu Tode: Vor der grandiosen Schamlosigkeit, mit der hier große Gefühle geäußert werden, werfen wir die Tür unserer nordischen Herzen zu. Aber was für Lebensläufe! Einst wird der Tag kommen, da niemand mehr glauben will, daß de Gaulle und Malraux tatsächlich gelebt haben, ein Mensch des Mittelalters und ein *condottiere*, die sich in das Jahrhundert des Supermarkts, des Ausverkaufs und der Medien verirrt haben. Die merkwürdige Liebesgeschichte de Gaulles mit Frankreich, die platonische Variante, die von Kinsey nie beschrieben werden konnte, da sie eher in die Rubrik Mystik fiel als in irgend etwas anderes, und Malraux' brennende, glühende Erscheinung mit seinem verrückten Leben, der als Don Pansa verkleidete andere, kleinere Quijote neben dem großen. Das französische Fernsehen hat, nachdem beide verschwunden waren, diese Gespräche mit zwei Schauspielern inszeniert, die aus der Ferne aufgenommen wurden. Eine große, langsam schreitende, majestätische Gestalt in einer desolaten Winterlandschaft, und daneben der kleine, gestikulierende Freund. »Von der Liebe, die Freundschaft heißt«, denke ich, als ich sie dort gehen sehe. Jeder hat sein Schicksal mit dem des anderen verwoben, und jetzt ist es Zeit, die Rechnung zu begleichen und Abschied zu nehmen. De Gaulle ist hellsichtig genug, zu wissen, daß seine Vorstellung von Frankreich und von Europa keine Zukunft mehr hat.

»So oder so – ich werde getan haben, wozu ich imstande war. Wenn man zusehen muß, wie Europa stirbt, laßt uns zusehen: So etwas passiert nicht alle Tage ...« Der General reicht uns die Hand und schaut hinauf zu den ersten Sternen in einer großen Öffnung am Himmel, links neben den Wolken: »Sie bestätigen mir die Belanglosigkeit der Dinge.«

»Sie kennen den Satz von Einstein: ›Das Erstaunlichste ist, daß die Welt fast sicher einen Sinn hat‹? Doch der Sinn der Welt muß nicht notwendigerweise der Sinn unseres Lebens sein... Und wenn unsere Zivilisation sicher nicht die erste ist, die die Unsterblichkeit der Seele leugnet, so ist sie doch sicher die erste, der die Seele nichts Wichtiges bedeuten könnte ...«

Merkwürdig – de Gaulle »glaubte«, macht jedoch den Eindruck eines Pessimisten, fast schon Nihilisten, während Malraux weder an Gott noch an das Fortleben nach dem Tode glaubte und trotzdem von einem provozierenden Optimismus erfüllt zu sein scheint: »Das größte Mysterium ist nicht, daß wir per Zufall zwischen die Kraftfelder der Materie und die der Sterne geworfen wurden; sondern, daß wir in diesem Gefängnis aus uns selbst Bilder hervorholen, die stark genug sind, um das Nichts zu leugnen.«

Bei dieser Passage muß ich an die Ausstellung denken, die ich in der Bibliothèque Nationale gesehen habe: Sonia et Robert Delaunay. Das sind mit Sicherheit »Bilder, die das Nichts leugnen«, aber ihre Stärke liegt gerade in ihrer Leichtigkeit. Wenn Darstellungen auf Gemälden gewogen werden könnten, so wären die von Sonia Delaunay die allerleichtesten. Es ist eine wunderbare Ausstellung, aber man muß dabei denken oder, besser gesagt, man muß die Werke in ihre Zeit stellen, um vom absolut Neuen und Revolutionären geschockt sein zu können. Sie wird nicht nur seit Jahr und Tag eifrig nachgeahmt, sondern ist selbst immer fleißig an der Arbeit geblieben (mittlerweile ist sie 93), so daß es scheint, als hätte es diese Farben, diese strahlenden, fröhlichen, leuchtenden Kompositionen immer schon gegeben. Aber das stimmt nicht. Sie sind in den grauen Jahren eines unfrohen Jahrhunderts entstanden, und sie umspannen zwei grauenvolle Weltkriege, eine Revolution (sie kam aus Rußland) und eine Wirtschaftskrise, die Europa an den Rand des Abgrunds führten, und mitten in all dem Elend und apokalyptischen Gemetzel entsteht dieses wundersam bunte, ungekünstelte Œuvre, ein Strauß Narzissen und Irisse in einer düsteren Bruchbude. Buchumschläge, Gemälde, Spielkarten, Kostümentwürfe, Teppiche, Zeichnungen, Werbung, alles von unbändiger Fröhlichkeit. Die Spuren ihrer Werke sind noch immer überall zu sehen, diejenige aber, die damit begonnen hat, muß ein heiteres Leben gehabt haben. Die Ausstellung ist vorbildlich eingerichtet, mit Briefen, Dokumenten (die sehr gut zeigen, wie internationalistisch diese Menschen gedacht haben, wie besessen sie in dem hin und her zogen, was damals, ohne Flugzeuge, noch ein sehr großer Erdteil war). Und wie üblich hat jeder jeden gekannt. Fotos mit Arp und Mondrian,

Nelly van Doesburg, Hans Hartung, Seuphor, Strawinsky und de Falla, Briefe von Diaghilew und Massine, und ein wunderbarer, mit Flecken übersäter von Guillaume Apollinaire: »Liebe Freunde, ich bin die Traurigkeit selbst, aber nicht die gemeine und armselige Traurigkeit, die alles dunkel macht – meine strahlt wie ein Stern und erhellt den Weg der Kunst ...« Apollinaire starb 1918, Sonia Delaunay lebt noch. Und es waren vielleicht große Worte, aber sie waren auch wahr.

Diese Fragmente enden wieder nicht in Paris, aber immerhin am Tisch. Ich sitze draußen auf der Terrasse des Colombe d'Or in Saint Paul de Vence und blicke über das Tal. Rechts von mir sitzt Graham Greene, links Curd Jürgens, ich kann nichts dafür, es ist schönes Wetter, und sie wollten auch ins Freie. Weiße Tauben scharren auf den Steinplatten, der Wind fummelt ein wenig an den Palmen herum, die Sonne scheint in den Wein des Hauses und verleiht ihm einen goldenen Glanz. Hier ist nichts dem Zufall überlassen. Auf dem Weg von Cannes hierher sieht man mal die irrsinnig weißen Gipfel der Alpen, mal die blaue Fläche des Meeres und mal alles beides. Die Mimosen blühen, und die Sonne verjagt die Winternebel. So ungefähr, denke ich, war es gedacht.

Januar 1978

VERGANGENE PASSAGEN II

Je älter man selbst wird, um so wichtiger wird die Idee der Zeit oder die Zeit selbst. Nicht auf die klassische Weise (sie fliegt), sondern eher als Anlaß zu konstanter Meditation. Früher glaubte man an die ewig wiederkehrende, zirkuläre Zeit, heute an die lineare, als führte sie irgendwohin. Denken kann ich die Zeit nicht, ich kann sie nur fühlen. Und wie fühlt sie sich an? Weit. Die Amerikaner haben ihre Boeing 747 wide-body genannt, und das Gefühl, das zu diesem Wort gehört, habe ich, wenn ich über die Zeit nachdenke (was etwas anderes ist als denken). Ich habe das Gefühl, mich in einem wide-bodied Element zu befinden, in dem ich von hier nach da gehen kann. Nicht so sehr hin (die Zukunft ist ein Motor, der noch nie gelaufen ist), als vielmehr zurück, und innerhalb der geometrischen Figur meines bisherigen Lebens ist das eine manchmal ganz schöne Entfernung.

Das Reisen an Orte, an denen man schon einmal, und zwar intensiv, war, verleitet einen zu derlei Gedankengängen, so man will: Meditationen. Man kann reisen, um sich woandershin zu begeben, um sich zu amüsieren, um etwas Neues zu entdecken, um ausdrücklich irgendwoanders *nicht* zu sein, aber man kann auch reisen, um sich zu erinnern oder sich beim Erinnern helfen zu lassen. Die unendliche Zeit gibt es vielleicht tatsächlich, aber sie ist unvorstellbar, zumindest für mich. Die Zeit hört an der Grenze auf, bis zu der ich sie mir vorstellen kann, und innerhalb dieser begrenzten Figur denke ich mir meine eigene Zeit (die, von der ich weiß, und die größer, nicht »länger« ist als die fünfundvierzig Jahre, die ich gelebt habe). In »meiner« Zeit gehe ich zurück. Ob das wirklich »zurück« heißen muß, weiß ich nicht, denn wenn man die Zeit als Raum sieht, geht man natürlich einfach irgendwo anders hin. Wohin gehe ich nun also, und wie? Ich bin bereits in Paris (es ist Juli, es regnet, die private Provinz, in der ich mich gerade aufhalte, heißt 1978), und ich gehe den Gehweg meiner Erinnerung entlang in einen anderen Landstrich, zum Beispiel 1958 oder 1960 oder 1968. Das ist nicht schwierig, denn der Gehweg meiner Erinnerung (die man nicht berühren kann) ist gleichzeitig der Gehweg *aus* meiner Erinnerung, und den kann ich berühren, denn es ist noch immer »derselbe« Gehweg, und ich gehe ihn nun mit meinen wirklichen Füßen entlang, die den Körper tragen, den sie damals auch trugen und in dem nun meine Erinnerung wohnt.

Das ist natürlich alles Unsinn, aber es hilft mir beim Nachdenken, und wenn ich meinen Leser auf diesem kurzen Stück noch nicht verloren habe, hilft es ihm oder ihr auch. Es ist so etwas Ähnliches wie auf einer kleinen Mauer zu sitzen und zu pfeifen, es führt zu nichts (ein wenig Energie, die in etwas anderes umgesetzt wird), ist aber doch etwas.

Es gibt verschiedene Arten von Erinnerungen. Zum Beispiel die, welche man primitiv als »persönlich« bezeichnen kann: der Gehweg an der Seine, den ich erst mit X entlanggegangen bin und später mit Y, der Gehweg vor dem Hotel »Es war einmal«, wo ich mich für immer von A verabschiedet habe und B zum erstenmal begegnet bin. Solche Erinnerungen hat jeder, und sie sind daher von wenig Interesse für andere Menschen, es sei denn, daraus entsteht Kunst. Aber es gibt auch Erinnerungen allgemeinerer Art, die inzwischen mehr oder weniger ein Teil der Geschichte geworden sind und daher für mehr Menschen Gültigkeit besitzen, auch wenn oder gerade weil sie nicht dabei waren. Ich habe Bürgermeister d'Ailly in einem Tuchanzug mit hohem silberbesticktem Kragen in einer Kalesche zusammen mit dem französischen Präsidenten Coty durch die nahezu leere Leidsestraat in Amsterdam fahren sehen. Als sie etwa in Höhe der kommunistischen Buchhandlung Pegasus waren, brüllte ein bärtiger Mann neben mir plötzlich »Vive la France!« und der Präsident schoß hoch, wie von einer Kugel getroffen. So etwas gehört nicht unbedingt zur Geschichte, aber manche werden sofort wissen, wovon ich spreche. Ich habe gesehen, wie Königin Wilhelmina 1948 am Dam ihrer Tochter Juliana die Macht übertrug, wodurch sie selbst auf mysteriöse Weise plötzlich wieder zur Prinzessin wurde. Ebenjenen Moment, mit dieser furiosen Armbewegung und der merkwürdigen Mischung aus Tierschrei und vornehmer Altdamenstimme, habe ich später Dutzende von Malen im Film und im Fernsehen wiedergesehen. Ich selbst war auf diesen Aufnahmen nicht auszumachen, es sei denn als Volk, aber solange ich mich erinnere, solange bin ich dort physisch zugegen. Ich bin jetzt mit meinem Körper in Paris, erinnere mich an ein Geschehen in Amsterdam 1948 und schreibe (spreche) darüber in Worten. Ich lebe mit meinem physischen Körper im Raum (einem Teil des Raums), denke nach über einen *geschehenen* Augenblick in der Zeit und spreche darüber in Sprache. Raum, Zeit und Sprache, wahrscheinlich sind sie untereinander nicht austauschbar, obwohl es manchmal den Anschein hat. Ohneeinander sind sie nicht denkbar, und das meine ich ganz wörtlich.

Ich stehe jetzt (damals, aber damals war es auch jetzt, genauso wie es jetzt damals ist) auf dem Gehweg der Rue de Buci. Jetzt bin ich umringt von dahinhetzenden Menschen, die ihre Einkäufe erledigen, damals standen alle diese Menschen (andere Menschen, aber das ist nicht in allen Fällen sicher) in *eine* Richtung gekehrt, hatten die Gesichter nach oben gewandt und schrien: OAS assassins, OAS assassins, in diesem wunderbaren Rhythmus, zu dem große Volksmassen manchmal fähig sind. Es war die Zeit des algerischen Freiheitskampfs. De Gaulle hatte sich aus seiner enormen Verbundenheit mit der Vergangenheit heraus an die Zukunft erinnert, er hatte den französischen Algeriern gesagt, sie verstanden zu haben (und das stimmte: Er hatte verstanden, daß sie sich gegen den Strom der Zeit bewegten und so umkommen würden), und Algerien die Unabhängigkeit gewährt. Manche seiner Untertanen, die aus der Vergangenheit eine Gegenwart zu machen versuchten, wollten sich rächen. Die Folge: Chaos, Haß, Rache, Tod. Natürlich ist es kindisch, zu sagen, er habe sich an die Zukunft erinnert. Das ist etwas, was Hellseher tun. Von Staatsmännern sagt man immer erst im nachhinein, daß sie hellsichtig waren – vor allem, weil die meisten es nicht sind. Aber de Gaulles mystische, sexuell aufgeladene Beziehung zu Frankreich bewirkte, daß für ihn jede Form von Zeit Geschichte war – die Zukunft war lediglich eine Geschichte, die erst noch geschrieben werden mußte. Hitler, der von Speer Gebäude errichten lassen wollte, die nach tausend Jahren auch als Ruinen noch imposant gewesen wären, litt offenkundig an demselben Symptom, aber Hitler liebte Deutschland nicht oder, besser gesagt, er liebte sich selbst mehr. Für de Gaulle war Frankreich ewig (la France eternelle) und er selbst ein zeitliches Gesicht dieses Ewigen. These: Historische Irrtümer werden von Menschen begangen, die die Geschichte nicht kennen oder keine Beziehung zu ihr haben.

Und trotzdem ist es merkwürdig. De Gaulle liebte Frankreich wie eine Frau, heißt es. Und gleichzeitig: De Gaulle verkörperte Frankreich, er war Frankreich. Es bleibt eine interessante Variante.

Ich habe ihn nur einmal gesehen, und auch das stimmt nicht, denn ich habe ihn Tausende von Malen im Film, auf Fotos, im Fernsehen gesehen. Merkwürdig, daß das noch immer nicht als »sehen« gilt. Um jemanden wirklich zu sehen, muß er, selbst wenn er tausendmal unsichtbarer ist als im Fernsehen, mit dir in einem bestimmten Raum leiblich anwesend sein. Dieser Raum war der Élysée-Palast, der Anlaß eine Pressekonferenz. Er saß in einer Art Loge und schaute vorzugsweise in die Richtung, aus der die Fragen nicht kamen. Wie ein Fürst saß er da, über uns, und spann uns in seine langen, glanzvoll arrangierten Sätze ein, unterstützt vom Flügelschlagen dieser langen Arme. Es war hochmütig und effektiv und ziemlich unvergeßlich. Ein wenig so, als lebte irgendwo, in *einem* Zoo der Welt, ein letzter Dinosaurier. Das ist mehr Feststellung denn Heldenverehrung. An diesem Nachmittag spielte er Orgel, und ich war Teil der Orgel. Der Ton, der aus mir kam, war – was ich in den Tagen danach geschrieben habe.

Ich sollte schon längst unterwegs sein, ich sollte Blumen pflücken an Straßenrändern in der Dordogne, aber die Idee Paris und Erinnerung läßt mich nicht los. Es gibt auch so etwas wie eine stufenweise Erinnerung. Fotos in *Paris Match*. Ein deutscher Offizier, die behandschuhten Hände locker auf dem Gesäß verschränkt, Beine leicht gegrätscht, Rücken durchgedrückt, gerader, ausrasierter Nacken, Uniformmütze, blickt mit seinem für mich unsichtbaren Gesicht zur Place de la Concorde, auf dem Gehweg stehend, genauer gesagt: zwischen dessen Rand und den Säulen der Galerie. Er steht vor einem Korsettgeschäft, schaut aber nicht hin. Gaines Rou... mehr kann ich auf dem Foto nicht lesen, an dieser Stelle ist es abgeschnitten. Da die Säulenreihe in Längsrichtung fotografiert ist, fließen die Säulen am Ende ineinander, so daß ich sie nicht zählen kann, und weil es dieses Geschäft nicht mehr gibt, kann ich mich nicht auf dieselbe Höhe stellen, ich kann mich also nicht genau dahin stellen, wo er stand. Da weht eine Hakenkreuzfahne. Solche Fahnen habe ich wehen sehen, im Krieg, in Den Haag. Kann ich mich jetzt erinnern (ich, der ich mich in Tokio, wenn ich die Augen schließe, an die Place de la Concorde erinnern kann), kann ich mich erinnern, daß eine Hakenkreuzfahne über der Place de la Concorde wehte? Nein, natürlich nicht. Und trotzdem habe ich das Gefühl, ich könnte es.

Verschwindet, Geister der Vergangenheit! Genauso wie ich mit meinem Auto aus tausend verschiedenen Paris in Richtung Dordogne verschwinde. Aus dem Paris Diderots, Prousts, Hemingways, der drei Musketiere, aus dem Paris Utrillos, Bidaults, Brassais, Ramadiers, aus dem Paris von 1948, 1978, 1971, 1968, ich steige aus einem Schlammbad von Optionen, Gesichtspunkten, Perspektiven, Memoiren, aus all diesen mehrschichtigen Konstruktionen in sich selbst herumwühlender Zeit, und noch in derselben Nacht spaziere ich unter einem Halbmond in einer Landschaft umher, die sich an nichts anderes erinnert als an sich selbst. Ich gehe im lichten Dunkel einen leicht abschüssigen Feldweg entlang, höre den Fluß, höre den Nachtwind, der sich kurz erhebt und dann wieder legt, höre einen Hund in der Ferne, höre das unendlich weit entfernte Knirschen der großen Sternenmaschine am Himmel und das dumpfe Tappen meiner Füße auf dem Sandweg und gehe dann schlafen in einer Stille, so intensiv, daß man meinen könnte, jeden Moment könnte jemand eine große Glocke läuten.

Auch in der Frühe ist er noch da, dieser gewaltige Lattenzaun aus Stille, der sich rings um den Bauernhof erhebt, ein großes Volumen, gefüllt mit der Abwesenheit von Geräuschen, das so weit reicht, wie ich schauen kann. Ich gehe vom Dachboden, wo ich geschlafen habe, hinunter. Es ist noch niemand auf, ich setze die Füße in das wildwachsende Gras und spüre den Tau. Fetzen eines großen Nebels, diese frühe Schwester der

Stille, liegen über dem träge dahinfließenden Land. Hie und da ein Gehöft, der staubfarbene Feldweg, Baumgruppen, Hecken und Erdwälle, die die Flurstücke markieren, der weite Schwenk des ganzen Landes dem von Osten heranströmenden Licht entgegen, Rascheln, Beben, Erschauern, Seufzen von Blättern, all diese Geräusche ohne Mitlaute, die die Stille noch weiter verschärfen. In solchen Landschaften gibt es keinen Zufall, dafür sind sie zu alt. Alles, was ich sehe, ist bei Notaren schriftlich fixiert, alles gehört zu einer Hinterlassenschaft, alles hat eine Vergangenheit, ist gezählt und gemessen, gehört Menschen und ist unter ihrem Namen registriert, alles ist Kultur. Die Schönheit ist eine gezähmte Schönheit, was an Natur da ist, wurde komponiert, wie es so daliegt, ist es eine Form von Kunst, doch die Form dieser Form wurde nicht von Ausdruckslust diktiert, sondern von der Geschichte und von ökonomischen Zwängen. Hier sieht es so aus, weil *das* angebaut wird, und das wird angebaut, weil Nachfrage danach besteht. Das bizarre, vom Tau und Morgenlicht graulackierte Gezweig der Weißdornhecken (das, was ich schön nenne) ist nicht dazu da, um mich zu rühren (und trotzdem bin ich gerührt), sondern um das Flurstück der Leuracs von dem der Mauracs zu trennen, und das ist schon seit zweihundert Jahren so.

Eigentlich gibt es nur zwei Arten von Landschaften – die bebauten und die unbebauten, und beide besitzen eine unbeabsichtigte Schönheit. Und auch das ist, natürlich, wieder nicht wahr. Denn bei den unbebauten gibt es die vollen und die leeren. Als ob es nicht auch bebaute leere Landschaften gäbe, sagt die Stimme des unsichtbaren Wanderers neben mir auf dem einsamen Feldweg, und die Stimme hat recht. Plötzlich bin ich, während ich in der Dordogne spazierengehe, von einer Menge verschiedener Landschaften umgeben. Unbebauten leeren: der Wüste, der Tundra, den Mondebenen in den Bergen, der Kastilischen Hochebene, der Pußta. Unbebauten vollen: den schwelgenden Sümpfen Floridas, dem Urwald, eine halbe Stunde von Brasilia entfernt. Bebauten vollen: dort, wo ich jetzt bin, in den angepflanzten Wäldern von Senlis, der Veluwe. Bebauten leeren: den endlosen rostfarbenen Ebenen von Kansas, dem Flevopolder.

Wenn ich mich zwischen diesen groben Kategorien zu entscheiden hätte, so bevorzugte ich die unbebaute leere und die bebaute volle, die Landschaft, die (denkt man) immer schon da war, nicht den Menschen gehört und dadurch etwas Nicht-Menschliches ausdrückt, unverdorben, aus sich selbst heraus stark – sowie die Landschaft, in die Menschen eingegriffen haben, die man als Hintergrund Marias auf den Triptychen der Primitiven sieht, die weiblichen, wogenden, verführerischen Landschaften der Romantik, die ernste Leidenschaft Ruysdaels und Cézannes, die Passion Gauguins und van Goghs.

Es ist etwas Geheimnisvolles, daß Landschaften, die schließlich nichts dafür können, daß es dich gibt, die jedenfalls nichts damit zu tun haben und die es sicherlich nicht kümmert, dennoch etwas von dem ausdrükken, was du empfindest, denn wenn das nicht so wäre, würdest du nichts von dem *empfinden*, was du siehst. In der individualistischen Literatur ist es nun mal so, daß

Seelenzustände in diese Landschaften hineinprojiziert werden, und diese Wort gewordenen Landschaften wirken im folgenden wieder auf das Gemüt, die Stimmung des Lesers. Caspar David Friedrich – ein literarischer Maler – war zweifellos stark ergriffen von den Landschaften, die er malte, aber wenn ich mir die eingedickte Emotion ansehe, mit der er mich durch seine Bilder bombardiert, bin ich wirklich angegriffen.

Ein Traktor, ein Flugzeug und ein 2 CV treten jetzt zu dritt auf der Bühne der Welt auf, um frische Luft in meine morgendliche Meditation zu bringen. Aber als ihre Geräusche allmählich wieder in der begehrlichen Stille verschwinden, kreisen meine Gedanken immer noch um die Frage: Was *ist* das denn nun, die Liebe zu Landschaften? Gibt es auch Menschen, die so etwas gar nicht kennen oder die die Landschaft ausschließlich als Kulisse oder einfach als etwas sehen, was sich in einigen Metern Entfernung von ihnen befindet und sich dann einfach ein Stück weit erstreckt? Eines ist sicher – ich habe diese Liebe immer empfunden, aber es ist wahrscheinlich schlimmer geworden, als ich anfing zu lesen. Niederländer schreiben anscheinend keine besonders guten Romane, aber sie haben mich sehen gelehrt. Vestdijk radierte und fotografierte seine Landschaften meisterhaft, man konnte sie sehen, aber sie verzückten mich nicht. Wem gelang das? Geringeren Göttern vielleicht, die selbst unter dem hohen Gouvernement der »Tachtiger«* gestöhnt hatten, aber dennoch wackere Meister waren: Stijn Streuvels, Arthur van Schendel, Herman de

* Bedeutende, um 1880 (tachtig = 80) in den Niederlanden entstandene literarische Strömung (Anm. d. Ü.)

Man, Antoon Coolen, Aar van de Werfhorst, Maurice Gilliams, die großen Maler der nördlichen – niederländischen und flämischen – Landschaften, winterlichen Ebenen, zugefrorenen Flüsse, hochsommerlichen Wälder, hitzeflimmernden Getreidefelder – Landschaften, die mit ihren Figuren verbunden waren wie Charaktereigenschaften, aus denen sich deren Taten erklärten, die ihre Emotionen bestimmten und damit auch die des Lesers. Plötzlich überkommt mich hier, auf diesem fernen französischen Feldweg, der noch nicht einmal auf der Karte eingezeichnet ist, ein unbezähmbarer Drang, das alles noch einmal zu lesen, aber erst muß ich mich von dieser Welt noch weiter entfernen, Richtung Süden, dem Ziel, dem ich mich dieses Jahr allerdings langsamer nähere als sonst.

Der kleine Weg fließt in den großen, die Stunden verwandeln sich in Kilometer, Orte kommen und gehen, ein langer Dokumentarfilm zieht an den Fenstern des Autos vorbei, in meinem Kopf sprechen leise Stimmen formlose Kommentare, und gleichzeitig mit mir sind zwei Herren unterwegs, die eine Verabredung mit dem Tod haben. Es ist die fatale Stunde des Mittags, nach dem Essen, Sonne, eine dreispurige Straße. Als ich an diesem Punkt ankomme, ist alles bereits passiert, aber es ist so simpel, dieses Ereignis, das sich vor einer halben Stunde zugetragen hat, zu sehen, ohne es gesehen zu haben. Der eine Mann war unterwegs von A nach B, der andere von B nach A. Vielleicht dringt aus ihren Autoradios das sinnlose Geschwätz der Jean-Pauls und der Jean-Maries, das den ganzen Tag durch den französischen Äther schwappt, vielleicht sind sie schläfrig, vielleicht haben sie etwas zuviel getrunken, vielleicht dachten sie an gar nichts und waren, wie das so oft passiert, zur Verlängerung ihrer Autos geworden, so daß nicht sie es waren, sondern ihre Autos, die sich genau im selben Moment mit hoher Geschwindigkeit von der linken und von der rechten Fahrbahn zur Mitte hin bewegten, sich gegenseitig am linken Vorderrad erfaßten, kurz zu der hohen, kreischenden Musik tanzten und sprangen, die dazu gehört, und dann jeder für sich den Salto zur eigenen Straßenseite hin machten, wo sie jetzt liegen, zwei Mahnmale des Fortschritts. Das jetzt eingetretene, plötzlich unabwendbar gewordene Schicksal hat ein Kreuz durch die beiden für mich namenlosen Körper gemalt, die dort am mit Klee und Butterblumen gesprenkelten Straßenrand unter ihren Decken liegen.

Wer viel Auto fährt, muß das Gefühl kennen: Plötzlich weiß man, daß dort in der Ferne etwas passiert ist, was man noch nicht sehen kann, etwas Schlimmes. Ein Polizist, der die Hand immerzu zum Asphalt hin senkt, damit du langsamer fährst, einen Schatten unpersönlicher Trauer auf dem Gesicht, der weiße Rettungswagen, der schräg am Straßenrand steht und den Tod verkündet, das eisblaue Blinklicht, das sich sinnlos im grellen Mittagslicht dreht. Du willst nicht hinschauen und siehst es doch, einen dunkelfeuchten Fleck, die weit geöffneten, aufgerissenen Eingeweide eines Autos, Bahnen von Öl und Blut, die vergangene, ungültige Form eines menschlichen Körpers unter einer kindisch karierten Decke. Die langsam weiterfahrende Autoschlange erfaßt ein Schauer, für einen Moment wird deutlich, daß dieses Glänzende, in dem wir sitzen und das für gewöhnlich Bequemlichkeit und Geschwindigkeit bedeutet, sich plötzlich gegen uns wenden kann, daß es, erst noch ein Gegenstand, von dem wir, wissend, daß es nicht stimmt, dachten, daß es vielleicht lebe, daß es selbst auch etwas sei, plötzlich als Nichts, als Ding, als etwas Totes entlarvt wird. Denn das Grauenvolle an einem zerstörten Gegenstand ist, daß er doppelt tot ist. Er konnte sich, obwohl nur ein Ding, bewegen und betrog uns damit ein wenig, und jetzt ist er zweimal gestorben, als Idee und als Ding, und starrt uns, halb in den Graben gekippt, aus diesen beiden quecksilberfarbenen, aufgebrochenen Augen an, und wir wissen, daß wir es selbst sind und daß, wer mit seinem Auto umkommt, sein eigener Tod ist, da dieses Auto nie etwas anderes war als ein totes Ding, das man sich anzieht, um schneller voranzukommen, etwas, mit dem man sich selbst verlängert, um sich fortzubewegen. Noch kilometerlang fährt die Schlange langsam. Die Polizisten sind schon längst aus dem Blickfeld verschwunden, der Schauer zerfranst und verfliegt in der Sommerluft, die Greuelbilder verschwinden (wenn auch nie ganz) in den dunklen Schubladen des Archivs, aber es dauert noch lange, bevor endlich einer aus der Schlange ausschert und zum Überholen ansetzt, und dann ein zweiter und ein dritter, bis sich die Schlange schließlich aufgelöst hat und sich aus einer für andere unsichtbaren Prozession wieder einfach in eine willkürliche Reihe von Autos verwandelt hat, die an einem willkürlichen Sommernachmittag eine dreispurige Straße in Frankreich entlangfahren, irgendwohin, *Verkehr*.

Zeit ist nur eine Interpretation. Es *gibt* viel davon, wir *haben* nicht viel davon. Die Interpretation setzt bei dem Maß ein, in dem man das als Problem empfindet. In dieser Hinsicht existiert eine merkwürdige Ähnlichkeit zwischen dem mittelalterlichen Kathedralenbau und der Raumfahrt. In beiden Fällen sind Menschen mit etwas beschäftigt, dessen Ende nicht in Sicht ist, wohl aber erahnt werden kann. Wir werden (abgesehen von Gaudís *Sagrada Familia* in Barcelona) wohl nie mehr eine unfertige Kathedrale sehen, aber im Mittelalter muß das ein ganz normaler Anblick gewesen sein, all die emporstrebenden Kolosse, die, durch die Kleinheit ihrer Umgebung noch größer wirkend, in einem hölzernen, mit emporkletternden Netz aus Gerüsten gefangen dastanden. Ein Mensch des Mittelalters, der auf Cape Canaveral die riesigen Gerüste sähe, die für den Abschuß einer Rakete benutzt werden, würde wahrscheinlich denken, da werde am Turm einer Kathedrale gebaut.

Der Grundstein der Kathedrale von Auch wurde am 4. Juli 1489 gelegt. Stile und Moden lösten einander ab, und derjenige, der diesen ersten Stein gesetzt hatte, hätte die Form, die 1690 schließlich dastand, nicht »verstanden«, denn durch ein klassizistisches Tor mit korinthischen Säulen einzutreten und dann in einem hohen gotischen Bauwerk zu stehen, erfordert eine gewisse Elastizität. Wir, die wir alles innerhalb einer vorgegebenen Zeitspanne bauen können, sind dadurch natürlich zu architektonischen Puristen geworden, die früheren Baumeister mußten sich zwischen der Seele des ursprünglichen Bauwerks und dem Geist ihrer eigenen

Zeit entscheiden. Daß man davor nicht allzuviel Angst haben muß, beweist die Harmonie des Ganzen, wenngleich das vielleicht auch daran liegen mag, daß für uns alle diese Stile endgültig der Vergangenheit angehören.

Doch das alles ist Kunstgeschichte, und das ist nicht der Anlaß meines Kommens. Mein Kommen ist eine Rückkehr zu einer Gerührtheit und, so etwas traut man sich kaum zu sagen, einer Ekstase. Beim ersten Mal, als ich in Auch war – vor Jahren, ich weiß nicht mehr, wann –, ging ich in die Kathedrale hinein, wie man eben in eine Kathedrale geht. Flimmernde Mittagshitze, die Kirche oberhalb der Stadt, die Stadt oberhalb der Ebene, die sich sengend und brennend bis zu den Pyrenäen erstreckt. Da war vermutlich etwas zu sehen, und es ist immer kühl. Man geht umher, und auf einmal ist man gefangen, man ist in etwas hineingeraten und weiß, daß es wieder einer dieser Augenblicke im Leben ist, die sich als unvergeßlich erweisen werden, ein seltsames Gefühl der Erwartung durchzieht einen.

Es ist jetzt wieder wie damals. Vorn in der Kathedrale befindet sich eine hölzerne Enklave, eine Kirche in der Kirche, ein Ensemble, fast ein Kloster, von Chorgestühl, in dem die Kanoniker zusammenkamen, um das Offizium, die Chorgebete, zu singen. Die Rückenlehnen sind so hoch, daß die Kathedrale ringsum versinkt, dies ist eine in sich geschlossene Welt. Rücken, Stützen, Sitze, Lehnen, Durchgänge, Bögen, ein Baldachin, alles ist überdeckt, überwuchert mit Holzschnitzereien, man weiß nicht, wo man mit Schauen beginnen soll, um alles richtig zu sehen, bräuchte man Wochen, und um die Bedeutung – ob biblisch, heidnisch, christlich oder symbolisch – zu erfassen, vielleicht Jahre. Aber wie gewöhnlich geht es (mir) nicht darum. Dies gehört, aufgrund meines Wesens und meiner Erziehung, zu *meiner* Tradition, die die meine ist, weil ich sie kenne, nicht weil ich sie *bin*, und ohne jedes Detail zu kennen, ist dies meins, ich gehöre hierher. Wichtiger ist jetzt das zwischen Beklemmung und Begeisterung schwankende Gefühl. Die Beklemmung ist wörtlich zu verstehen: Der Chor ist schmal und hoch, man ist umzingelt. Die Begeisterung gilt der vollkommenen Schönheit, man weiß, daß es von Menschenhand gemacht ist, und zugleich kann man denken, daß es nicht so ist, dies war immer schon, dies ist entstanden, nicht gemacht. Ich fühle mich wie gefangen im Innersten eines Labyrinths, eines dunkelglühenden Rosenhags, eines Hortus conclusus, von dem jeder Zweig, jeder Stamm mir etwas erzählt.

Licht ist ein physikalisches Phänomen, da gibt es keine Rätsel. Es scheint aus den hohen Fenstern auf das Holz, so daß ich die Details besser sehe. So ist es, aber so scheint es nicht. Es ist, als glühte das Licht aus dem Holz heraus und damit aus den Darstellungen, die auf diese Weise zu dem *werden*, was sie darstellen. Es ist Eichenholz von einem ganz dunklen Braun, es glänzt durch die jahrhundertelange Berührung von Händen, Kutten, Soutanen, die renaissancistischen Muskelstränge der Körper glühen, die Tiere bewegen sich, das Wasser fließt, die Blätter beben, und so steht es da, eine beseelte Parabel alles Seienden, Tugenden neben Sibyllen, Symbole neben Propheten, die Liebe und der Seher, die Standhaftigkeit und der römische Zenturio neben dem Kreuz, und wieder enthauptet Judith den Holofernes, wieder wird Eva von der menschenförmigen Schlange verführt, wieder tötet Georg den schuppigen, geflügelten Drachen, wieder wird der wundersame Fischzug getan, die Mythen und Offenbarungen fließen ineinander, die ganze Summe dessen, was sie dachten und wußten, wird ohne Diskriminierung nebeneinander gestellt und zu einer parallelen Welt geschnitzt, die lybische Sibylle neben Moses, die Vorsicht neben Tobias und seinen treuen Hund, und ihrem berechneten Zufall ausgeliefert, wandere ich an diesem analogischen Weltbild entlang wie ein Kind an einem gemeißelten Comic, begeistert von dem, was ich sehe, entzückt über mich selbst, weil ich dazugehöre, glücklich in meiner Tradition, jemand, der nicht umsonst auf Reisen gegangen ist, weil er einen Gedanken in Holz gefunden hat, einen Gedanken, der unverändert vierhundert Jahre lang an diesem Platz gedacht worden war und den er nie mehr teilen kann, aber versteht.

Januar 1979

TOTE FLUGZEUGE
UND ÜBERALL ADLER

D*as erste Bild.* Ich gehe in einem großen Raum umher. Darin steht ein Flugzeug, das nie mehr fliegen wird. Ich kann durch die Fenster hineinsehen. Drinnen liegen eine leere Schlangenhaut, tote Zweige. Flugzeuge können nicht leben und folglich auch nicht sterben. Was aber ist mit diesem Flugzeug, warum denke ich, daß es gelebt hat, gestorben ist, begraben und jetzt wieder ausgegraben? Es ist leicht verrottet, so wie lebende Materie verrottet. Manchmal sieht man auf einem Foto einen ausgegrabenen Soldaten, ein zerschlissenes Stück Uniform, noch etwas Haar auf dem augenlosen Schädel. So etwas ähnliches ist es. Das tote Flugzeug ist auf eine Weise verbogen, die die technische Perfektion eines echten Flugzeugs, aber auch die eines echten Flugzeugwracks negiert: So enden Flugzeuge nicht. Ich schaue auf das verbogene Blei, die Weichheit, Biegsamkeit, Verletzbarkeit dieses Materials. Dann sehe ich noch ein anderes Flugzeug. Es hat nur ein Fenster, ein offenes viereckiges Loch an der Stelle, wo sich das Cockpit befunden haben muß. Die Nase ist spitz, wie bei Überschallflugzeugen, doch wegen der Kratzer und Verbiegungen ähnelt die Vorderpartie auch einem Tierkopf. So wird dieses viereckige scheibenlose Fenster ein trauriges Auge, der Kopf einer ausgestorbenen Vogelart. An Stelle der Turbinen wieder tote Zweige, rostbraun, verblühte Blüten an den Enden. Natur, jedoch vertrocknet, tot. Auf den Flügeln mit der ungleichen Motorzahl liegen Bücher, aus denen Unkraut wächst. Auch dieses Unkraut ist tot: gelblich-braune Zweige.

Das zweite Bild. Der Himmel ist grau und nördlich, dies ist eine nördliche Stadt. Ich befinde mich in einem Park. Autos neben und auf den Bürgersteigen, anarchisch, gefräßig, wie es zu großen Menschenmengen paßt, die irgendwo zusammenkommen und ihre Sachen zurückgelassen haben. Die hoch oben dahinziehenden Wolken sehen gefährlich aus, ein Gewitter naht. Im Park ein Hügel mit Bäumen, die Rasenfläche steigt langsam an. Ich habe keine Eile, ich kenne mein Ziel: ein Götzenbild, das alles andere weit überragt, ein Männergesicht, das ich kenne. Wo die Bäume beginnen, führen langsame Stufen empor. Ich steige hinauf und sehe, wie die Figur immer senkrechter über mir steht. Natürlich wird sie größer und ich kleiner. Sie steht auf einem runden Sokkel, der so groß ist wie ein kleiner Platz. Ich steige die nächsten Stufen hinauf bis zum ersten Umgang. Nackte Männergestalten sind aus dem Granit herausgehauen, sie starren und denken, letzteres deutlich sichtbar. Nachdenken ist vielleicht das bessere Wort. Eine Tautologie: Trotz des Granits sind ihre Körper körperlich, Muskelstränge, Wölbungen, Kraft. Sie haben das Alter zwischen allen Altern, Namen zu haben ist ihnen verwehrt, sie haben sich ausgezogen, um zu denken. Sie sind da, um den Ruhm des kahlköpfigen Mannes dort oben zu mehren. Sie selbst konnten natürlich nie kahl gewesen sein. Nicht alt, nicht kahl, nicht dick, ihre männlichen Körper der ferne deutsche Widerhall eines griechischen Ideals. Ich steige höher, so daß mein Maß

Bismarck-Türme, Hamburg

noch kleiner wird, doch an die Füße der großen Gestalt komme ich nicht heran. Die Beine des Mannes stecken in eigenartigen Verschanzungen, als hätte er einen anachronistischen Harnisch getragen. Natürlich hat er ein Schwert (das er nie benutzt hat), und dicht an seine Beine gedrückt sitzen zwei Adler, ihre Rücken wirken wie Schilde, um ihn zu schützen, die Köpfe sind so nach hinten gedreht, wie man es manchmal im Zoo sieht, als hätte das Tier auch hinten einen Kopf. Sie schauen grimmig, die Schnäbel vor sich wie Haken. Granit, aber man kann sich die Farbe dieser harten Augen vorstellen. Urzorn, wird später eine Frau dazu sagen, als sie zu einem dieser Adler spricht, einem anderen, demselben.

Ich gehe noch einmal um die Figur herum. Als ich dichter hinter ihr stehe, sehe ich den steinernen Mantel wie einen Schuppenfall, der Hinterkopf gleich dem einer Buddhafigur. Das hat noch keiner über diesen Mann gesagt. Die Wangen vorne sind dick, aber nicht von der Fülle des Erleuchteten. Schnauzbart, Doppelkinn, Uniformkragen, Macht. Er sieht unter dem bleiernen Himmel über die Stadt, die ihn nicht geliebt hat, doch sein Blick trifft niemanden. Aus der Ferne ertönt plötzlich ein Schrei wie ein gewaltiger Sturmwind, der sich gerade erhebt, der Schrei einer großen Menge. Massenschauer, Massengenuß, ein Wettkampf. Der Schall läuft um die Baumwipfel herum und verebbt dann wieder.

Das dritte Bild. Eine Frau mit hartem, verkrampftem Gesicht. Sie befindet sich in einem leeren, weiß erleuchteten Raum. Welche Stunde des Tages es ist, weiß ich nicht, vielleicht zählen derlei Einteilungen nicht, wo sie sich befindet. Traumzeit. Neben ihr ein Käfig mit einem Adler. Dieser hat den Kopf von allem abgewandt, eine tote Silhouette auf einem toten Ast. Aber sie spricht zu ihm. Das kann ich gut hören, der Raum, in dem sie sich befindet, liegt dem Raum gegenüber, in dem ich bin. Sie will, so scheint es, den Adler locken, verführen, eine spezielle, deutsche Variante zu Leda und der Schwan. Sie erinnert ihn an den Liebesblick, den er ihr an diesem Morgen noch aus seinem *urzornigen* Auge geschenkt hat, sie schneidet seinen Käfig mit der mitgebrachten Drahtschere auf, sie bietet sich dar, nicht so sehr zum Zwecke der Paarung, obwohl es dem noch am ehesten gleicht, nein, zu einer viel intensiveren Form der Kommunikation, als Opfermensch, als Aas. Ich weiß, wer sie ist (ich bin schon länger in diesem Raum), diese Anita von Schastorf, Tochter eines preußischen Junkers, der an dem Attentat auf Hitler beteiligt gewesen sein soll, ein Vater, den sie kaum gekannt hat, jedoch idealisiert, dessen Tagebuch sie veröffentlicht, aus dem sie die unappetitlicheren Geständnisse entfernt hat, wie ein junger Historiker ihr gerade vorgeworfen hat. Er hat ein anderes, deutlich weniger schmeichelhaftes Bild von ihrem Vater, und sie hat ihn wütend niedergeschrien, hat ihm nachgebrüllt, und jetzt ist sie allein mit ihrem Adler und schreit nicht mehr, sondern lockt und sagt, daß sie sehr nackt sei unter ihren Kleidern. Ein Vogel könne sich nicht vorstellen, sagt sie, »wie arm das ist, so nackt und hilfsbedürftig, ohne Kleid«, und sie wiederholt ihr Angebot: Blut, Därme, Sehnen, Fett, Haut, Drüsen, alles, was ihr weicher Menschenleib zu bieten hat, darf dieses deutscheste aller Tiere haben, hier ist es für seinen Schnabel und seine Fänge. Er rührt sich nicht, und dann wird es dunkel, und als es wieder hell wird, sitzt er auf ihrem halbnackten Körper, die Schwingen ausgebreitet, aber nicht sie wird gefressen, er selbst ist es, denn nachdem es abermals dunkel geworden ist, sitzt sie noch immer da, blutverschmiert, hysterisch, Federn und große Vogelknochen rings um sich verstreut, und sagt Wald ... Wald ... Wald ... Wald ... als wäre es noch nicht finster genug.

Das vierte Bild. Ich bin wieder in der nördlichen Stadt am Wasser. Es ist jetzt heller, ein anderer Tag, die Gewitterwolken sind vorübergezogen. An einer großen Straße steht ein Denkmal, auf dem Soldaten dargestellt sind. Es ist rechteckig, dieses Denkmal. *Deutschland muß leben und wenn wir sterben müssen* steht darauf, und diese seltsame Formulierung will sagen, daß das Überleben Deutschlands den Tod jedes dieser Männer aus Stein wert ist, die dort starr und unbeweglich in geschlossener Reihe um die Ecke marschieren, so daß dieser Zug nie ankommen kann, nie aufhören kann zu marschieren, ein Zug ohne Anfang und ohne Ende. Es ist ein Relief, die rechte Hälfte existiert nur als Idee und ist im Stein verborgen, die Form des bekannten Helms schneidet jeweils in das zur Hälfte fehlende Gesicht des Mannes dahinter, doch da es keinen Anfang und kein Ende gibt, hat jeder einen Mann vor und hinter sich, auf ewig müssen sie so weitermarschieren, dem Tod entgegen.

Soldaten des 76. Hanseatischen Regiments

Das fünfte Bild. Jetzt bin ich wieder da, wo ich begann. Ich gehe an den toten Flugzeugen vorbei in eine Bibliothek aus Blei. Die Bücher in den Regalen sind so groß, daß ich sie nie hochheben könnte. Was wohl in ihnen steht? Alt sind sie, eingesunken, ein wenig hinfällig lehnen sie sich aneinander. Der Gedanke an die Bibliothek von Alexandria und an Borges drängt sich auf, doch die Bücher der ersteren dienten sechs Monate lang als Brennstoff für die Dampfbäder der Stadt, und bei letzterer stelle ich mir etwas vor, was nicht aus Blei ist, eine innere, geistige Bibliothek, deren Bücher jederzeit verfügbar sind, während sie selbst unsichtbar ist. Die Bücher, die hier stehen, kommen mir eher wie die Bücher eines Katasteramts vor, Register der Lebenden und der Toten, so ungefähr. Irgendwann einmal habe ich in der Burg von Simancas das spanische Reichsarchiv gesehen, sehr gruselig. Ein paar Gelehrte in tödlicher Stille, und dann Kilometer von Folianten, Pergamenten, eine nirgends endende Schlachtordnung gebundener Lederrükken. Irgendwo mittendrin griff ich einen Band heraus, das Grundbuch der Stadt Cuenca im 17. Jahrhundert, und dann ließ dieser Gedanke mich nicht mehr los: daß in diesem Archiv ganz Spanien erfaßt war, jeder vermessungsamtliche Zentimeter, jedes Ereignis, jedes Sendschreiben, als hätte man das Land und seine Geschichte noch einmal erschaffen, doch nun aus Papier. Hier vermute ich das gleiche, freilich ohne Methode. In diesen Büchern müssen bleierne Namen stehen, aber es sind Namen des Zufalls, so wie die langen Streifen von Standfotos, die aus den halb deformierten bleiernen Videorecordern auf den oberen Regalen heraushängen, nur zufällige Menschen zeigen, Anonymi, Zeitgenossen, Menschen, die es gab oder gibt und deren Namen in diesen bleiernen Kolossen weiterschlummern werden, ungesehen, weil niemand sie lesen kann. Euphrat und Tigris steht auf den Regalen geschrieben, als wollten diese Bücher mehr mit mir, als ich erkennen kann, als müßte meine flüchtige Zufälligkeit gegen das Licht der Weltgeschichte gehalten werden, doch wer das behauptet, vergißt, daß ich selbst aus diesem Zweistromland stamme und daß, so anonym ich auch bin, die Geschichte meiner Welt mehr in mir wohnt als in diesen geschlossenen Büchern aus Blei.

Das sechste Bild. Der Raum mit der Frau und dem Adler, nun aber zwei Stunden früher. DEUTSCHLAND hat gerade einer gebrüllt, es erinnerte an diesen anderen Laut, den der Menge in der nördlichen Stadt. Diese eine Stimme ruft wie eine ganze Menge, sie jagt einem ordentlich Angst ein, und das Wort tut das Seine dazu. Es ist keine Menge, die da steht, und doch – diese fünfzehn Menschen, die auf verschiedenen Höhen, aber doch dicht beieinander stehen, die Gesichter alle in eine Richtung gewandt, sie wirken wie ein Stamm, wie ein kleines Volk. »Wir sind der Chor«, sagen sie zu dem Fotografen, aber ich und die anderen rings um mich hören es auch, und durch diese Worte hindurch sollen wir natürlich hören »wir sind das Volk«. Volk? Was ist das? Diese Ansammlung giftender, tratschender, einander bespitzelnder, beschuldigender Chormitglieder in dem Augenblick, dem einen Augenblick, in dem sie alle zusammen fotografiert werden? Ist das ein Volk, diese willkürliche Gruppe von Menschen, die, an einem bestimmten Punkt in der Zeit angelangt, *das* Volk sein soll, dieses eine unentrinnbare Volk mit den Großbuchstaben, die Gruppe, auf die jeder (ein Fotograf ist jeder) blickt, auf die wir, die wir nicht zu diesem Volk gehören, blicken? Der Fotograf, dieser blitzschnelle Historiker, tut sein Bestes, und das sollte er auch, denn sie behalten ihn ständig im Auge. Er soll sie in dem einen unwiederholbaren Augenblick fotografieren, so werden sie dann ausgesehen haben, aufgenommen (so heißt das in der Fotografie), bevor die Gruppe wieder in einzelne Individuen zerfallen konnte. Aber etwas macht der Fotograf nicht richtig, ein Hut verdeckt ein Gesicht, einer ist nicht dabeigewesen, das Volk ist nicht ganz darauf und nimmt Rache und frißt den Fotografen auf, seine Kleider bleiben ordentlich zusammengefaltet auf dem Boden liegen, die Turnschuhe obenauf. Der Fotografin, die danach kommt, wird es nicht besser ergehen, diese Menge ist gefährlich.

Das letzte Bild. Noch einmal bin ich bei den Flugzeugen, bei der Bibliothek aus Blei, und ich gehe eine Treppe hinunter und komme in einen großen Saal mit Bildern. Wenn ich eine Farbe als erste nennen müßte, wäre es Schwarz, das verkohlte, versengte Schwarz von Dingen, die gebrannt haben. Erst später merke ich, daß viele der jungen Frauen, die dort herumgehen, das gleiche Schwarz tragen, Schwarz und die Farbe, die als nächste kommt, Aschgrau, das Grau von zerbröckeltem Stein, das helle Braun des Wüstensands, der kalte Glanz dürren Holzes, vertrocknete Blätter, schmutziger

Schnee. Lilith, Jerusalem, Entfaltung der Sefiroth, Die Rheintöchter, diese Bilder haben geladene Namen erhalten. Bilder der Melancholie sind es, die zusammengerollte Schlange aus dem Flugzeug, eine einsame Leiter in den leeren Himmel, zwei schwarze Engelsflügel ohne Engel, Landschaften, aus denen eine gefährliche Art von Licht die Menschen vertrieben hat, eine saturnische Welt toter Materie, des Verlusts und der Abwesenheit, mit Bahngleisen, die wie in Theresienstadt in der Vernichtung enden, Steine, die mit ihren geschriebenen Namen die Welt der Kabbala heraufbeschwören, als bestünde am Ende des Durchzugs durch all diese gestorbenen Welten doch noch eine Möglichkeit, dem Schmutz der Geschichte zu entrinnen, Erlösung. Azila, Jezira, Asijjah, als Verlockung, als Hoffnung irren diese Worte zwischen dem Blei und den toten Kleidern ohne Menschen umher, Kleider von Frauen, Kindern, vielleicht auch Puppen, beschmutzt, in dem verbogenen, zerknautschten Blei eingeklemmt, wie der einst grüne Farn, wie der lose Propeller, wie der abscheuliche Wust toter Haare auf dem schon fast nicht mehr erkennbaren Frauenbild.

»C'est la vie et la mort«, höre ich hinter mir, und natürlich drehe ich mich um. Der junge Mann, der diese Worte gesprochen hat, sieht voller Erwartung die gleichfalls junge schwarze Frau an, an die er sie soeben gerichtet hat. Sie kann ihm nicht einmal den Kopf zuwenden, dafür stehen sie zu dicht beieinander, dafür ist der Schirm ihrer schwarzen Mütze zu groß, sie könnte ihn damit enthaupten, wie eine Waffe sticht diese Kopfbedeckung nach vorn. »C'est ni la vie ni la mort«, sagt sie, und ich denke, sie hat recht. Sie steht ganz still da auf ihren spitzen silbernen Schuhen und schaut noch eine Weile und sagt dann: »C'est la souffrance«, es ist das Leiden, und wieder stimme ich ihr zu. Es ist das Leiden vor der Läuterung, der Katharsis, das Erlöstwerdenwollen aus einer befleckten Zeit, aus der lästerlichen Erzählung der Geschichte. Als ich mich umdrehe, um den Raum zu verlassen, der mich bedrückt, sehe ich, wie sie an der nächsten Tür angehalten wird. Der Mann, der das tut, deutet auf den Vogelschnabel ihrer Mütze, sie aber lacht und dreht das Ding herum, so daß der riesige Schirm ihr jetzt wie ein erstarrter Schleier in den Nacken hängt, und irgendwie vermittelt diese simple Drehbewegung dem Nachmittag ein Gefühl der Befreiung, so daß ich leichter nach draußen kann, von diesen Bildern befreit. Aber wo war ich, und wann? Vielleicht ist es jetzt endlich genug der Rätsel?

Wo essen preußische Adlige deutsche Adler? Das tun sie im »Schlußchor« von Botho Strauß, den ich im Deutschen Theater in Ost-Berlin sehe, wie es früher hieß. Dort singt auch dieser Chor, der nicht singt, und dort ruft jemand Deutschland, so wie einem auch bei den Rheintöchtern von Anselm Kiefer in der Nationalgalerie sofort der Gedanke an Deutschland kommt, so wie die Soldaten in ihrem ewigen Rechteck deutsche Helme tragen, so wie der riesige Mann aus Stein in der nördlichen Stadt Hamburg der Begründer des Deutschlands von 1871 war, so wie die Adler zu seinen Füßen dieselben Adler sind wie der Adler auf der nackten Frauenschulter, der nun einmal, wie auch immer, derselbe

Adler ist, den ich wenige Tage später (all diese Bilder sah ich innerhalb einer Woche) an einer Mauer in Charlottenburg sehe, schwarz vor Schmutz aufgrund der verunreinigten Luft, Schmutz, der wie Blut aus seinem Schnabel tropft.

Aber bringen Sie die Dinge da nicht unzulässig durcheinander? Meinen Sie bei dem einen Bild nicht die Wirklichkeit und beim nächsten die Kunst, die Abglanz, Abbildung, Darstellung, Sublimierung der Wirklichkeit ist? Gewiß, aber auch diese Bilder, Adler, Chor, Bücher aus Blei habe ich mit meinen wirklichen Augen in einem wirklichen Raum gesehen, ebenso wie die Soldaten des 76. hanseatischen Regiments an dem rechteckigen Denkmal in Hamburg und die Bismarckfigur. Wer bestimmt die Hierarchie dieser Bilder? Das Erdachte gehört ebensogut zur Welt, auch wenn ich hundertmal weiß, daß dieser Adler ausgestopft war und niemand ihn auffraß, genauso wie ich weiß, daß diese Bücher aus massivem Blei sind und kein einziger Name in ihnen steht, was immer ich behaupten mag, ebenso wie diese Flugzeuge auch nicht verrottet sind, sondern schlichtweg so gemacht, ebenso wie der tote Farn zwischen das Blei geklebt ist und der Chor sich nach der Vorstellung abschminkt. Kunst frißt von der Wirklichkeit und kehrt, günstigenfalls, dorthin zurück. Deutsche Kunst, deutsche Wirklichkeit, beidem entrinnt man hier nicht, schwer, geladen, trübe, romantisch, mitunter mit einem Umweg durch den Hinterhof des Kitsches und auch dann eine Spiegelung der Wirklichkeit, der Kitsch der Bismarck-Türme aus der Gründerzeit, der Kitsch der Lichtkathedralen und Fackelzüge ein halbes Jahrhundert danach, der Kitsch des silbernen Adlers, den ich als Kind so beängstigend fand, als ich ihn hoch über den Reihen grauer Männer tanzen sah, die in Den Haag einmarschierten.

Deutsche Freunde halten nichts davon, daß ich mich in diesen Tiefsinnigkeiten verstricke. Du suchst danach, sagen sie, aber das stimmt nur zum Teil. An Bismarck in Hamburg kam man nicht vorbei und genausowenig an dem Denkmal mit den marschierenden Soldaten. Derlei steht auf Straßen und in Parks herum, vielleicht sehe ich es nur früher, sage ich. Hast du denn auch das Denkmal von Hrdlicka gesehen, das daneben steht, fragen sie, die Skulpturen, die nicht fertiggestellt sind, weil er sich mit der Stadt überwarf? Ja, die habe ich auch gesehen, ein dialektisches Monument, dazu bestimmt, dem anderen zu widersprechen. Für Hrdlicka ist Krieg keine Sache marschierender Soldaten, sondern von Opfern, Frauen und Kindern bei Bombenangriffen, Leichen von Soldaten in Laufgräben, eine Sache von Exekutionen, Folter, Widerstand. Es steht da im Ansatz, das Mahnmal, die Stadt hat ordentlicherweise eine Erläuterung danebengestellt, aber es ist offen, es deutet sich selbst nur an, ist nicht fertig, hat noch nicht zu Ende gesprochen, es schwebt wie eine Wehklage um das andere herum, um diese marschierenden Männer mit den verschlossenen Gesichtern, die alle den gleichen Gedanken zu denken scheinen. »Und Bismarck, was ist mit Bismarck?« Ich sage, daß jeder Politiker, der davon überzeugt ist, daß nicht er es ist, der Geschichte macht, sondern wie jeder andere abwarten muß, bis und wie sie sich vollzieht, damit zumindest eine Korrektur an seinem eigenen pompösen Denkmal vorgenommen hat (das er schließlich auch nicht selbst gemacht hat), und daß das Bild, das Golo Mann in »Wissen und Traum« von ihm zeichnet, Faust *und* Mephisto, fromm *und* zynisch, Monarchist *und* Fürstenverächter, Melancholiker, Machtpolitiker, Verächter jeder Form von Ideologie, großer Redner, auf jeden Fall nuancierter ist als das Bild, das sie sich offenbar von ihm machen. Na gut, aber Kiefer? Ob ich nicht wisse, daß der total passé sei? Das mag schon sein, doch was kümmert mich das? Ich sehe auch, daß seine Kunst so schwer ist wie das Blei seiner Skulpturen, aber ist es nicht das Land selbst, das seinen Künstlern schon seit Jahrhunderten diese Schwere, diese didaktische Schwermütigkeit auferlegt? Sie sprechen von Bildungsbürgertum, von Kiefer in seiner Rolle eines praeceptor Germaniae, eines selbsternannten Propheten, der diese Bilder aus der jüdischen Mystik nicht wirklich verarbeitet habe, sondern sie als kosmetische Versatzstücke benutze, genauso wie er sich in einer früheren, provozierenden Periode den deutschen Mythos nach Gutdünken zurechtgeformt habe. Schon möglich, mich beschäftigt nie so sehr, wie ein Kunstwerk zustande kommt oder wie das Barometer der Kunstwelt steht, was andere davon halten und welche Motive und politischen oder finanziellen Manipulationen sie dahinter vermuten, das einzige, was zählt, ist die Sache selbst, vor der ich stehe und die mich mit ihrer apokalyptischen Schwere umschließt, während jemand hinter mir sagt: »C'est la souffrance.« Mit mir sei ja nicht zu reden, ich sei offenbar fest entschlossen, in allem, was deutsch sei, das Deutsche zu sehen, aber daß Strauß im Grunde ein Boulevardkünstler sei, der seine Stücke mit politischem Tiefsinn ohne jede Klarheit untermische, der über die Einheit nur leere Phrasen und Anspielungen von sich gegeben habe, das sähe ich doch wohl? Und ob ich die Buhrufe bei dieser wahnwitzigen, kitschigen Adlerszene nicht gehört hätte? Ja, die habe ich gehört und vielleicht auch verstanden, denn diese Szene paßt eigentlich nur in Filme von Spielberg und nicht auf die Bühne, und ich kann mir auch kein englisches Stück vorstellen, in dem ein britischer Löwe aufgefordert wird, sich an der Hauptdarstellerin gütlich zu tun, doch andererseits habe ich an diesem Abend auch glänzende Szenen gesehen, mir gehen noch ständig Gedanken zu dieser Vorstellung durch den Kopf, aber was womöglich noch schlimmer ist, ich sehe jetzt immerzu Adler, preußische und hessische, den Weimarer Adler, der wieder der heutige ist, gezähmte und gekrönte, die der Post und die der Polizei, bis jemand mir den allerschönsten zeigt, den mit den waagrecht ausgebreiteten Schwingen, den ich noch aus meiner Kindheit kenne, den der Fahnen, nur tanzt er jetzt nicht mehr durch die Straßen, er hängt versteinert über dem Eingang des Finanzamts bei mir im Viertel, er durfte bleiben, das Hakenkreuz ist aus dem Ring in seinen Klauen entfernt, und statt dessen steht da 48, die Hausnummer. Daß die Zahl 48 dadurch eine kabbalistische Ladung erhält, die einer Erlösung nahekommt, behalte ich lieber für mich.

Juni 1991

DIE UHR KOMMT NICHT VORAN

Das letzte Foto in meinem Buch *Berliner Notizen* zeigt das Belvedere in den Gärten von Schloß Sanssouci bei Potsdam, und der letzte Satz des Buches lautete: » ... und wenn ich wiederkomme, wird alles anders sein und doch dasselbe und für immer verändert.« Das war eine an sich nicht schwierige Prophezeiung. Die Mauer würde verschwunden sein, aber die bekannten Gebäude würden noch stehen, die beiden Teile der Stadt, dachte ich, würden sich mit den in ihr lebenden Menschen langsam aufeinander zu bewegen, Zeitungen würden verschwinden und neue hinzukommen, in West-Berlin würde es immer hektischer werden, und im Osten würden die Zeichen des Kapitalismus langsam vorrücken.

Das Belvedere habe ich vor kurzem wiedergesehen. Jetzt war es nicht mehr die offene, versehrte Ruine, die es seit dem Krieg gewesen war, abgetragen, geschändet, Unkraut zwischen den Säulen. Der Verfall war eingepackt wie ein Werk von Christo, die Schändung unsichtbar geworden. Der Krieg wird daraus verschwinden, es wird kein Mahnmal mehr sein, im Gegenteil, wenn es aus diesen schwarzen Hüllen wieder zum Vorschein kommt, wird es glänzen, ein Beispiel des Klassizismus, ein Prunkstück. Und zugleich wird es ein wenig tot sein, wie eine Schauspielerin nach einem Facelifting.

Wohin bin ich zurückgekehrt, in was für eine Stadt? Ich weiß es immer noch nicht. Es ist eine zweimalige Rückkehr, die erste im Februar, die zweite im April. In dieser Zeit hat sich der Zweifel vertieft, es wird immer schwieriger, etwas darüber zu sagen. Ich selbst war, wollen wir es mal so ausdrücken, mehr oder weniger derselbe geblieben, wenngleich niemand zweimal in denselben Fluß steigt. Die Kulisse war ebenfalls dieselbe, die Stadt, das Haus. Derselbe Holzlöwe am Treppengeländer im düsteren Hauseingang, derselbe Geruch nach Tabak und deutschem Essen im Treppenhaus. Mein chilenischer Freund hatte einen Teil seiner Bücher und Bilder auf die andere Seite des Erdballs mitgenommen, aber es war noch genügend spanische Lektüre für ein ganzes Jahr geblieben, und auch die eigenartigen Möbelstücke eines Exilanten standen noch da. Beim ersten Mal schneite es, die Kastanie auf dem Innenhof reichte noch immer fast bis an meine Fenster heran, so daß ich sehen konnte, wie sie fror. Die Nachbarn von gegenüber mit den Kindern waren verschwunden, die neuen sind unsichtbar, die alte Frau unter mir, die die betagteste Bewohnerin war und das Haus noch aus der Zeit vor dem Krieg kannte (»diese Bombenangriffe, das können Sie sich nicht vorstellen«), war in den letzten Monaten immer autistischer geworden, und jetzt war sie tot. Ich fragte mich, ob es wohl irgend jemanden auf der Welt gab, der gelegentlich noch an sie dachte. Auf ihrer Etage war jetzt eine Firma mit irgend etwas Europäischem im Namen eingezogen, die Leute, die ich manchmal herauskommen sah, hätten in Werbeanzeigen gepaßt. Großstädte lassen Menschen spurlos verschwinden, aber ich sah noch immer ihre großen Schuhe, ihren versteinerten Gang und das verschlossene Gesicht vor mir. Doch niemand sprach von ihr.

Im Schnee machte ich Streifzüge durch die Stadt, ich erinnere mich an ein Mal, als ich auf ein übriggebliebenes Stück der Mauer stieß, aus dem Stangen ragten, ein toter, verschneiter Durchgang, die Stangen wie greifende schwarze Tentakel, aber nichts geschah. Ich stand da auf diesem schmalen Stück Land, das in Kürze wieder *normal* werden würde, Teil eines viel größeren Landes, allenfalls im Erdreich noch Spuren der beiden verschwundenen Mauern, und ich merkte, daß es nichts zu sagen gab. Die Gedanken über diese steinerne Erinnerung waren totgedacht, sie waren, wie die Mauer selbst, am Ende. Viel merkwürdiger war es da, wo die Mauer nicht mehr stand, wie zum Beispiel am Checkpoint Charlie. Aber »*am* Checkpoint Charlie« konnte man auch nicht mehr sagen, denn den gab es nur noch auf Fotos. Einen Ort bezeichnen mit Hilfe von etwas, was es nicht mehr gibt, das wird schwierig. So schwierig ist es also. Die nicht mehr existierende Mauer existiert zweifach, weil man sie sich dort denken muß, wo sie einst war. Vielleicht auch nicht, aber das passiert automatisch. Man geht nicht ungestraft durch eine Wunde, und diese Wunde ist überall. Wie die Narben. Oft stehen die Kontrollhäuschen noch da, leer, nutzlos. Sie müssen weg, oder jemand muß eine neue Bestimmung für sie finden. Aus der Wechselstube an der Invalidenstraße ist ein Beate-Uhse-Sexshop geworden, das geht. Allmählich wird das große Auskehren beginnen, doch das ist draußen, in der Stadt. Das innere Auskehren muß auf die Ungeborenen warten, auf die neuen Bewohner, oder auf die Gedankenlosen, von denen es jedoch nicht viele gibt. Es scheint, als hätte jeder eine Mauer im Kopf, früher oder später taucht sie bei jedem Gespräch auf. Gewöhnt man sich daran? Nicht richtig. Man fährt jetzt mit der S-Bahn direkt in den Osten und braucht am Bahnhof Friedrichstraße nicht mehr auszusteigen, man kann durchfahren. Die Fenster im Zug zeichnen einem die Stadt hin, die Lücke, wo früher die Mauer stand, danach die Farblosigkeit, die stalinistische Architektur, das andere. Nein, daran gewöhnt man sich nicht, und man kann es auch nicht in die Luft jagen, es bleibt stehen. Bald werden die Mieten in den farblosen Häusern steigen, bald wohnen darin immer mehr Arbeitslose. Auch das ist eine Mauer.

Und im Westen, wo die Privilegierten wohnen? Da ist man unglücklich und manchmal bösartig, ich komme noch darauf zurück. Man bleibt unter sich. Eigentlich ist es, nach der Euphorie damals, als wäre die Mauer wieder da. Wer drüben, ob im Westen oder Osten, nichts zu suchen hat, bleibt daheim. Zu teuer für den einen, zu ärmlich für den anderen. »Die im Osten haben eine Unteroffiziersmentalität, mit denen kann man nicht reden.« »Die im Westen sind arrogant, die wollen uns kolonisieren.« »Die haben sich vierzig Jahre lang dieses System gefallen lassen, was glaubst du, was das für Leute sind? Jeder sechste war bei der Stasi. Kannst du dir das vorstellen, so eine Mentalität? Das hatten wir gerade, darauf haben wir weiß Gott nicht gewartet.«

»Geld, Geld und noch mal Geld, das ist alles, woran die Wessis denken. Für die sind wir nur Habenichtse. Dabei haben die nur Glück gehabt. Jetzt fahren die hier mit ihren dicken Mercedessen rum und schauen, ob noch irgendwo ein Haus von ihnen steht.«

»Findest du nicht, daß sich alles verändert hat?« fragen die Freunde. Du willst es noch nicht sagen, aber du denkst, daß vielleicht sie sich verändert haben, du wunderst dich über die Verbitterung. Sie wollen weitererzählen von der gestiegenen Kriminalität, aber ich komme selbst aus einer problematischen Stadt, mich beeindruckt das nicht. Die langen Schlangen von Polen vor den billigen Supermärkten und den Elektronikgeschäften in der Kantstraße, über die sie sich im vorigen Jahr so beklagten, sind trotz der neuen Visumfreiheit nicht wiedergekommen, die Trabbis bleiben meist in ihren Nestern oder ihre Besitzer haben sich Westautos gekauft, das Benzin ist von besserer Qualität, und damit ist der Gestank verschwunden, der Westteil der Stadt ist wieder sein früheres parkähnliches Selbst, die Häuserpreise steigen von Tag zu Tag, und ansonsten ist dies die ruhigste Metropole, die ich kenne, sogar die Krawalle am 1. Mai waren in diesem Jahr weniger gewalttätig, als die Tradition es vorschreibt. Und sonst? Sonst wird gelebt, und gewartet. Man wartet auf bessere Straßen und auf die Entscheidung, ob Berlin Hauptstadt wird, auf einen ausgeglichenen Etat und die Neubebauung des Potsdamer Platzes, auf den Prozeß gegen Mielke und auf neue Zuwanderer, auf Arbeit und auf Enthüllungen, auf Investitionen und Pleiten, die ganze Stadt lungert im Wartezimmer der Geschichte herum, und während alles, was hier passiert, sehr wirklich ist, liegt gleichzeitig ein Gefühl der Unwirklichkeit über den Straßen und Plätzen, als wäre die Welt nicht echt, als könnte etwas ganz anderes passieren und niemand weiß, was, doch was es auch sein mag, es wird etwas mit der Idee der Geschichte zu tun haben. Der Geschichte entrinnt diese Stadt nicht, und vielleicht ist es das, was hier los ist, oder *auch* los ist. Geschichte sollte etwas sein, was geschehen ist, nicht etwas, was geschieht. Wer glaubt, er mache Geschichte, kann sich nicht auf die Wirklichkeit konzentrieren, doch eine Stadt, die gesättigt ist mit Zeichen aus der Vergangenheit, mit beschädigten Säulen neben unversehrten Säulen, mit konzipierten Standbildern und zufälligen Einschußlöchern, eine Stadt, die sich als *eine* große steinerne Erinnerung lesen läßt, die täglich an ihre Rolle von früher und noch früher erinnert wird, kann sich nicht unbefangen im Heute bewegen. Geschichte ist unsichtbar, weil sie langsam voranschreitet, es kommt nur sehr selten vor, daß sie sich antreiben läßt. Ein solcher Augenblick war jener Tag im November 1989, die Folgen dieses Tages freilich stellen sich mit der Langsamkeit eines Schachzugs ein, und die Bewohner sind diejenigen, die den nächsten Zug tun, und zugleich die, welche das Resultat abwarten müssen, und das Warten ist deutlicher als das Tun. Die Wartezeit wird mit Reden, Klagen, Argumentieren, Beschuldigen, Untersuchen, Erinnern, Verurteilen, Fragen verkürzt, und die Seiten in diesem Buch sind so schwer wie die aus Blei in den Büchern Anselm Kiefers, man kann höchstens eine pro Jahr umschlagen.

Aber haben Sie denn wirklich geglaubt, Sie merkwürdiger Außenstehender, daß der Berliner, den Sie in der fahlen Frühlingssonne hinter dem Schloß Charlottenburg auf einer Bank sitzen sehen, oder sein ferner Mitbürger, der auf dem Alexanderplatz im Osten mit einer Mischung aus Verlegenheit und Fassungslosigkeit auf die bleichen, pickligen Gesichter einer Gruppe herumhüpfender Hare-Krishna-Jünger schaut, sich mit der Idee der Geschichte beschäftigen?

»Jein«, muß ich dann antworten wie ein echter Berliner: Ja *und* nein, denn wie könnte man ihr entkommen? Historisch, das Wort quillt regelmäßig aus Politikermündern (»Wenn wir diese historische Chance nicht nützen«), es durchzieht Leitartikel und Fernsehkommentare, und die Denkmäler bezeugen es nach wie vor: Die Zeit deiner Tage kann zu Stein werden und aussehen wie eine Ruine, eine halb abgerissene Mauer, eine Fassade mit Einschußlöchern oder wie das kolossale Denkmal einer trauernden Mutter mit dem gefallenen Sohn im Arm. Doch auch auf eine andere Weise ist hier fast niemand ohne Geschichte, sogar die Jüngsten in der ehemaligen DDR waren bereits Mitglieder der FDJ, und wenn man noch weiter zurückgeht, begegnet man allen Möglichkeiten: Leuten, die unter Hitler auf der falschen Seite standen und später auf gar keiner, Leuten, die zweimal auf der falschen Seite standen, Leuten, die unter dem Nationalsozialismus Helden waren und hinterher vielleicht bei der Stasi, und dazwischen sämtliche Schattierungen vom Fanatismus bis zur Gleichgültigkeit. Man begegnet ihnen und weiß nicht, wer sie waren, sie tragen ihre unsichtbare Vergangenheit in der

Vorläufigkeit des Jetzt mit sich herum. Denn eines ist sicher: Zweimal im Leben einiger, einmal im Leben fast aller war etwas zu Ende, machte die Geschichte eine Bewegung oder eine Scheinbewegung, wodurch es aussah, als könne sie von neuem beginnen, was natürlich nie wirklich so ist. Aber jedenfalls sah es so aus. Der deutsche Nationalsozialismus war 1945 zerschlagen, der ostdeutsche Kommunismus 1989 bankrott. Demokratien regeln das anders. Sie haben vielleicht einen Beginn, aber wenn alles gutgeht, kein Ende, und teilweise hängt dieses irreale Gefühl von Vorläufigkeit und Unwirklichkeit, das über Berlin und Ostdeutschland liegt, damit zusammen. In gewisser Weise ist man in der Utopie gelandet, denn dafür ist man auf die Straße gegangen. Freiheit, Demokratie, Mitspracherecht, alles, was sie nicht hatten. Und jetzt, da sie es haben, sieht es nicht wie eine Utopie aus, außer daß, wie bei richtigen Utopien, kein Ende in Sicht ist. Diese Geschichte wird, wenn alles gutgeht, solange sie leben, nicht »aus«, nicht zu Ende sein, und gerät dadurch mit dem menschlichen Maß in Konflikt. Utopien gehören ins Paradies, dorthin, wo man bekanntlich nicht leben kann. Und jetzt, da man hier in einer leben muß, ist die Enttäuschung groß.

Ich höre den Gesprächen zu. Nichts an dem, was ich nun wiedergebe, ist erfunden.

Der polnische Professor: »Was man hier in Westdeutschland noch nicht verstanden hat, ist, daß nicht der Kapitalismus den Sozialismus besiegt hat, sondern daß der Kapitalismus vom Osten aus sozialisiert werden wird. Die langsamere und um so vieles unsichtbarere Bewegung verläuft von Ost nach West. Ist Ihnen eigentlich klar, daß Kohl nach seiner Wahlniederlage neulich im Grunde nur noch dank der Länder der ehemaligen DDR regiert?«

Die bekannte Feministin: »Die Steuern sind mir egal, Hauptsache, die Mauer wird wieder aufgebaut. Das sind *andere* Menschen, mit denen haben wir nichts gemeinsam. Die sind anders großgeworden, das wächst sich zu unseren Lebzeiten nicht mehr zurecht.«

Der Journalist: »Sie müssen mal darauf achten, wieviel grüne Hosen man im Osten sieht. Italienische Jacketts, ja, aber grüne Hosen. Das sind Armeehosen, die Jacken können sie nicht mehr tragen, aber die Hosen werden nicht weggeworfen. Und wenn man sieht, wie komisch sie in ihren Adidas-Schuhen gehen, dann wird einem klar: Die haben ihr Leben lang Stiefel getragen.«

Der Hausbesitzer: »Damit hätten wir nie mehr gerechnet. Unsere Familie hatte ja immer noch ein Haus in Erfurt. Das gehörte zum Erbteil von meiner Schwester und mir. Die haben es tadellos verwaltet, doch, wir mußten noch 1028 Mark bezahlen, aber dann gehörte es uns, die Erbschaftssteuer war auch schon bezahlt. Der Schätzwert beträgt eine knappe Million. In dem Haus wohnen ungefähr fünfzig Leute. Die müßte man alle mal antreten lassen und dann die Reihe abschreiten. Nein, nein, war nur ein Scherz.«

Die Feministin: »Wenn sie sich wenigstens noch selbst befreit hätten, wie wir Feministinnen das getan haben. Aber nein, sogar das mußte aus Rußland kommen.«

Die Studentin aus dem Osten: »Der Bruder meines Vaters ist schon früh rübergegangen, damals, als es noch ging. Mein Vater nicht, der wollte bleiben. Wir hatten einen kleinen Familienbetrieb, den versuchte er am Leben zu erhalten. Jedes Jahr hat uns mein Onkel einmal besucht, mit seinem dicken Opel. Und dann hat er uns ausgelacht wegen all dem, was wir nicht hatten. Ich habe diese Besuche gehaßt.«

Der Buchhändler aus dem Osten: »Ich brauche Ihnen ja wohl nicht zu erzählen, was alles nicht möglich war. Aber es gab auch unendlich viel, was möglich war, dazu muß man sich nur mal das Verlagsprogramm von Volk und Welt oder von Reclam ansehen. Jetzt geht alles, aber jetzt läuft gar nichts mehr, denn mein Laden ist von einer Kette aufgekauft worden. Alles, was ich weiß und gelernt habe, ist jetzt nutzlos. Um Sexbücher und Reiseführer zu verkaufen, braucht man keinen Updike und keinen Goethe gelesen zu haben. Und die Alternative ist die Tür.«

Die Niederlandistikstudentin aus Leipzig: »Früher durfte ich nicht in die Niederlande, und jetzt kann ich nicht, weil es zu teuer ist. Natürlich bin ich froh, daß es die Wende gegeben hat, aber es ist schon bitter, daß die da drüben sagen, wir würden keinerlei Initiative entfalten. An Initiative fehlt's nicht, aber wohin damit? Mein Vater ist entlassen worden, der bekommt nie mehr einen Job. Und so ist es überall. Die Leute haben Angst.«

Die Übersetzerin aus dem Westen: »Jammern, das ist alles, was die können. Alles muß sofort passieren, heute noch. Uns hat man nach dem Krieg auch nichts geschenkt, wir konnten auch nicht gleich nach Mallorca.

Die tun so, als ob wir den Krieg allein geführt hätten. *Sie* hatten nichts damit zu tun. Die Faschisten wohnten alle im Westen. Na, und wenn man dann hört, wie sie jetzt über die Polen und die Vietnamesen reden, die bringen ganz Deutschland in Verruf.«

Der ungarische Schriftsteller: »Meine siebenjährige Tochter war auf einem Schulausflug mit Kindern aus dem Osten und aus dem Westen. Ich hab sie gefragt, wie es war. Es war schrecklich, hat sie gesagt, da waren soviel Scheiß-Ossies dabei. Warum Scheiß-Ossies? Na ja, die waren so blöd. Warum blöd? Na ja, die sahen so ärmlich aus, die waren so komisch angezogen. Und was haben eure Lehrer gesagt? Och, unsere Lehrer haben mit den Lehrern von denen überhaupt nicht geredet.«

Der Fotograf aus Haiti: »Rassismus gibt es immer und überall, aber ich habe hier in Berlin 33 Jahre lang gut gelebt. Das ist jetzt vorbei, mein Freund. Ich traue mich nicht mehr in den Osten, tagsüber nicht, und abends schon gar nicht. Da haben sie schon Leute niedergestochen und aus dem Zug geworfen. Das heißt, tot. Im Osten haben eine Menge Mosambikaner und Angolaner gelebt, Solidarität zwischen den Völkern, du weißt schon. Durften am 1. Mai auch immer an der Tribüne vorbeimarschieren. Sie wurden auch damals schon wie Sklaven behandelt, aber jetzt müssen sie weg, es gibt keine Arbeit mehr. Und sie haben natürlich zum alten Regime gehört. Dafür konnten sie nichts, aber so sieht man das jetzt. Ausländer raus, das schafft Platz.«

In der *taz* (Ausgabe West) lese ich über das Museum der Bedingungslosen Kapitulation. Ich habe noch nie davon gehört, aber es klingt vielversprechend. Ich frage ein paar Freunde, aber nein, nie dagewesen. Wo es denn sei? In der Fritz-Schmenkel-Straße. Ach so, im Osten. Ich fahre los, überquere die sichtbar-unsichtbare Trennungslinie, steige am Alexanderplatz um. Ich muß mich zusammennehmen, damit ich nicht schon wieder sage, daß es anders ist, und ja, es ist anders. Dieselbe Stadt, zehn Minuten weiter, und völlig anders. Jemand blickt auf deinen Regenmantel, kategorisiert. Du bist von drüben. Das wäre also festgestellt. Und du? Du projizierst die letzte Umfrage mit der Angst und den negativen Erwartungen auf die wartende Menge, denkst, daß du wenigstens etwas von den Gedanken in diesen Köpfen weißt, kaufst eine Zeitung, die nur halb so teuer ist wie andere Zeitungen, und steigst in die S-Bahn nach Erkner. Dies ist eine Stadt voller Züge. Du siehst den großen Expreß Moskau – Frankfurt und würdest gern umsteigen, aber in die andere Richtung. (*Der polnische Professor:* »Ich war spät dran, und um in meinen Schlafwagen im deutschen Teil zu kommen, mußte ich durch den russischen Schlafwagen. Du machst dir keine Vorstellung von dem Gestank. Alles mitgebrachtes Essen, denn sie haben kein Geld, um etwas zu kaufen. Und das Gepäck auf dem Gang, Pappkartons. Dritte Welt, man kam kaum durch.«) Ich steige in Karlshorst aus, einem ehemaligen Villenviertel. Aus dem Haus der Kultur ist das Restaurant Centre Ville geworden, über der Spielbank an der Ecke stehen große kyrillische Buchstaben. Die Fritz-Schmenkel-Straße ist ruhig. Villen mit Bäumen, der diskrete Charme der Bourgeoisie. Dennoch ist da irgendwas merkwürdig, aber bevor ich mir sagen kann, daß hier viele Russen herumlaufen, habe ich bereits etwas anderes gedacht. »Das reinste Getto«, oder so ähnlich, eine eigenartige Umkehrung, denn die Spaziergänger, die man hier sieht, sind russische Offiziere, allein oder zu zweit, Leute, die sich durch ihre Kleidung vom Rest der Welt absondern wie die chassidischen Juden mit ihren Kniestrümpfen und Hüten und langen schwarzen Mänteln in Antwerpen oder New York. Ich bewege mich hier in einer russischen Enklave, auch die Kinder, die an mir vorbeilaufen, sprechen russisch, ein großer weißer Zim oder Zis mit einer Frau auf der Rückbank und einem Soldat am Steuer, eine Aufschrift, die ich nicht lesen kann, dann wieder Offiziere mit Diplomatenkoffern. Bald werden sie aus diesen Alleen des ruhigen Wohlbehagens ausziehen, aus den Wohnungen des früheren Freundes und noch früheren Feindes. Wo sie hingehen, werden auch bereits Seiten umgeschlagen, sie wissen nicht, was auf ihnen zu lesen sein wird. Aber vorläufig sind sie noch hier, ungeliebt, eine geschlossene Gemeinschaft in einem Land, das acht Milliarden für ihren Abzug bezahlt.

Am Ende der Straße steht das Museum, das ihrer Ankunft vor nunmehr 46 Jahren gedenkt. Lange rote Fahnen wehen, hinter dem kurzgeschorenen Rasen sehe ich Lastwagen, einen Panzer, eine Stalinorgel. Dieses Wort kenne ich noch von damals, Stalinorgel. Auf einem Bronzeschild der richtige Name des Gebäudes: *Museum der bedingungslosen Kapitulation des faschistischen Deutschland im Großen Vaterländischen Krieg 1941-1945*. Ich gehe hinein. Niemand zu sehen. Erst später entdecke ich einen jungen russischen Soldaten. Er grüßt freundlich, ich grüße zurück. Sofort setzt sich die Zeituhr wieder in Gang, denn auf einem niedrigen Tisch liegen Broschüren über Perestroika und Glasnost, doch am Ende des Raums steht ein riesiger Lenin, die Hände in den Taschen. Er blickt weit über mich hinweg in die Richtung, aus der ich komme. Sie wirken immer unheilvoll, diese Sowjetstatuen, mit Kitsch allein trifft man es nicht, sie suggerieren eher etwas, was man selbst eben *nicht* ist, nicht der Bauer mit dem Kind auf dem Arm, nicht der Held mit dem Schwert vor dem Tor des Feindes, nicht der Besitzer dieses kantigen Kiefers, dieser riesigen Hände, dieses so sichtbaren Willens, für das Vaterland zu sterben. Götzenbilder sind es für allzu fordernde Tugenden, platonische Spukgestalten aus Bronze und Granit.

An den Wänden und in den Vitrinen Polemiken und Pamphlete von Marx und Engels, Zeitungen aus Lenins Schweizer Exil, ein Besuch bei Rosa Luxemburg, ein Brief an Gorki, ein Bild seiner Schwester, alle Stationen des ikonographischen Kreuzwegs, dessen Bedeutung sich immer noch wandelt, die Worte und Bilder, die nie mehr zu löschen sind und, obwohl unverändert geblieben, heute so anders aussehen. Ich sause durch die Zeit, nirgendwo werde ich vom Pakt zwischen Hitler und Stalin aufgehalten, unterzeichnet von ebendem Ribbentrop, den ich gleich, bleich und vornehm in einem fahlen Nadelstreifenanzug, auf dem Rücken liegen sehen werde, eine atavistische Schlinge um den Hals, funkelnagelneues Seil. Nie hat es diesen Pakt gegeben, in diesem *museion* sind alle Deutschen für immer Faschisten, ich gehe schnurstracks in den Saal der Kapitulation. Dort bin ich allein, und das höre ich. Meine Schritte auf dem gebohnerten Parkett. Die Möbel aus Hitlers Reichskanzlei. Die leeren Karaffen mit ihren hohen Hälsen. Die totenstillen Stühle. Die Fahnen, die Leuchter, die unbeschriebenen weißen Blätter vor jedem Stuhl auf der billardtuchfarbenen Tischdecke, der Winkel, in dem sich die Tische gegenüberstehen.

Auch hier Fotos. Schukow, Tedder, Spaatz, de Lattre de Tassigny, der acht Jahre später in Diên Biên Phu seine Schlacht verlieren wird, Marschall, Luftmarschall, General, Oberbefehlshaber, sie sind in diesen Raum getreten, es ist die Nacht vom achten auf den neunten Mai, 24.00 Uhr. Auf dem Foto sehe ich die deutsche Delegation auf dem Flugplatz. Sie sind gerade aus der kleinen Dakota gestiegen. Es ist Keitels vorletzter Mai, aber das weiß er noch nicht. Er führt die Gruppe an, hochgewachsen, Stiefel, eine gewisse kodierte Schönheit, Eisernes Kreuz um den Hals, halb hinter ihm von Friedeburg, Stumpff, Feldmarschall, Generaladmiral, Generaloberst zu Land, zur See, zur Luft. So werden sie hereingerufen, Keitel trägt seinen Marschallstab, die beiden anderen ihre Orden. Sie dürfen sich setzen »am für sie bestimmten Tisch, der unweit der Tür stand«. Um 0.43 Uhr (Moskauer Zeit) ist alles vorbei. Deutschland hat bedingungslos kapituliert, der Zweite Weltkrieg ist in diesem Teil der Erde zu Ende. Die Erklärung ist in Englisch, Russisch und Deutsch abgefaßt und unterzeichnet, aber laut Punkt sechs sind nur die englische und die russische Version maßgebend, Deutsch zählt nicht mehr.

Der restliche Teil des Museums ist dem Krieg gewidmet, der ein Krieg zwischen dem russischen Volk und den Faschisten war. Die Aufschriften sind oft in Russisch, hin und wieder in Deutsch. Ein merkwürdiges Panoptikum. Aluminiumfarbene Heldenfiguren, eine Vitrine mit nachgebildetem Schnee, in dem verbeulte und zerfetzte deutsche Helme liegen, und um diese fünf oder sechs Helme herum mehr als dreißig verstreute Eiserne Kreuze, die hier im Schnee aus zerbröckeltem Gips vor sich hinrosten. Bewohner von Moskau hören Radio am Tage des Kriegsausbruchs, Fotos von deutscher Grausamkeit, Massenhinrichtungen, Massengräbern, ein erhängtes Mädchen, und neben ihrem zur Seite gefallenen Kopf mit dem blonden Haar ein junger Partisan, den Hals bereits in der Schlinge, die Mütze noch auf dem Kopf, mit einem Gesicht, als hätte er die Hände in der Tasche, ein Schauspieler aus einem Stück von Brecht.

Andere Treppen, andere Stockwerke. Waffen, Orden, Urkunden. Eine Soldatin, die gut und gern dreißig »Faschisten« eigenhändig umgelegt hat. Ein Glasgefäß mit Asche aus Buchenwald. Eine Ampulle mit Gift. Hitlers Stabskarte, auf der er die Truppenbewegungen verfolgte. Eine andere Karte, auf der zu sehen ist, wie die russischen Einheiten den Ring um Berlin schlossen. Unten auf einem Gang die Gehenkten von Nürnberg, Göring, der sich dem Tod durch den Strang entzog, ein Auge noch obszön halb geöffnet, Keitel, der mit dem

Im Museum der bedingungslosen Kapitulation:
Piotr A. Kriwogonow, Der Sieg

Marschallstab, mit blutverschmiertem Gesicht, und daneben die verkohlte Leiche einer schaurigen, gerösteten Heuschrecke, den rußigen Kopf schreiend erhoben, Schnurrbart und Haare abgesengt. Ich kann die Bildunterschrift nicht lesen, habe das Foto nie zuvor gesehen, und weiß trotzdem, daß das Hitler ist.

Zwanzig Millionen Russen sind in diesem Krieg umgekommen, Zivilisten und Soldaten, 102 000 Soldaten allein bei der Eroberung Berlins. Das Gebäude, das die Erinnerung an diesen Krieg lebendig erhalten soll, steht im Herzen des früheren Deutschlands, doch für wen war es bestimmt? Kann es so bleiben? Mit allem, was es erzählt, und allem, was es verschweigt? Ohne Katyn und Molotow-Ribbentrop, und für nur einen deutschen Staat bestimmt in einer Zeit, als es zwei gab? Am 10. Oktober 1949 übergab der Chef der russischen Militärverwaltung das Museum an den ersten Ministerpräsidenten der Deutschen Demokratischen Republik, Otto Grotewohl, aber was soll jetzt damit geschehen, wo es diese Republik nicht mehr gibt und die Geschichte auch in Moskau neu geschrieben wird? Vielleicht sollte es, wie der Schreiber in der *taz* meint, einfach weiterbestehen, wie es ist, um der wirklichen Toten und Opfer zu gedenken, das wirkliche Verbrechen zu zeigen und die unwirkliche ideologische Lüge für allezeit einzufrieren als Beweis dafür, daß man das Gute in den Dienst des Bösen stellen kann.

In der Eingangshalle geben sich Gorbatschow und Bush auf einem Schiff etwas unwirklich die Hand, auf einem anderen Foto geht die Mauer für immer auf, verstreute Postskripta nach einer verbissenen Lücke. Draußen finde ich den deutschen Frühling, Passanten, die zur Gegenwart verlangsamte Welt. Wer mit dem Tempo nicht einverstanden ist, erschießt den Vorsitzenden der Treuhand. Oder wirft eine Tomate auf den Kanzler, das ist noch harmlos. Der Kanzler steht mitten im Wir sind das Volk, und Wir sind das Volk wirft ein Ei auf seine Brille, und der Kanzler will dem Volk an den Kragen. Es ist voll im Wartezimmer. Die Uhr kommt nicht voran, und dabei haben die Wartenden es so eilig.

Mai 1991

LÜBARS

Vor der Mauer, nach der Mauer, so wird die Zeit eingeteilt, auch wenn man es nicht will. Nicht jeden Tag, manchmal fast gar nicht mehr, und dann doch wieder, oft sonntags. Es ist unvorstellbar geworden, aber die Stadt war gefangen, und das bißchen Grün, das es gab, endete überall an einer Mauer, man konnte sie nicht verfehlen. Man wollte hinaus, doch wohin man auch fuhr, da waren die anderen auch, man konnte ihnen nicht aus dem Weg gehen.

»Das weiß jeder.«

»Ja, aber ich erzähle es trotzdem.«

Wir fuhren öfter nach Lübars, ein kleines Dorf mit einer kleinen Kirche, einer Pumpe, einer Dorfkneipe – die Illusion, auf dem Land zu sein, als wäre es doch möglich, ins Grüne zu fahren. Mädchen ritten über das Kopfsteinpflaster des Dorfplatzes, man ging an einem Bauernhof mit Gänsen und Hühnern vorbei, wo Kräuter und eingelegte Gurken verkauft wurden, und an der Gabelung von Blankenfelder Chaussee und Schildower Weg entschied man sich für letzteren, weil er nicht gepflastert war, ein Spazierweg. Die Landschaft war leicht hügelig, hie und da eine einsame Sommerlinde, und ebenso wie die entgegenkommenden Spaziergänger hatten wir eine Technik entwickelt, anderen auszuweichen, sie zu ignorieren, als spazierte man dort doch fast allein. Der Weg bog nach einer Weile nach links, in der Ferne sah man den fahlbraunen Schemen der Mauer, manchmal umhüllt von einer Art verschleiertem Licht, das sie fast schön machte, ein Monument aus der Antike. Dort verließen wir meist den Weg und gingen durch das Gras zu einem Bach, der, wie mir erst später aufging, das Tegeler Fließ war, und blieben dort eine Weile stehen. Das war vielleicht schon alles. Das Wasser war bräunlich, aber klar und doch von einiger Tiefe. Es floß sehr schnell, führte alles mögliche mit, kleine Zweige, Blätter, strohfarbenes Schilf. In der Mitte des Bachs war ein Pfahl mit einem Schild, auf dem stand, daß hier die Zonengrenze verlaufe und daß es verboten und gefährlich sei, zum so nahen anderen Ufer zu wollen. Dort lag Land, das genauso aussah wie das Land auf unserer Seite. Ebenfalls Schilf, ebenfalls Krähen, ebenfalls Linden, Niemandsland als Spiegelbild, und der Spiegel leer. Erst viel weiter die hohen Lichtmasten, die wirkliche Trennung, der Beton. Nackt, ohne Aufschriften. Dann drehten wir uns um, bogen nach rechts, stiegen ein Stück bergan, und wo der Schildower Weg zur verbotenen Welt führte und folglich endete, kamen wir zu einem neuen Asphaltweg, der an einem schmalen Streifen mit Sträuchern entlangführte. Dahinter befand sich geflochtener Stahldraht, wenn man sich davor stellte, richteten die Männer auf dem Turm, der dort stand, ihre Feldstecher auf einen. Man spürte ein wenig, wie das eigene Gesicht nun albern vergrößert wurde und einem nicht mehr ganz gehörte, wie es nach oben gesogen wurde und damit auch ein wenig dort oben im Turm war, in diesem quadratischen Raum mit den großen Fenstern, in dem die Männer die Zeit totschlugen. Ich konnte ihre Stiefel riechen und hörte, was sie über die Frauen sagten, die auf unserer Seite auf Pferden vorbeikamen. Und vielleicht rochen ihre Stiefel nicht, und vielleicht schauten sie nicht. Manchmal kam ein albernes kleines Auto in Militärfarben und fuhr über den schmalen Asphaltweg, der von Turm zu Turm führte. So war es. Eine geflochtene Mauer aus Stahl, ein Streifen Sand, fünfzig Meter tief, ein Weg, ein Turm. Dahinter Mauer, Landschaft, Kirche. Blankenfelde, vielleicht wohnten die Männer dort.

Sonntag war ich wieder in Lübars. Ich stieg an der Endstation der Buslinie 222 aus. Im grünen Gras rings um die Kirche lag noch immer das Grab des Gutsbesitzers, der schon seit 1899 dort liegt, zwei Weltkriege, niemand hat ihn geweckt. So gut wie keine Spaziergänger, der Weg ist nasser Schlamm. Krähen, verfaulte Blätter, ein auffliegender Fasan. In der Mitte des Bachs steht noch immer der Pfahl, doch das Schild ist weg. Das Wasser fließt schnell, wo eilt es bloß hin? Blätter, kleine Zweige, ich starre darauf, und dann, wie früher, steigen wir ein Stück bergan, doch wo der Asphaltweg entlang der Mauer aus geflochtenem Stahl lief, ist kein Weg mehr. Ich sehe die Spuren einer Egge, der Weg ist ein Acker geworden. Auch der Turm steht nicht mehr da, durch den abwesenden Stahl schaue ich auf einen abwesenden Turm mit abwesenden Männern, eine abwesende Mauer. Wo das Auto fuhr, gehen jetzt Spaziergänger nach Blankenfelde. Nach dem Krieg schrieb ein niederländischer Dichter: »Keiner der Ungeborenen wird sich der Freiheit je so bewußt sein.« So etwas muß es sein. Mein Weg ist ein Acker geworden, und der verbotene Weg ist mein Weg. Ich gehe durch einen Raum, wo die Männer früher hätten schießen müssen, und

Vor der Mauer, nach der Mauer: Lübars

spüre den Schauder, den bald niemand mehr spüren wird. Die Geschichte verwischt ihre Spuren und wird gerade dadurch Geschichte.

Februar 1993

RUSSISCHE SPIELER, ESTNISCHE CROUPIERS

Der erste Este, den ich kennenlernte, war ein Dichter, Jaan Kaplinski. Er ist ein großer Mann mit scheuem Lächeln, sein polnischer Vater verschwand, als der Dichter noch ein Kind war, in einem stalinistischen Arbeitslager; Kaplinski hat Romanistik und mathematische Linguistik studiert und lehrt an der Universität Tartu. Seine Gedichte sind ins Englische übersetzt, er beschäftigt sich mit dem Mahayana-Buddhismus und ist Mitglied des estnischen Parlaments. Allein schon indem ich ihm zuhörte, wurde mir bewußt, daß wir von diesen Ländern so gut wie nichts wissen. Wir lernten uns in Norwich bei einem Symposion über Übersetzungen kennen, wo wir Gedichte in unseren beiden, für die englischen Zuhörer so merkwürdigen Sprachen vorlasen. Das hat immer etwas Eigenartiges, was man sagt, hat für einen selbst Bedeutung, doch gleichzeitig weiß man, daß dies für die Zuhörer nicht zutrifft; Estnisch und Niederländisch klingen wie ein seltsamer Singsang, vom Wellenschlag des Metrums durchfächelt, erst wenn die Übersetzung gelesen wird, erschließt die Komposition ihre volle Bedeutung. Estnisch, *eesti*, wie klingt das? Schön klingt es, als er es liest, langgedehnte Worte, melodisch, Wind schwingt darin mit, als kämen sie von weit her und hätten mehr mit Land als mit Stadt zu tun. Als ich mir den Text anschaue, sehe ich viele Doppel- und Umlaute, ää, üü, und ich höre, daß sich zwischen solche Zwillinge stets eine leichte Zäsur schiebt. Die Wörter selbst wirken wie verkettet, scheinen ihre Silben beisammenhalten zu wollen, als ich sie auszusprechen versuche, merke ich, daß ich dafür ein anderer werden müßte. Kaplinskis Stimme moduliert sanft, suggeriert etwas sehr Altes, die Sätze sind lang, spinnen Formen der Verzauberung in dem kleinen Saal:

Worte machen die ersten Schritte im Dunkel weißer Seiten,
wo keine Schatten sind, keine Tiefen, keine Entfernungen,
bis etwas ganz Neues geboren wird, das zum Nordlicht paßt,
und silberbesternte Hammerschläge durch tiefen Schlaf tönen ...

»Du mußt mal nach Estland kommen«, hat er gesagt. Jetzt, da der Zufall mich nach Finnland geführt hat, ist er zwar nicht da, doch ich fahre trotzdem. Auf der Karte habe ich gesehen, wie nahe es liegt, jeden Tag gehen mehrere Schiffe, und sie brauchen nur wenige Stunden für die Überquerung des Finnischen Meerbusens. Es ist eisig kalt in Helsinki, eine Kälte aus dem Osten und Norden zugleich, harsch und schneidend, doch die Sonne scheint auf das zinkfarbene Wasser, und ich bleibe so lange wie möglich an Deck. Die Finnen drinnen, die die Geschäfte in Tallinn leerkaufen werden, fangen zu saufen an, nirgends gibt es einen ruhigen Fleck, also lasse ich mich von den garstigen Windfetzen malträtieren und sehe, wie ihre flache Hauptstadt langsam entschwindet. Kleine glatte Felseninseln, die kaum aus den Wellen ragen, ein Leuchtturm, der Lotse, der von Bord geht und auf einer anderen kleinen Insel auf ein einlaufendes Schiff wartet, in einem Fort, das gegen Eis und Polarwind gebaut zu sein scheint, und dann nichts mehr, eine weite, glänzende Fläche, das andere Land, drüben, noch unsichtbar, getarnt in der Schutzfarbe des Himmels, die die Farbe des Wassers ist. Keine neunzig Kilometer sind es bis dort hinüber, doch das Land tut, als sei es nicht da, zu viele Schiffe sind in den letzten tausend Jahren gekommen, um es zu erobern, zu brandschatzen, plündern, unterwerfen. Möwen begleiten das Schiff, ab und an kreischen sie, Kriegsgeräusche, die zu dem ehernen Meer gehören, das Finnen und Russen, Dänen und Schweden beherrscht haben. Strabo wußte noch nicht, ob dort etwas lag und, falls dort etwas lag, wer dort lebte: »Alles Land jenseits der Elbe, das am Ozean (er meinte die Ostsee) liegt, ist uns vollkommen unbekannt... Die römischen Schiffe sind nie über die Mündung dieses Flusses hinausgefahren, und es gibt auch keinen Reisenden, der die Küsten des Ozeans auf dem Landweg erforscht hat. Welche Völker leben bloß jenseits des Landes der Germanen und ihrer nächsten Nachbarn?«

Tacitus ist bereits etwas weiter, er kennt sogar die Namen dieser Völker, Aestii und Fenni nennt er sie gegen Ende des ersten Jahrhunderts. Seine Kenntnisse stammen von Händlern und Frachtschiffern, die an ganz Europa entlangfuhren, um aus jenen fernen Gebieten goldfarbenen Bernstein zu holen. Der sonst so strenge Beobachter spinnt Legenden um sie: »Sie verehren die Göttermutter. Als Wahrzeichen ihres Glaubens tragen sie Nachbildungen von Ebern; ein solches Zeichen ist wie eine Waffenrüstung und wie ein Schutz gegen alles Unheil und macht den Verehrer der Göttin auch inmitten von Feinden gefeit. Nur selten verwendet man Eisenwaffen, häufig Knüttel. Auf den Anbau von Getreide und sonstigen Feldfrüchten verwenden sie geduldigere Arbeit, als man der üblichen Trägheit der Germanen zutrauen möchte. Aber auch das Meer durchsuchen sie und sammeln als einzige von allen Germanen an seichten Stellen und am Strand den Bernstein, den sie selber *glesum* nennen.«

Spätere Historiker wissen mehr, aber der Eindruck bleibt: der eines unabhängigen Volkes, das einst entlang der großen russischen Ströme von Osten kam. Seine Sprache gehört zur finnisch-ugrischen Sprachfamilie, ist eng mit dem Finnischen und entfernt mit dem Ungarischen verwandt – merkwürdige, verschlossene Sprachen, die nicht ans europäische Netz angeschlossen sind, eine eigene Welt, die viel zu leiden hat. Manche Länder, so scheint es, liegen an der falschen Stelle, sind die natürliche Beute anderer, größerer Gruppen, ihre Landesgrenzen verschieben sich ständig, sie schrumpfen und schwellen, gehören mal zum einen, dann wieder zum anderen Imperium, sie werden überrannt, umkämpft, und es ist ein Wunder, daß die eigene Sprache überdauert, zusammen mit dem Willen, sich nicht plattwalzen zu lassen. Die Geschichte Estlands liest sich wie ein tragisches Heldenepos. Baltische Barone, dänische Bischöfe, teutonische Ritter, polnische Könige, schwedische Feldherren, alle hatten dort etwas zu suchen; die Deutschen, die so oft zurückkommen sollten – der letzte Besucher war Hitler –, begannen bereits im 13. Jahrhundert damit; damals ging es um die Expansion des Glaubens, aber die Religion kommt nun mal nie allein.

Die Esten wurden zum Christentum bekehrt und gehörten von nun an zu dem, was wir Europa zu nennen pflegen, doch sie wurden auch unterworfen, nicht nur als Land, sondern buchstäblich auch als Menschen: Im 15. Jahrhundert wurde die Leibeigenschaft eingeführt, die bis zum Ende des vorigen Jahrhunderts bestehen sollte. Die fremden Herrscher kamen und gingen, die Sklaven waren einfach ein Teil der Beute. Bis in unser Jahrhundert hinein tanzen die nördlichen Nationen ihren Kriegstanz um das Land, das etwas größer ist als die Niederlande; von 1710 an gehört es zum russischen Reich, verkauft von einem baltendeutschen Adel, der seine Privilegien um jeden Preis behalten will. Es ist eine Zeit der Katastrophen. Krieg, Hungersnot, Pest überziehen das Land, die Bevölkerung droht auszusterben, zu einem bestimmten Zeitpunkt leben hier nur noch 140000 Menschen. Erst als die Leibeigenschaft abgeschafft wird, bessert sich die Situation, aber immer noch dürfen die Bauern kein Land besitzen. Die Folge ist eine Flucht in rebellische religiöse Sekten und jene andere Flucht in die Emigration, meist nach Amerika. Industrielle Revolution und gleichzeitig Russifizierung, und als Reaktion darauf eine stärkere Rückbesinnung auf das Eigene; die Sprache, die sich nicht hat ausrotten lassen, gewinnt allmählich wieder an Boden, und in den heillosen Wirren der Russischen Revolution nutzt Estland seine Chance: Am 24. Februar 1918 wird die Republik Estland in Tallinn ausgerufen, doch sofort ist ein neuer Partner da, bereit, weiterzutanzen – Deutschland weigert sich, den neuen Staat anzuerkennen. Es übernimmt die Verwaltung des Landes, gibt dem deutschen Adel

Straßenszene in Tallinn

die Macht zurück. Wieder ist Estland Beuteland, diesmal für die Deutschen, doch 1919 befinden sich bereits zwei Drittel des Landes wieder unter der Kontrolle des neuen Sowjetregimes. Nun geht es ums Ganze: Binnen weniger Wochen erobern die Esten mit Unterstützung finnischer und skandinavischer Freiwilliger sowie der englischen Flotte ihr Land zurück. Die Unabhängigkeit, die am 2. Februar 1920 endlich zustande kommt, hat exakt neunzehn Jahre Bestand, bis ihr der Teufelspakt zwischen Stalin und Hitler ein Ende macht, der Tanz von neuem beginnt, die Armeen noch einmal und dann noch einmal über das Land hinwegmarschieren, bis wir in unserem scheinbar so statischen Jetzt angelangt sind. Inzwischen aber ist etwas Eigenartiges passiert: Das Land hat eine andere Bevölkerung bekommen. Durch Ausrottung, Deportation und den bewußt gesteuerten, stetig wachsenden Zustrom von Russen ist Estland im Grunde ein anderes Land geworden, so ähnlich, als ob die Niederlande plötzlich fast zur Hälfte entvölkert wären und durch die erzwungene Einwanderung von Deutschen eine Minderheit am Hals hätten, die beinahe so groß ist wie die Mehrheit. So ist die Situation in Estland – und in den anderen baltischen Republiken – im Augenblick. Der Tanz ist noch lange nicht zu Ende, denn zu dieser russischsprachigen »Minderheit« (in der Hauptstadt Tallinn ist das Verhältnis 53:47) kommen die russischen Truppen hinzu, die nicht nach Hause können, weil es dort keine Wohnungen und keine Arbeit für sie gibt. Vielleicht ist Jelzin die einzige Chance auf eine halbwegs vernünftige Politik, und dennoch hat er in Vancouver von den »Menschenrechten« für die russische Minderheit gesprochen, und das im Zusammenhang mit den Truppen, die er wie eine Art Trumpfkarte in der Hinterhand hält. Vielleicht kann er nicht anders, aber der Zynismus ist angesichts der Geschichte dieses Jahrhunderts unübersehbar, und die meisten Esten trauen der Sache nicht.

Einen Tag nach meiner Ankunft spreche ich darüber mit Matti Sirkel, Germanist, stellvertretender Vorsitzender des Schriftstellerverbands und Übersetzer aus dem Deutschen und Niederländischen. Ich bin dann bereits einen Abend und einen Tag lang durch die Stadt gewandert, Oberstadt, Unterstadt, und versuche, meine Eindrücke zu ordnen. Verfall und Verwahrlosung, aber auch Aufbau und Restauration, eine Welt im Umbruch, die versuchen muß, mit tausend Problemen gleichzeitig fertig zu werden. Die gleiche Atmosphäre, anders und doch gleich, wie in Bukarest und in Prag im vorigen Jahr, alte Straßenbahnen, Löcher in den Bürgersteigen, verfallene, graue Häuser, spärliche Reklame, die Leute oft ärmlich gekleidet, viele in billigen Imitationen westlicher Mode, klapprige Autos, Busse mit schwarzen Dieselwolken, freie Flächen wie Wunden in der Stadt, Schaufenster mit dürftigen Auslagen. Hier liegen noch große Placken von schmutzig gewordenem Eis auf den Straßen, die Preise in den Restaurants sind für unsere Begriffe idiotisch niedrig, die Gesichter der vielen Wartenden an den Straßenbahnhaltestellen nicht fröhlich unter den dicken Mützen, und dennoch gibt es für den, der sie sehen will, überall Anzeichen des Neuen, Schilder mit eindrucksvoll klingenden internationalen Firmennamen, viele Männer mit tragbaren Telefonen im Hotelfoyer oder auf der Straße, Ausländer mit vielversprechenden Diplomatenkoffern, Neubauten, Initiative. Die Stadt selbst wirkt ein bißchen deutsch, schlichte lutherische Kirchen mit den Wappenschildern deutscher Barone, ein Rathaus, das in einer alten bayrischen Kleinstadt stehen könnte, Türme und Festungen, die seltsamen Ungeheuer im Park des Grafen Glehn, schmale, steile romantische Straßen mit jahrhundertealtem Kopfsteinpflaster, die große freie Fläche des Rathausplatzes mit den strengen klassizistischen Häusern, es wäre alles bekannt, wenn nicht über der Stadt diese Türme aufragten mit ihren so unverkennbar russischen Formen, eine große und vier kleine in den Himmel gezeichnete Zwiebeln der Alexander-Newski-Kathedrale. Ich erzähle Sirkel, daß ich dringewesen bin, und zeige ihm die Karten, die ich gekauft habe, reine Nostalgieübungen: Ansichtskarten vom Zaren und seinem kleinen Sohn, und dann vom Sohn allein, mit rosigen Wangen und kirschroten Lippen und einer großen Pelzmütze schief im Kindergesicht, His Imperial Majesty the Crownprince. Und natürlich Karten von Sankt Petersburg. Sie stammen vom Anfang dieses Jahrhunderts, Replikate, die ersten elektrischen Straßenbahnen über die Newa, ein Sonnenuntergang, Offiziere auf dem Fahrrad. Es paßte wunderbar zu den betenden Frauen, den Hunderten von Kerzen, dem byzantinischen Gesang, dem Duft von Weihrauch. Er lacht und meint, ich hätte schon viel gesehen an diesem einen Tag. Wir sitzen im Palace Hotel und führen eine wichtige geschäftliche Besprechung. Er übersetzt ein Buch von mir, das in viertausend Exemplaren erscheinen wird. Jedes Exemplar wird nur wenige Gulden kosten, und der Erlös für den Autor wird sich insgesamt auf einhundert Gulden belaufen. Am Nachbartisch sitzt ein Repräsentant von Fokker, der versucht, der estnischen Regierung Flugzeuge zu verkaufen: Da gehen andere Beträge über den Tisch. Sirkel sagt, er wisse, daß hundert Gulden ein lächerlicher Betrag seien, daß dieser Betrag aber gleichzeitig deutlich mache, worum es in dieser Gesellschaft gehe – Leben an der Nahtstelle zweier Wertsysteme. Ich erzähle ihm von meinen Erfahrungen in Rumänien, von dem Gefühl von Verlegenheit und Wut angesichts der ungeheuerlichen Diskrepanz – der ungarische Freund, der an der Universität ein paar hundert Gulden verdient, die rumänische Komponistin, die nicht reisen kann, weil ihr Geld im Westen nichts wert ist, der Schriftsteller, der für einen Unsinnsbetrag Unsinn übersetzen muß, um zu überleben. Eine Unfreiheit haben sie gegen die andere eingetauscht: Jetzt dürfen sie reisen, aber meist können sie es nicht, es sei denn auf Einladung. Und trotzdem sieht er Fortschritte. Und die Russen, die noch hier sind? Eine Reihe von ihnen hätten zusammen mit den Esten für die Unabhängigkeit Estlands gestimmt, sagt er. Wenn beide Seiten sich zurückhielten, bräuchten keine großen Probleme zu entstehen. Allerdings müsse die jüngere Generation, die bleiben wolle, *eesti* lernen. Er selbst spricht ein makelloses Englisch, der Monat, den er vor kurzem auf Einladung der Foundation for Translations in Amsterdam verbracht hat, hat ihm außerordentlich gefallen. »Aber es ist eine andere Welt.«

Eine andere Welt. In einem französischen Fotoband sehe ich eine Statue Stalins, sie liegt auf dem Rücken in einem Garten zwischen Abfall und Müll. Eine Mütze fällt bei einem Standbild nicht herunter, auch wenn es liegt, die Hand ist nach napoleonischer Manier zwischen zwei Bronzeknöpfe des Feldherrnrocks gekrochen, und was ich für einen Garten gehalten habe, ist der Park des Grafen Orlow. Der Kreis hat sich geschlossen, könnte man sagen, doch was der liegende Mann hinterlassen hat, sind ein bankrotter Erdteil, desillusionierte Soldaten, verseuchte Erde, verschmutzte Flüsse, verschmutzte Hirne. Die Unterworfenen von früher haben nun ein unmögliches Erbe zu verwalten, und ein Teil des Erbes sind ihre früheren Herren. Abends, in der Hotelbar, macht mich ein niederländischer Freund, der hier zu tun hat, auf die Feinheiten aufmerksam. Die beiden Spieler am Roulettetisch sind Russen, aber der Croupier ist Este und spricht englisch. Die Nutten sind Russinnen, denn die Frauen aus Estland genügten den Ansprüchen nicht, was er eher als Kompliment für sie betrachtet. Das Seil, das unten vor den Lift gespannt ist, der nur in den obersten Stock fährt, hat damit zu tun, daß man nicht will, daß die Damen durchs ganze Hotel schwärmen. Und die Männer mit den tragbaren Telefonen und kurzen Lederjacken sind Zuhälter, nicht zu verwechseln mit allen anderen Herren mit tragbaren Telefonen, denn das sind Geschäftsleute, Neureiche. In einem Land, das neu aufgebaut werden muß, kann man viel Geld verdienen, und das tut man denn auch. Es ist ein *free-for-all*, und die fixen Jungs nutzen ihre Chance. Sympathisch ist das alles nicht, aber allzu wählerisch können sie nicht sein. Und von den drei Ländern geht es Estland bisher am besten.

Eine andere Welt. Am nächsten Morgen lese ich *The Baltic Observer: Ehemalige KGB-Agenten versuchen, den Kopf über Wasser zu halten. Estland ist in den Wirtschaftsbeziehungen zu Rußland einen Schritt zurückgegangen. Polen und Litauen vergleichen die Situation ihrer jeweiligen Minderheit. Ein litauischer Schriftsteller wurde des Antisemitismus beschuldigt, weil er Aufklärung über die Rolle fordert, die die litauischen Juden im kommunistischen Regime gespielt haben.* Und in einer anderen Zeitung, *Die Welt*, lese ich ein Interview mit dem Präsidenten Estlands, Lennart Meri, auch er Schriftsteller und Übersetzer. »Wir haben«, sagt er, »das beste Kapital, das es in der Welt gibt: ein intellektuelles Kapital, das in der europäischen Tradition erzogen ist. Dann haben wir auch eine genaue Kenntnis Rußlands. Estland wird in Zukunft eine ganz eigenartige Rolle spielen, die ein bißchen an die Schweiz, ein bißchen an Singapur und an Nordeuropa erinnert. (...) Wir haben sehr gut geschulte Arbeitskräfte, die zur Zeit billig sind. Wir sind mit voller Kraft auf dem Weg nach Europa, aber nicht, um uns Europa an den Hals zu werfen. Wir wollen Europa sagen, was es zu tun hat, wenn es Europa bleiben will. (...) Ich bin überzeugt, daß sogar unter den russischen Demokraten immer noch die Vorstellung existiert (...), man müsse das russische Reich in den alten Grenzen oder noch darüber hinaus wiederherstellen. (...) Denn es wird im Westen immer Politiker geben, die, wie damals in München 1938, den

Weg des Appeasement einschlagen. Das jedoch war der kürzeste Weg zum Zweiten Weltkrieg. Deutschland, aber auch Frankreich und England und Polen und vor allem Rußland mußten einen hohen Preis bezahlen. Die russische Seite testet immer wieder, wie fest der Glaube Europas an Europa eigentlich ist.«

Vor meiner Abreise gehe ich noch einmal durch die Stadt, lese die langen Wörter, höre rings um mich die Sprache, von der ich inzwischen weiß, daß Worte ihre Bedeutung völlig verändern, wenn man einen Ton eine Idee länger oder kürzer anhält, daß es keine Artikel gibt, dafür aber vierzehn Fälle. Mit diesem geheimnisvollen Wissen gehe ich wieder an Bord. Die Finnen haben ihre Taschen gefüllt und drängen sich bereits an der Bar. Ich gehe wieder an Deck, und die Rückfahrt wird der Spiegel der Hinfahrt: eine Stadt, die entschwindet, eine eherne, leere See, der Wind wie eine Strafe, und die Erinnerung an ein Land, das sich – zäher als das zäheste Schilf – nach jeder Zerstörung wieder aufgerichtet hat.

April 1993

STEINE

Niemand weiß viel über die Menhire. Es sind große Steine, zu Reihen geordnet, aufgestellt – wie, das weiß keiner – und nach Westen ausgerichtet von einer vergessenen Rasse, die möglicherweise die Sonne anbetete. Die Römer haben sie bereits vorgefunden und manchmal Bildnisse ihrer eigenen Götter hineingemeißelt, die Christen später setzten auf einige ein Kreuz, und seit den Römern sind wieder zweitausend Jahre vergangen und sie stehen immer noch da, in wahrscheinlich derselben Landschaft, grün, weit, mit einem wie mit dem Meißel bearbeiteten, schnell dahinziehenden Wolkenhimmel darüber. So bleibt es im übrigen, denn wir sind von kürzerer Dauer. Von weitem ist eine solche Steingruppe ein Gebäude ohne Gebäude, man kann Linien dazwischen ziehen und es schließen, aber das hilft nichts, schweigend und stumm stehen sie da, viel größer als Menschen, und versuchen uns an ein Volk zu erinnern, das uns einfach nicht einfallen will. »Es sind nur Steine«, ruft eine alte Frau ihrem Mann zu, der im Auto auf der Straße sitzengeblieben ist, und damit hat sie es wohl auf den Punkt gebracht. Sie ist etwas enttäuscht, weiß der Himmel, was sie erwartet hat nach all diesen Hinweisschildern *Historisches Monument*, aber sie hat wohl recht. Es sind Steine, und wenn man lange davor stehenbleibt, wird das Rätsel nur noch größer, keine erkennbaren Menschen kann man sich dazu denken und ebensowenig einen erkennbaren Gott. In großen Holzwagen weggefahren, alle zur gleichen

Zeit, über den Rand der Geschichte, unter Zurücklassung etlicher Steine.

Manchmal liegen sie auch übereinander, dann sagen die Gelehrten, daß es sich um ein Grab handelt, und das heißt dann *dolmen*, und jetzt gehe ich zum Dolmen des *mane' lud*, doch so offen das Grab auch ist, in das ich hinabsteige, es bleibt geschlossen. Der keltische Wind rüttelt an den jahrhundertealten Tannen, durch einen höhlenartigen stockfinsteren Gang kriechend komme ich in einen kleinen Raum, in den etwas Licht fällt. Ich kann aufrecht stehen. An manchen Steinen sehe ich ein Zeichen. Oben, auf der Erde, höre ich das Rufen von Vögeln, es ist also nicht Winter. Noch entfernter das Donnern des Ozeans an den Strand. Ein Toter liegt hier nicht, und ich gehe auch wieder hinaus. Der Stein auf dem Grab mißt bestimmt vier mal vier Meter. Ein Riese hat ihn daraufgewälzt, um einen Menschen zu begraben. Sonst ist da nichts. Der Holunderstrauch neben dem Grab blüht und duftet, ein alter Bauer, gebückt unter seinem mittelalterlichen Mistkarren, tut etwas Unbestimmtes, und ich denke, wie schön das ist: Der Tote ist verschwunden, doch sein Grab ist geblieben. Das hält die Erinnerung an zumindest diesen einen Toten wach. Dadurch, daß er nicht mehr ist, existiert er noch in Gestalt der Frage, wer er war. Wir werden viel anonymer verschwinden, denn welcher Wahnsinnige wälzt einen Felsblock von vier mal vier Meter auf uns, nein, mitsamt seinem Grab verschwinden heißt erst richtig verschwinden, und mit diesem Gedanken, falls es einer ist, wälze ich den Stein vom Grab und stürze ins Himmelsblau.

BRÉHAT

Eines Nachmittags bin ich mit dem Boot nach Bréhat gefahren. Auf dem Weg dorthin, während ich auf die Häuser schaute, die ich jeden Tag vom Hotel aus als Schemen gesehen hatte und die jetzt größer wurden und wirkliche Häuser, dachte ich daran, was Pavese in einem seiner Romane sagt: daß jedes Haus, jeder Hof, jede Terrasse etwas für jemanden bedeutet haben muß – und daß der Gedanke an soviel zerronnenes Leben, so viele in der Leere der Nacht spurlos verschwundene Erinnerungen eigentlich trauriger sind als der Tod selbst. Als ich ankam, begann es leise zu regnen. Es gab sehr viele Blumen da und sogar Palmen und hohe, volle sommerliche Bäume, die ganze Insel hat etwas Üppiges und Unnördliches, es ist still dort, etwas Wind, das Meer, keine Autos, und das Leben verläuft ruhig. Ich ging über die Insel, verirrte mich, sah drei Nonnen in Weiß einem Baum zuwinken, ging durch plötzlich doch karges, schottisches Land bis zu der Stelle, wo Schafe das Meer anschrien und das Meer schwarzes Wasser an einen gelben Felsen mit einem leeren Leuchtturm schleuderte.

Auf dem Friedhof war es stiller. Wie immer in solchen kleinen geschlossenen Gemeinschaften war jeder mit jedem verwandt, man lag auch in verzwickter Ordnung beisammen in Gräbern, die übrigens alle von Vater und später Sohn le Meur gemeißelt waren, es kostete einige Zeit, sich da durchzufinden. Clémence Lehegarat und Aristide le Gall lebten nur wenige Tage, doch die deswegen getrauert hatten, gab es ebenfalls nicht mehr, denn das war in einem anderen Jahrhundert. Und was ist noch geblieben von der Erinnerung an Leutnant Charles Guyomard, verschollen am 25. April 1918 in Hanovard en Sancerre im Alter von 28 Jahren? Er wäre jetzt sechsundsiebzig, drei Jahre älter als de Gaulle. Und wenn ich da nun gelesen hätte: Leutnant Charles de Gaulle – wie würde die Welt dann aussehen? Und ist dies nun das vielzitierte Schicksal? Weit weniger berühmt als Henri liegt dort übrigens an der Kirchenmauer, windgeschützt, Auguste Matisse, 1866-1931, Maler des Marinedepartements, was immer das gewesen sein mag, und Mitglied der Gesellschaft französischer Maler, und neben ihm sein Sohn Eric, erschossen von den Deutschen am 1. August 1942. »Stille«, steht dahinter, »er ruht!« Die Deutschen haben hier übrigens noch mehr Spuren hinterlassen, wie überall in Frankreich, wo es durch die Häufung einen soviel pathetischeren Akzent erhält. All diese wahnsinnigen Mahnmale von 1870, von 1914-18, die Formationen mit wehenden Fahnen, fülligen französischen Jungfrauen, heldenhaften Gruppierungen – und darunter, stets ungeschminkt, die kalte Rechnung, die Buchführung des Todes. Auch hier, auf dieser winzigen Insel, gab es kein Entrinnen, und weil es alles Seeleute waren, wird das Relief im Kirchenportal ein Stück Kriegsgeschichte: »Sie waren das Heil« steht darüber, und das bedeutet, daß sie gefallen sind, in Belgien, auf den chinesischen Meeren, in Diksmuide, an den Dardanellen, auf der Nordsee, auf Korfu, in Tahure, Verdun. Eine weinende Mutter, dieselbe wie immer, steht neben dem Kreuz, doch was geistert heute, vierzig Jahre danach, noch davon herum, von diesem grauenvollen Toten mit seinen weit mehr als eine Million Köpfen, von denen dies nur *eine* Rechnung ist, eine steinerne Seite auf die Mauer geklebt, auf der ich Namen lese, jeder Name ein unsichtbarer alter Mann. Am Tor noch ein letztes Grab, le docteur Wilborts, mort à Buckenwald, mit k, 1885-1944. Und in der *Paris-Match* von dieser Woche Fotos der neuen Nazi-Bewegung.

Juli 1966

POINTE DU RAZ

Wo fahre ich hier eigentlich herum auf meiner Reise durch die Bretagne? Durch den Wald Brocéliande, durch das Land Ys, durch das Tal Ohne Rückkehr, durch welche mythischen Königreiche, in denen Zauberer umherstreifen, Riesen schlafen, Satan Kinder zeugt, Heilige Wunder tun und eine Sprache sich in harten, steinigen Wörtern vorm Rest der Welt verschließt? Die Bretagne war geheimnisvoll, und die gesamte keltische Welt ist es noch heute – das spanische Galicien, Irland, einige Inseln und Gegenden Schottlands. Die Legenden sind nicht zu zählen, und sie existieren noch heute in den grauen Dörfern, im schwarzen Meer, das an den Felsen frißt, in den düsteren Wäldern mit den totenstillen Weihern, in den Feldern mit diesen unerklärlichen hohen Steinen, geordnet von unbekannten Völkern, ausgerichtet zur Sonne oder nach den Gesetzen der Sonne, und niemand weiß genau, was sie da taten, geschweige denn, wie sie die Felsblöcke hingeschafft haben. Da fahre ich herum, eigentlich ohne Ziel, und um eines zu haben, wähle ich den westlichsten Punkt, Pointe du Raz, dort, wo Bag Noz, das Boot der Nacht, bei Sonnenuntergang vorbeifährt. Niemand ist an Bord, so scheint es. Oder liegt es am Nebel, daß man niemanden sieht? Das Boot fährt unter dem Kommando des ersten Toten des Jahres. Ist es ein alter Mann, so werden in dem Jahr viele Kinder sterben. Ist der Kapitän ein Kind, so sind es die Greise, die im Nebel verschwinden werden. Es ist eine eigenartige Land-

schaft. Sie ist nicht so *offen* melancholisch oder geheimnisvoll, wie ich geglaubt hatte, hat sich aber in ihre eigenen Legenden eingesponnen. Schwere Wolken ziehen über sie hinweg, es regnet, und dann, plötzlich, wird es ganz grün unter der Sonne, die für einen Moment hervorlugt, es ist naß und voll von Blumen, violette und rote Kleefelder. Stille, kaum Verkehr, alte Dörfer mit einem Schweigen oder einer Lustlosigkeit, die ich der Einfachheit halber Langeweile nenne, jedenfalls mit etwas Langsamen; außerhalb der Dörfer fängt wieder die schwere Landschaft an mit dieser ehernen Sonne, die die Bleifarbe der nassen Schieferdächer mit einemmal aufleuchten läßt (sprach der Dichter). Nach halbtägiger Fahrt bin ich an der Pointe du Raz angelangt. Wenn ich nicht wüßte, daß die Welt kein Ende hat, wenn Wissen nicht Erde daraus gemacht hätte, so hörte die Welt hier auf, jämmerlich, wie ein gewaltiger Schrei hingeschleuderter Steine, in die der Ozean Löcher geschliffen hat, auf denen er bläst wie auf einer Flöte, dunkle, jagende Töne, wozu er selbst noch eine Trommel schlägt, die so groß wie die ganze Welt sein muß, so dröhnt es. Auf einem Felsen, zu dem ich nicht hinkomme, sitzen Möwen mit ihren Jungen – von Zeit zu Zeit steigt eine auf und fällt hundertmal aus ihrer eigenen Form, immer höher, den Sog des unsichtbaren Luftstroms markierend. Ihr Kreischen hallt ringsum wider. Zurück! In der Ferne verliert sich das Wasser im Himmel, oder ist es vielleicht gar nichts mehr, was ich jetzt noch sehe? Zurück, dorthin, wo die Felsen wieder das allerdünnste, härteste Gras auf sich dulden, ein endlos fahlgrünes Feld, auf dem große schwarze Raben sitzen, nichts wird uns erspart, oder? An diesem Tag gefiel es der göttlichen Natur, alle Register zu ziehen.

Und während es draußen schwarz wird, phantastisch und wahnsinnig zugleich, singt eine sehr hohe Männerstimme Purcell im Autoradio: »*I attempt from love's sickness to fly in vain, since I am myself my own fever and pain.*«

Juli 1966

Bildnachweis

Archiv für Kunst und Geschichte, Berlin: S. 135, 220, 277;
Bildarchiv Preußischer Kulturbesitz, Berlin: Farbtafel 6 (© Anselm Kiefer 2000);
Wolf-Christian von der Mülbe: Farbtafel 2;
Eddy Posthuma de Boer: S. 180, 299, 305;
Simone Sassen: S. 199, 247, 251, 283, 290;
Scala, Florenz: S. 24, 108;
© VG Bild-Kunst, Bonn 2000: S. 57.

Alle anderen Bilder stammen aus dem Archiv des Autors bzw. des Verlages.

Cees Nooteboom

Allerseelen

Roman
Aus dem Niederländischen von Helga van Beuningen
436 Seiten. Leinen

Arthur Daane, ein Niederländer in Berlin, hat seine Frau und seinen Sohn bei einem tragischen Unglück verloren – und streift nun mit der Filmkamera durch die Großstadt im Schnee, auf der Suche nach Bildern für sein »ewiges Projekt«, seinen Film, und auf der Suche nach Elik, einer jungen Frau.
Hier, in Deutschlands schillernder Metropole, fühlte sich Arthur von neuen Freunden aufgenommen. Mit dem Philosophen Arno Tieck, dem Bildhauer Victor Leven und der Physikerin Zenobia Stein diskutierte er – oft bei ausgedehnten Essen – über die Ereignisse und Umbrüche der neunziger Jahre und über deren metaphysische Dimensionen.
Als Arthur Daane eines Tages die junge Geschichtsstudentin Elik Oranje kennenlernt, bekommt alle Metaphysik plötzlich sehr konkrete Konturen. Elik wird zur Sirene, sie ist eine Frau mit Geheimnissen, auf die Arthur hört, der er folgt, bis nach Madrid, bis zum Ende.

»Ein großer und ausgeruhter, ein europäischer und kosmopolitischer Roman.« *Ulrich Greiner, Die Zeit*

NF 225/1/5.00

Cees Nooteboom

Die folgende Geschichte

Aus dem Niederländischen von Helga van Beuningen
st 2500. 148 Seiten

Wieso wacht Hermann Mussert in einem ihm vertrauten Zimmer in Lissabon auf, obwohl er doch in Amsterdam wohnt und sich dort auch am Abend zuvor zum Schlafen niedergelegt hat? Ein spontaner Entschluß zum Aufbrechen in eine andere Gegend kann es nicht gewesen sein, denn dieser Altphilologe ist eher ein Lebensuntüchtiger, ganz seinen griechischen und lateinischen Autoren zugewandter Mensch. Träumt er nur, in Lissabon aufzuwachen? Oder ist sein Gang durch Lissabon eine Reise in der Erinnerung, also eine Reise in der Zeit? Denn immerhin ist dies der Ort einer richtigen Affäre mit einer Kollegin.
Im zweiten Teil der Geschichte bricht Mussert – im Traum? in der Wirklichkeit? – mit sechs anderen Personen zu einer Schiffsreise nach Brasilien auf. Alle Reisenden erzählen von ihrem Leben. Die Geschichte, die Hermann Mussert als letzter erzählt, scheint alle Rätsel zulösen: er gibt ihr den Titel *Die folgende Geschichte.*

NF 226/1/5.00

Cees Nooteboom

Rituale

Aus dem Niederländischen von Hans Herrfurth
st 2446. 231 Seiten

»Ein großer europäischer Schriftsteller. Ein poetischer Roman, in dem die Erotik im Mittelpunkt steht.« So lobte Marcel Reich-Ranicki *Rituale*. »Man sollte ihn lesen, er ist gut«, urteilte die *Süddeutsche Zeitung*, und auch die *Neue Zürcher Zeitung* war lakonisch und prägnant: »Die Qualität von Nootebooms Schreiben ist wahrhaft hinreißend. Nicht nur stimmen seine Figuren und die mit böser Phantasie ausgedachten Geschichten, nicht nur ist seine These klug, bedenkenswert und existentiell beunruhigend, sondern auch sein Stil ist einzigartig intelligent.«
Das Amsterdam der fünfziger, sechziger und siebziger Jahre erscheint hier in der Perspektive von Inni Wintrop. Dieser will Selbstmord begehen in seinem WC, »weil er in seinem Horoskop für ›Het Parool‹ prophezeit hatte, seine Frau werde mit einem anderen durchbrennen, und er, der ja ein Löwe war, würde dann Selbstmord begehen. Es war eine treffende Prophezeiung.« Doch wie der Tod so spielt, der Strick reißt. Mit neuer Aufmerksamkeit beobachtet er die Menschen in ihrer Stadt. Er beobachtet die Rituale, die Hilfskonstruktionen, mit denen sie versuchen, der verrinnenden Zeit, dem Gaukelspiel der Erinnerungen, der persönlichen Geschichte den Anschein des Sinnvollen zu geben.

NF 227/1/5.00

Cees Noteboom im Suhrkamp Verlag
Eine Auswahl

Erzählungen und Romane

Allerseelen. Roman. Übersetzt von Helga van Beuningen. 436 Seiten. Leinen

Der Buddha hinter dem Bretterzaun. Eine Erzählung. Übersetzt von Helga van Beuningen. BS 1189. 84 Seiten

Ein Lied von Schein und Sein. Übersetzt von Helga van Beuningen. BS 1024. 98 Seiten

Die folgende Geschichte. Übersetzt von Helga van Beuningen. 147 Seiten. Gebunden

In den niederländischen Bergen. Roman. Übersetzt von Rosemarie Still. st 2253. 146 Seiten

Mokusei! Eine Liebesgeschichte. Übersetzt von Helga van Beuningen. st 2209. 74 Seiten

Das Paradies ist nebenan. Roman. Mit einem Nachwort zur Neuausgabe. Übersetzt von Josef Tichy. st 1867. 142 Seiten

Der Ritter ist gestorben. Übersetzt von Helga van Beuningen. BS 1286. 151 Seiten

Rituale. Roman. Übersetzt von Hans Herrfurth. st 2446. 231 Seiten

NF 228/1/5.00

Nooteboom, der »Augenmensch«

Berliner Notizen. Mit Fotos von Simone Sassen. Übersetzt von Rosemarie Still. es 1639. 338 Seiten

Im Frühling der Tau. Östliche Reisen. Übersetzt von Helga van Beuningen. st 2773. 344 Seiten

Rückkehr nach Berlin. Übersetzt von Helga van Beuningen. 54 Seiten. Kartoniert

Selbstbildnis eines Anderen. Träume von der Insel und der Stadt von früher. Übersetzt von Helga van Beuningen. 73 Seiten. Leinen

Der Umweg nach Santiago. Mit Fotos von Simone Sassen. Übersetzt von Helga van Beuningen. st 2553. 416 Seiten

Wie wird man Europäer? Übersetzt von Helga van Beuningen. es 1869. 92 Seiten

NF 228/2/5.00